应用型高校教师专业实践能力提升的制度研究

Institutional Research on the Enhancement of Teachers' Professional Practical Ability in Applied Colleges and Universities

侯佛钢 著

中国社会科学出版社

图书在版编目（CIP）数据

应用型高校教师专业实践能力提升的制度研究／侯佛钢著 . —北京：中国社会科学出版社，2022.3
ISBN 978 - 7 - 5203 - 9646 - 2

Ⅰ.①应… Ⅱ.①侯… Ⅲ.①高等学校—师资培养—研究 Ⅳ.①G645.12

中国版本图书馆 CIP 数据核字（2022）第 020996 号

出 版 人	赵剑英
责任编辑	张　林
责任校对	韩海超
责任印制	戴　宽

出　　版	中国社会科学出版社
社　　址	北京鼓楼西大街甲 158 号
邮　　编	100720
网　　址	http：//www.csspw.cn
发 行 部	010 - 84083685
门 市 部	010 - 84029450
经　　销	新华书店及其他书店

印刷装订	北京君升印刷有限公司
版　　次	2022 年 3 月第 1 版
印　　次	2022 年 3 月第 1 次印刷

开　　本	710×1000　1/16
印　　张	22.75
字　　数	329 千字
定　　价	128.00 元

凡购买中国社会科学出版社图书，如有质量问题请与本社营销中心联系调换
电话：010 - 84083683
版权所有　侵权必究

出 版 说 明

　　为进一步加大对哲学社会科学领域青年人才扶持力度，促进优秀青年学者更快更好成长，国家社科基金 2019 年起设立博士论文出版项目，重点资助学术基础扎实、具有创新意识和发展潜力的青年学者。每年评选一次。2020 年经组织申报、专家评审、社会公示，评选出第二批博士论文项目。按照"统一标识、统一封面、统一版式、统一标准"的总体要求，现予出版，以飨读者。

全国哲学社会科学工作办公室

2021 年

摘　　要

　　为缓解我国高等教育发展过程中的结构性矛盾，解决高校发展的同质化、同结构化倾向等问题，促进高等教育人才培养的结构、目标、质量适应我国经济结构调整和产业转型升级的要求，自2013年起，政府开始引导地方本科院校向应用型转变。在一系列政策文件、发展举措的推动和支持下，地方本科院校转型发展、高水平应用型高校建设不断向纵深推进。应用型高校介于研究型高校和职业技能型高校之间，兼具高等教育和职业教育的双重属性，是地方经济建设和技术进步的支撑力量，已成为我国高等教育体系中的重要组成部分。作为一种新型的本科层次高校类型，应用型高校的办学定位与职能、人才培养目标与模式、教师专业知识与能力等都应有其自身规律和特有要求。

　　地方本科高校的转型变革实践，产生了新的办学理念，也对教师专业素质结构提出新的要求，新的教师角色行为应运而生。应用型高校教师应集理论知识与实践能力于一身，兼具"双师"资格和"双能"素质，成为真正能够胜任高素质应用型人才培养的"双师双能型"教师。教师专业实践能力是"双师双能素质"的核心，是开展实践教学、应用研究，培养高素质应用型人才的前提和基础，也是凸显应用型高校办学定位与特色的重要内容。然而，目前应用型高校教师普遍从校门到校门，他们学历水平高、理论素养好，但实践经验缺乏、实践意识薄弱，总体上难以满足应用型高校建设的要求。加之应用型高校多由地方本科院校转型而来，对教师的专业素质要求仍停留于传统的观念和以往的标准，过多地强调理论教学和科学研究能力，对教师专业实践能力建设重视不够、要求不严、措施不力。师资队伍建设问题已成为制约地方本科高校向应用型转变的瓶颈。

基于对全国30多所应用型高校教师和学校管理者的调研发现，现阶段，应用型高校教师专业实践能力的总体水平一般；教师专业实践能力在各维度上相对均衡，实践教学能力得分不高，实践动机评分略低于实践教学能力评分，实践经验得分接近总体均值，应用研究能力评分较低。差异分析方面，教师专业实践能力在教师性别、教龄、工作经历等方面存在一定差异，但不同职称、不同学科教师群体间专业实践能力不存在显著差异。为进一步探究应用型高校教师专业实践能力的影响因素，本书采用扎根理论的方法，对问卷调查和访谈所得资料进行质性分析。研究发现，学校管理制度尤其是教师管理制度是影响职后应用型高校教师专业实践能力的最主要因素。

教师资格制度、教师聘任制度、教师培训制度、职称评审制度、考核评价制度在教师专业素质能力提升方面发挥着激励、引导、规约、管理等重要功能，体现了教师专业发展中的"选、聘、育、升、评"等重要环节，是提升应用型高校教师专业实践能力的核心制度安排。为从总体上了解和把握应用型高校教师管理制度的供给现状，本书从我国东部、中部、西部地区各选择一所应用型高校——Q高校、X高校、T高校，对其教师管理制度进行分析。研究发现，现行应用型高校教师管理制度学术导向、学术考量倾向明显，缺乏对教师专业实践能力提升的明确指向与规范举措，其供给与"双师双能型"教师队伍建设的制度需求不一致、不匹配，总体处于制度非均衡状态。这种非均衡现象使教师专业发展偏离"双师双能素质"导向而向"学术科研"导向倾斜，成为教师专业实践能力提升的掣肘。

办学资源的短缺、复杂利益关系的羁绊、内外部制度环境的影响以及转型发展交易成本的增加，是造成教师管理制度处于非均衡状态的主要原因，这些因素决定着教师管理制度的改革路向，进而决定着应用型高校及教师的行为选择。资源方面，应用型高校有限的办学资源（经费）制约了其办学目标的实现，限制了"双师双能型"教师队伍建设及其相应的制度改革。成本方面，地方本科高校转型发展与教师管理制度改革总交易成本的增加，致使应用型高校教师管理制度改革受阻而进展缓慢。利益方面，教师专业实践能力提升牵涉政府、学校、行业企业、教师等多方利益主体，其各自存在的利益选择与利益诉求，增加了教师管理制度改革的阻力。制度环境层面，外部制度环境诱发应用型高校教师管理制度异化；内在的组织惯性束缚应用型高校教师管理制度创新；"双一流"建设与高校转型发展上的政策冲突，致使应用型高校教师管理制度偏离办学定位要求。

国外应用型高校产生较早，发展相对成熟，较为典型的有"升格模式"下的德国应用科学大学与英国多科技术学院、"新建模式"下的日本科学技术大学等。它们在职业资格、入职条件、岗位培训、职务晋升、考评管理等方面对教师专业实践能力都有较为系统性的规范要求，积累了十分宝贵的经验，对我国应用型高校教师专业实践能力提升具有一定的启发和借鉴价值。具体而言，一是注重教师实践经历要求；二是重视兼职教师队伍建设，发展专—兼职相结合的教师队伍；三是发挥政府立法在师资队伍建设中的作用；四是重视教师实践培训，加强教师考评管理；五是享有充分的高校教师管理权。

应用型高校教师专业实践能力的提升是一个复杂的、影响面广的系统工程，应遵从国家、地方、院校等多重制度改革逻辑，遵循协同推进、激励相容、循序渐进的制度改革原则。国家层面，应建立普通本科高校分类评价管理机制；在研究型高校与应用型高校之间设立有效隔离机制；制定应用型高校建设标准；加大中央对应用型高校建设的专项财政投入。地方层面，应构建地方政府与应用型高校的新型政校关系；加强应用型高校建设的省级统筹，深入落实地方本科高校转型发展的职责和方案，扩大应用型高校教师管理自主权；加大对应用型高校的财政投入，转变财政拨款方式；建立"双师双能型"教师职业资格制度，把好教师入口关。高校层面，改革教师聘任制度，调整师资结构；建立政、校、企、师"四位一体"的教师企业培训制度；调整应用型高校教师职称评审指标体系；健全完善教师考核评价制度，对教师实施分类考评。

关键词：应用型高校；教师专业实践能力；教师管理制度；"双师双能型"教师

Abstract

In order to alleviate the structural contradictions of higher education and the homogenous structural tendency of the development of colleges and universities in China, and to promote the structure, objectives and quality of higher education personnel training to meet the requirements of China's economic restructuring and industrial transformation upgrading, the government began to guide the local undergraduate colleges to transit to applied colleges and universities since 2013. Under the promotion and support of a series of policy documents and development initiatives, the transformation of local undergraduate colleges and the construction of high-level applied colleges and universities got further developed. The applied colleges and universities, between research-type universities and vocational-skills colleges, with dual attributes of higher education and vocational education, is the supporting force for local economic construction and technological progress, and have become an important part of China's higher education system. For the applied colleges and universities, as a new type of undergraduate university, the orientation and function of running schools, the mode and goal of training talents, and the construction of teachers' professional knowledge and ability should all meet their own laws and unique requirements.

The educational transformation and reform practice of local undergraduate colleges and universities produced new school running ideas and put forward the new higher requirements for the teachers' professional quality structure and brought new teacher role behavior. The applied colleges and universities teachers should combine theoretical knowledge and practical ability, and have both "double-position teacher" qualification and "dual-ability" quality, and become a "double-position & dual-ability" teacher who can truly compete for high-quality applied talents. The professional competence of teachers is the core of the "double-skilled and dual-ability", is the premise and basis for carrying out practical teaching, applied research, and training high-quality applied talents, and highlights the important content of the orientation and characteristics of the applied colleges and universities. However, at present, the teachers of applied colleges and universities are usually selected directly from fresh graduates, with high academic qualifications and good professionalism, but lack of practical experience and practical consciousness, who are not qualified for the construction of the applied colleges and universities. In addition, these colleges and universities are mostly transformed from local undergraduate colleges. The ability requirements for teachers still remain in the traditional concepts and past old standards, over-emphasizing on theoretical teaching and scientific research capabilities, while paying insufficient attention to the construction of teachers' professional practice ability, lack of strict requirements, and with weak measures. This short slab of teacher team has become a bottleneck restricting the transformation of local undergraduate colleges into the applied ones.

Based on the survey of teachers and school administrators in more than 30 applied colleges and universities across the country, at this stage, it is discovered that the overall level of professional practice ability of applied colleges and universities teachers is in the average position; the professional practice ability of applied colleges and universities teachers is relatively balanced in all dimensions, the score of practical teaching ability is relatively low, the score of practical motivation is slightly lower than the practical teaching ability, the score of practical experience is similar to the overall average, and the score of application and research ability is low. In terms of differences analysis, the professional practice ability varies in teachers' gender, teaching age and working experience, while there is no significant difference in the title and subject category. In order to further explore the influencing factors of professional practice ability of applied college teachers, this study, adopting the grounded theory method, after qualitative analysis of the data collected from questionnaires and interviews, reveals that the management system, especially teacher management system is the main factor affecting the professional practice ability of post-service teachers in applied colleges and universities.

The teacher qualification system, the teacherappoinement system, the teacher training system, the professional title evaluation system, the evaluation system and other institutional arrangements jointly play an important role in the promotion of teachers' professional quality, from aspects such as incentives, guidance, statutes, management, which embodies the important links of "selection, hire, training, promotion and evaluation" in the professional development of teachers, and are the core institutional arrangements for improving the professional practice ability of applied college teachers. In order to know and understand the status quo of teacher management system supply in applied colleges and universities, this study selects three applied colleges and universities—the Q, X, and T from the east, middle and west of China, and analyzes their teacher management system. It is found that, the current applied colleges and universities teacher management systems tend to be academically oriented and academically considered, which lacks clear direction and normative measures for improving the professional practice ability of teachers. The supply and the system requirements of the "double-skilled dual-energy" teacher team are inconsistent and mismatched, and the overall situation is in a state of unbalanced system. This kind of non-equilibrium phenomenon makes teachers' professional development deviate from the "double-skilled dual-quality" orientation and leans toward "academic scientific research", becoming a constraint to the improvement of teachers' professional practice ability.

The main factors causing non-equilibrium state of teacher management system such as the shortage of educational resources, the relationship among the complex interests of different stakeholders, the influence of the internal and external institutional environment, and increase in transaction costs for transformation and development jointly determine the orientation of the reform direction of the teacher management system, and further determine the applied colleges and universities and teachers' behavioral choices. At the resources level, the limited running resources (funding) of applied universities restrict the realization of their educational goals, and limit the construction of the "double-position & dual-ability" teachers and their corresponding institutional reforms; at the cost level, the increase in the total transaction cost of the transformation of local undergraduate universities and teacher management system reform have impeded the reform process of the teacher management system in the applied colleges and universities; at the interest level, the improvement of teachers' professional practice ability involves many stakeholders such as the government, schools, industry, enterprises, teachers, and their respective interest choice and interest appeals, undoubtedly increase the resistance of teacher management system reform; at the institutional environment level, the external system environment leads to the alienation of the applied colleges and universities teacher management system; and the inherent organizational inertia constraint the innovation of teacher management system in applied colleges and universities; the policy conflict between the construction of "double first-class" and the transformation and development of colleges and universities has caused the teacher management system of applied colleges and universities to deviate from the requirements of school-running orientation.

Foreign applied colleges and universities have developed earlier and are relatively mature. The typical ones are the German Applied Science University and the British Polytechnic Institute under the "Upgrading Mode", the Japanese University of Science and Technology under the "New Model". They have systematic and standardized requirements for teachers' professional practice ability in terms of professional qualifications, entry conditions, job training, job promotion, and evaluation management. The experience has certain enlightenment and reference value for the improvement of professional practice ability of applied colleges and universities teachers in China. Specifically, the first is to pay attention to the requirements of teachers' practical experience; the second is to attach importance to the construction of part-time teachers, to developing a team of teachers with a combination of full-time and part-time; the third is to wield the function of government legislation in the construction of the teaching staff; the fourth is to emphasis the teachers' practical training and strengthen the management of teacher evaluation; the fifth is to endow colleges and universities with sufficient autonomous management of college teachers.

The enhancement of professional practice ability of applied colleges and universities teachers is a complex and extensive system engineering, which should follow the logic of multiple institutional reforms such as national, local, and academic institutions, following the principle of collaborative promotion, incentive-compatible, step-by-step institutional reforms. At the national level, a classified evaluation management mechanism for ordinary undergraduate colleges should be established; an effective isolation mechanism should be established between research-type colleges and universities and applied colleges and universities; the construction standards of applied colleges and universities should be established; and the special financial input of the central government for the construction of applied colleges and universities should be increased. At the local level, it is necessary to rebuild a new type of government-school relationship between local government and applied colleges and universities; it is also significant to strengthen provincial-level coordination of applied colleges and universities, implement the duties and programs for the transformation and development of local undergraduate colleges, and expand the autonomy of teachers in applied colleges and universities; The financial investment to the applied colleges and universities should be increased and the financial allocation methods transformed; the "double-position & dual-ability" teacher professional qualification system also should be established, maintaining a strict standard for teacher entrance. At the colleges and universities level, the teacher appointment system should be reformed and the teacher structure adjusted; a "quaternity" teacher enterprise training system for government, schools, enterprises and teachers should be established; and the applied colleges and universities teacher title evaluation index system should be adjusted, the teacher evaluation system improved and completed, and the classification evaluation of teachers implemented.

Key Words: Applied colleges and universities; teachers' professional practice ability; teacher management system; "double-position and dual-ability" teachers

目 录

前 言 ………………………………………………………………… (1)

导 论 ………………………………………………………………… (1)
 第一节 问题提出 ……………………………………………… (2)
 第二节 核心概念界定 ………………………………………… (9)
 第三节 文献综述 ……………………………………………… (22)
 第四节 研究设计 ……………………………………………… (44)

第一章 应用型高校教师专业实践能力提升的理念分析 ……… (52)
 第一节 地方本科院校转型发展是一场深刻的教育变革 …… (52)
 第二节 应用型高校教师角色定位的实践意蕴 ……………… (64)
 第三节 应用型高校教师角色定位的制度保障 ……………… (74)

第二章 应用型高校教师专业实践能力的现状分析 …………… (79)
 第一节 问卷的编制与实施 …………………………………… (79)
 第二节 量表的效度和信度检验 ……………………………… (86)
 第三节 应用型高校教师专业实践能力调查结果分析 …… (101)
 第四节 应用型高校教师专业实践能力的影响因素
    分析 ………………………………………………… (119)
 第五节 应用型高校教师专业实践能力调查的基本
    结论 ………………………………………………… (126)

第三章　应用型高校教师专业实践能力提升的制度供需分析 ……………………………………… （130）

第一节　教师专业实践能力提升的制度识别 ………… （130）

第二节　改革开放40多年来我国高校教师管理制度的变迁 ……………………………………………… （137）

第三节　应用型高校教师管理制度供给分析 ………… （155）

第四节　应用型高校教师专业实践能力提升的制度需求 ………………………………………………… （186）

第五节　应用型高校教师专业实践能力提升的制度非均衡分析 ………………………………………… （190）

第四章　制约应用型高校教师专业实践能力提升的制度非均衡解释 ……………………………………… （196）

第一节　资源分析 ……………………………………… （196）

第二节　成本分析 ……………………………………… （205）

第三节　利益分析 ……………………………………… （212）

第四节　制度环境分析 ………………………………… （236）

第五章　应用型高校教师专业实践能力提升的经验借鉴 …… （247）

第一节　国外应用型高校教师专业实践能力提升的经验借鉴 ………………………………………… （247）

第二节　国外应用型高校教师专业实践能力提升的经验启示 ………………………………………… （264）

第六章　应用型高校教师专业实践能力提升的制度改革 …… （268）

第一节　应用型高校教师专业实践能力提升的制度改革逻辑与原则 ………………………………… （268）

第二节　应用型高校教师专业实践能力提升的国家逻辑 ………………………………………………… （274）

第三节 应用型高校教师专业实践能力提升的地方
　　　　逻辑 …………………………………………………（279）

第四节 应用型高校教师专业实践能力提升的院校
　　　　逻辑 …………………………………………………（285）

结束语 ……………………………………………………………（296）

参考文献 …………………………………………………………（300）

附　录 ……………………………………………………………（322）

索　引 ……………………………………………………………（330）

后　记 ……………………………………………………………（333）

Content

Preface ··· (1)

Introduction ·· (1)
    Section 1   Questions Raised ································· (2)
    Section 2   The Definition of Core Concepts ······················ (9)
    Section 3   Literature Review ································ (22)
    Section 4   Research Design ·································· (44)

Chapter 1   The Concept Analysis on The Enhancement of teachers' Professional Practice Ability in Applied Colleges and Universities ···················· (52)
    Section 1   The Transformation and Development of Local Undergraduate Colleges Is A Profound Educational Reform ··································· (52)
    Section 2   The Practical Implication of Teachers' Role Orientation in Applied Colleges and Universities ··· (64)
    Section 3   The System guarantee of Teachers' Role Orientation in Applied Colleges and Universities ··· (74)

Chapter 2　The Analysis on The Current Situation of teachers' Professional Practice Ability in Applied Colleges and Universities ·············· (79)

　　Section 1　Compilation and Implementation of Questionnaire ································ (79)

　　Section 2　Validity and reliability test of the scale ············ (86)

　　Section 3　The Analysis on The Survey Results of Teachers' Professional Practice Ability in Applied Colleges and Universities ································ (101)

　　Section 4　The Analysis on The Influencing Factors of Teachers' Professional Practice Ability in Applied Colleges and Universities ································ (119)

　　Section 5　The Basic Conclusion of The Investigation on Teachers' Professional Practice Ability in Applied Colleges and Universities ·················· (126)

Chapter 3　The Analysis of The Institutional Supply and Demand for The Enhancement of Teachers' Professional Practice Ability in Applied Colleges and Universities ································ (130)

　　Section 1　The Institutional Identification of Teachers' Professional Practice Ability Enhancement ········ (130)

　　Section 2　The Changes of University Teachers' Management System in The Past 40 Years of Reform and Opening up ·································· (137)

　　Section 3　The Analysis on The Supply of Teacher Management System in Applied Colleges and Universities ········ (155)

Section 4　The Institutional Demand for The Enhancement of Teachers' Professional Practice Ability in Applied Colleges and Universities …………………………… (186)

Section 5　The Institutional Disequilibrium Analysis on The Enhancement of Teachers' Professional Practice Ability in Applied Colleges and Universities ……… (190)

Chapter 4　The Explanation of Institutional Disequilibrium Restricting The Enhancement of Teachers' Professional Practice Ability in Applied Colleges and Universities …………………………… (196)

Section 1　The Resource Analysis ……………………………… (196)

Section 2　The Cost Analysis ……………………………… (205)

Section 3　The Benefit Analysis ……………………………… (212)

Section 4　The Analysis of Institutional Environment ………… (236)

Chapter 5　The Experiences for Enhancing Teachers' Professional Practice Ability in Applied Colleges and Universities …………………………… (247)

Section 1　The Experience of Enhancing Teachers' Professional Practice Ability in Foreign Applied Colleges and Universities ……………………………………… (247)

Section 2　The Experience and Enlightenment of Enhancing Teachers' Professional Practice Ability in Foreign Applied Colleges and Universities ………………… (264)

Chapter 6　The System Reform of Enhancing Teachers' Professional Practice Ability in Applied Colleges and Universities ……………………………（268）

　　Section 1　The Logic and Principle of System Reform for The Enhancement of Teachers' Professional Practice Ability in Applied Colleges and Universities ………………………………（268）

　　Section 2　The National Logic of Enhancing Teachers' Professional Practice Ability in Applied Colleges and Universities ……………………………（274）

　　Section 3　The Local Logic of Enhancing Teachers' Professional Practice Ability in Applied Colleges and Universities ……………………………………（279）

　　Section 4　The College Logic of Enhancing Teachers' Professional Practice Ability in Applied Colleges and Universities ……………………………………（285）

Conclusion …………………………………………………（296）

Reference …………………………………………………（300）

Appendix …………………………………………………（322）

Index ………………………………………………………（330）

Postscript …………………………………………………（333）

前　言

　　2015 年 9 月博士入学后，我有幸加入导师的教育部哲学社会科学重大攻关项目"高校少数民族应用型人才培养模式综合改革研究"课题组，全程参与导师课题项目，探寻高校少数民族应用型人才培养模式，并结合课题研究对地方本科院校转型发展、应用型高校建设、高校应用型人才培养等现实问题展开研究。2016 年，我随课题组到广西百色开展课题调研。在调研中，课题组发现，应用型高校与研究型高校同质化倾向比较明显，带有浓厚的"学术型"色彩，应用型高校教师存在来源单一、缺乏行业企业实践背景、实践经验不足、实践意识薄弱等问题，教师队伍建设问题已成为制约地方本科高校转型发展的瓶颈。教师自身实践能力不强，却要培养高素质应用型人才，这本身就是一个矛盾。顺着这个问题，我开始了解应用型高校，关注应用型高校教师队伍建设问题。

　　应用型高校是一种介于研究型与职业技能型高校之间的本科层次高校，以培养高素质应用型人才为目标，其本质特征体现为地方性、应用性、技术性和实践性。作为我国高等教育的中坚力量和本科教育的主体，应用型高校在我国高等教育大众化进程中发挥了至关重要的作用，已成为我国高等教育体系的重要组成部分，为区域经济社会发展作出了重要贡献。人才培养，关键在教师。应用型高校教师应兼具教师、工程师等"双师"资格，兼备专业理论教学和专业实践能力的"双能"素质，真正成为能胜任应用型人才培养的"双师双能型"教师。专业实践能力属于应用型高校教师的核心专业素质能力，是开展实践教学、应用研究，培养高素质应用型人才的前提和基础。然而，现阶段应用型高校对教师专业素质能力的要求仍停留于传统的观念和过去的标准，相对忽视教师"双师双能"素养的培养。教育部等三部委在联合印发的《关于引导部分地方普通本科高校向应用型转变的指导意见》中明确提出加强"双师双能型"教师队伍建设，强调通过教师聘任、教师培训、职称评聘、校企交流等制度改革增强教师在提高实践能力方面的主动性、积极性。

2017年上半年，我开始依托导师课题确定博士学位论文选题。顺着课题调研的思路，基于现实政策指向，我将博士论文选题聚焦于"应用型高校教师专业实践能力"，并将解决问题的关键点定位在"制度"上，尝试用"制度之力"提升应用型高校教师专业实践能力。之后，我在几所应用型高校开展预调研，发现应用型高校普遍存在教师专业实践能力不强这一问题，而这一问题产生的根源也都指向了"制度"。这使我开始进一步思考，应用型高校教师专业实践能力的现状究竟怎样？由哪些因素造成这一现状？制度本身在其中究竟扮演了怎样的"角色"？太多的困惑和疑虑促使我进一步展开探究。

通过对全国30多所应用型高校教师和学校管理者的调研发现，现阶段，应用型高校教师专业实践能力的总体水平一般。应用型高校教师专业实践能力普遍较低这一现实问题，是地方本科高校转向发展进程中一个很小的点，但它折射出的却是当前应用型高校整体的发展困境，反映出的是因"高校转型"而呈现的现实矛盾。具体而言，以学术标准为主的学校评估制度与应用型高校以技术积累创新和服务产业实际贡献为价值基准的矛盾；以学术导向为主的教育评价与应用型高校注重应用、追求特色的精准定位思路的矛盾；以学科体系为基础建立起来的学科专业结构与按照应用型高校职业和岗位需求设置专业的矛盾；以学术资格为基础建立起来的教师管理制度供给与"双师双能型"教师队伍建设制度需求的矛盾；教育内部自成一体、相对封闭的治理结构与应用型高校强调行业企业直接参与治理的矛盾；以理论知识教学为基础建立起来的内部运行机制与以真实实践应用为基础实现培养与需求无缝对接的矛盾。这些矛盾间接或直接地影响到应用型高校教师专业实践能力，其"冲突根源"也都与制度有关。因此，应用型高校教师专业实践能力提升的关键在于借助"制度之力"。

教师队伍建设的核心要素是教师和制度，制度是关键所在。制度作为博弈的规则，一定程度上决定着人们的思想观念和行为准则，能够引导人们在制度所设定的机会和限制内追求他们的预定偏好。作为学校管理制度的相关人，教师的业务能力、行为模式、专业发展方向直接受制度的引导、激励和约束。百弊丛生在制度。从现实来看，制度改革，尤其是高校管理层面的制度改革，已成为解决应用型高校教师师资问题，加强"双师双能型"教师队伍建设，提升教师专业实践能力的关键着力点。从制度的角度看，现阶段应用型高校教师管理制度学术导向、学术考量倾向鲜明，缺乏对教师专业实践能力提升的明确指向与规范举措，这使得应用型高校教师专业实践能力提升的制度需求与制度供给处于不一致、不匹配的非均衡状态。在教师专业实践能力提升过程中，我们应加强制度建设，避免出现"制度陷阱"或"制度缺位"。

应用型高校教师专业实践能力提升的关键在于改革教师管理制度，改革教师管理制度是提升师资专业素质和专业化水平的关键之举。高校教师管理制度明确了教师在教育教学体系内的行为规范和标准，标明了教师专业发展行为界限，对教师行为选择具有激励和限制作用。通过制度保障，从制度和观念上推动应用型高校教师专业发展的实践转向，教师才能明确自己的专业发展路径，树立新的"双师双能型"角色身份，生成与学校要求相契合的角色行为。应用型高校教师专业实践能力提升的制度改革不应"沿用"转型前的相关制度，或"仿照""套用"研究型高校管理制度标准，需创新教师管理制度，逐步摆脱过去"学科逻辑"或"学术逻辑"的制度规约，在资格准入、教师聘用、教师培训、职称晋升、考核评价等方面,逐步向"应用逻辑"或"产业逻辑"转向,适应应用型高校发展的外部适切性。

应用型高校教师专业实践能力提升是一个内部系统与外部环境相互联系的复杂系统,涉及各级政府、应用型高校、行业企业、高校教师等多元利益主体,需要整体谋划,综合施策,协同推进。协同治理已经成为一种提供公共产品和履行公共服务的关键制度形式。因此,应用型高校教师专业实践能力提升的制度改革,应根据应用型高校办学目标与定位,结合应用型高校教师队伍建设要求,以制度建设为中心,从宏观、中观、微观上协同推进,自上而下建立多元主体协同共治、多维活动联通法制、多级要素融合精治的应用型高校教师专业实践能力提升策略,自上而下形成教师专业实践能力提升的制度框架。

本书的创新点主要体现在以下几方面:

第一,研究视角的创新。本书采用交叉学科视角来探讨基于制度改革的应用型高校教师专业实践能力提升问题,利用教育学、新制度经济学、管理学等学科知识深入探讨影响教师专业实践能力提升的关键因素,采用"制度识别—制度供需—制度非均衡解释—制度经验借鉴—制度改革"的分析框架,综合运用量化分析、质性分析与案例研究来解决研究的实际问题,在研究视角方面具有鲜明的特色。

第二,研究内容的创新。关于应用型高校教师专业实践能力的研究在我国处于探索阶段,是一项较新的研究内容。本书试图解决应用型高校教师专业实践能力普遍不高这一现实难题,紧紧围绕应用型高校教师专业实践能力提升这一核心内容,开发应用型高校教师专业实践能力测量量表,测量教师专业实践能力水平现状,发现应用型高校现行教师管理制度处于非均衡状态,并基于这一状态揭示现阶段制约应用型高校教师专业实践能力提升的制度困境,最终提出提升应用型高校教师专业实践能力的多重制度改革逻辑与对策建议。

第三，学术思想的创新。本书以相关理论为基础，以制度体系构建为着力点，提出应用型高校教师专业实践能力提升的国家、地方、高校三重制度变革逻辑，试图用制度之力推动应用型高校教师专业实践能力之治，在一定程度上创新了应用型高校教师队伍治理模式，同时也为职业教育教师队伍治理积累了新鲜的学术思想。

在此书即将付梓之际，希望本书对应用型高校教师专业实践能力提升及职业院校"双师型"教师队伍建设有所参考，希望应用型高校尽早建成一支具有良好的师德修养和育人能力、先进的现代教育理念、扎实的专业实践能力，更能适应应用型人才培养需要的"双师双能型"教师队伍，更希望应用型高校加快推进以"双师"素质为导向的教师管理制度建设，用"制度之力"推进"双师"之治。

侯佛钢
2020 年冬夜于河北大学教育学院

导　　论

新时代党和国家的发展、高等教育的新变化及产业变革的新趋势对应用型高校提出了新要求，迫切需要更多的地方本科院校向应用型转变，迫切需要应用型高校从以规模扩张为主要特征的外延式发展转到以质量提升为基本特征的内涵式发展上来，迫切需要更多高水平应用型高校培养出一大批务实创新的高素质应用型人才。应用型高校应针对这些要求及时作出应对，走差别化竞争、特色化发展之路。教师队伍是高校发展的关键，应用型高校发展的关键是建设一支高素质的"双师双能型"教师队伍。然而受体制、政策等诸多障碍的限制，多数应用型高校教师"双师"素质尚未补全，教师专业实践能力普遍不强，教师队伍建设问题成为制约应用型高校建设发展的瓶颈。制度作为博弈的规则，对个人追求、自我喜好和行为选择会带来制约作用，人们可以通过衡量遵守或违背规则的后果，对制度中的约束、机会和激励等作出反应。2015年教育部等三部门印发的《关于引导部分地方本科高校向应用型转变的指导意见》明确提出，通过教师聘任、教师培训、职称评聘、校企交流等制度改革增强教师在提高实践能力方面的主动性、积极性。制度改革已成为提升教师专业实践能力，推进应用型高校教师治理体系和治理能力现代化的关键着力点。

第一节　问题提出

一　研究背景

（一）国家引导部分地方普通本科高校向应用型转变

随着我国经济社会的快速发展，特别是我国经济进入新常态，高等教育结构、人才的供给与需求关系发生了深刻的变化。面对我国经济结构的深刻调整、产业升级步伐加快以及国家创新驱动发展战略的实施，高等教育人才培养结构、目标、人才质量已很难适应我国经济结构调整和产业升级的要求。加之地方本科高校发展中的同质化、同结构化倾向，高校毕业生就业难与就业质量低的问题日益凸显，我国高等教育"有效供给不足"与"无效供给过剩"之间的结构性矛盾更加突出。然而，地方高校特别是地方新建本科高校办学历史短，转型发展的改革成本低、阻力小，且与地方经济社会发展联系紧密，地缘优势明显，转型发展的动力较足。可以说，地方普通本科院校向应用型转变，既有条件，也更有潜力，是普通本科高校发展的必然趋势，是提升自身核心竞争力的重要举措，是满足经济社会发展对高层次、高素质应用型需求的客观要求，是时代所需、大势所趋。

2013年以来，教育部开始着手地方普通本科院校向应用型转变的调研与论证，并推动成立中国应用技术大学（学院）联盟（简称CAUAS），为地方高等学校转型提供经验和借鉴。2014年2月，李克强总理在国务院常务会议上做出了"引导部分普通本科高校向应用技术型高校转型"的战略部署。2014年3月，教育部前副部长鲁昕在"中国发展高层论坛"上明确提出600多所地方本科高校向应用技术转型。同年5月，国务院印发的《关于加快发展现代职业教育的决定》明确提出，"采取试点推动、示范引领等方式，引导一批普通本科高等学校向应用技术类型高等学校转型，重点举办本科职业教育"①。同期，教育部等六部门印发的《现代职业教育体系建设规划（2014—2020年）》进一步明确指出，"引导一批本科高等学校转型发展，支持定位于服务行业和地方经济社会发展的本科高等学校实行综合改革，向应用技术类型高校转型发展"②。

2015年3月，《中共中央、国务院关于深化体制机制改革加快实施创新驱动发展战略的若干意见》提出，"构建创新型人才培养模式"，并要求"加快部分普通本科高等学校向应用技术型高等学校转型"。2015年11月，教育部、国家发展改革委、财政部印发《关于引导部分地方普通本科高校向应用型转变的指导意见》，确立了高校转型发展的主要任务、配套政策和推进机制，为应用型高校发展指明方向。从国家政策可以看出，转型就是"转变类型"。具体而言，教育类型从普通高等教育转变为高等职业教育，学校类型从学术型高校转变为应用型高校，人才类型从学术型人才转变为应用型人才。2017年12月，国务院办公厅印发《关于深化产教融合的若干意见》，提出深化产教融合，进一步大力支持应用型本科和行业特色高校建设，提高应用型人才培养比重。2019年2月13日，国务院印发的《国家职业教育改革实施方案》提出，"推动具备条件的普通本科高校向应用型转变，鼓励有条件的普通高校开办应用技术类型专业或课程；到2022年，一大批普通本科高等学校向应用型转变"③，高校转型由地方普通本科高校向一般普通本科高校深入推进。2019年2月，中共中央、国务院印发的《中国教育现代化2035》指出"持续推动地方本科高等学校转型发展"。从国家的一系列文件精神

---

① 国务院：《国务院关于加快发展现代职业教育的决定》，http：//www.gov.cn/zhengce/content/2014-06/22/content_8901.htm，2014年6月22日。

② 教育部等：《教育部等六部门关于印发〈现代职业教育体系建设规划（2014—2020年）〉的通知》，http：//www.moe.gov.cn/srcsite/A03/moe_1892/moe_630/201406/t20140623_170737.html，2014年6月16日。

③ 国务院：《国务院关于印发国家职业教育改革实施方案的通知》，http：//www.gov.cn/zhengce/content/2019-02/13/content_5365341.htm，2019年2月13日。

来看,高校转型直接涉及1999年后新建的600多所地方本科院校,间接涉及千余所普通本科高校,影响面巨大。

在国家政策的引领下,自2016年开始,全国20多个省(自治区、直辖市)相继出台引导地方本科高校向应用型转变的政策文件,加快推进地方普通本科高校转型发展。在国家层面转型指导意见的基础上,地方层面转型实施意见进一步明确地方政府实施本科高校转型发展的总体思路、基本原则、目标任务和保证措施。为推进应用型本科高校建设,各省(自治区)先后分批次确定了转型试点院校名单,随后各试点院校也相继出台转型发展试点工作方案等政策文件。自2013年以来,从中央到地方,一系列有关地方本科高校转型发展的政策举措,不断把地方本科高校转型发展向纵深推进。

(二)教师队伍建设问题成为制约地方本科院校转型发展的瓶颈

教师队伍建设是高校发展的关键,地方高校转型能否成功,关键在教师的转型能否成功。地方普通本科高校转型发展的基本目标,就是要确立应用型的类型定位和应用型人才培养的职责使命。为此,转型发展意味着地方高校必须从以往的普通本科教育向应用技术类本科教育转变,教师队伍从侧重理论教学、理论探究的学术型师资向具有较强专业实践能力的应用型师资转型。现阶段,应用型高校不断加大高层次人才引进力度,特别是拥有博士学位的教师数量持续增加,这对学校长远发展和教师结构优化起到了保障作用。然而,这些教师大多数从高校或科研院所毕业后直接到高校工作,一般获取的是学术型学位而非专业型学位,缺乏到行业一线工作或锻炼的机会,行业企业实践操作技能、实践经验严重不足,其现有知识结构、能力结构、专业素质与应用型人才培养要求存在一定差距,难以适应高校转型发展的要求。

2013年,应用技术大学联盟与地方高校转型发展研究中心发布的《地方本科院校转型发展实践与政策研究报告》指出,我国本科院校在发展中存在的主要问题之一便是师资队伍"重学历、轻能力",教师专业实践能力低。2018年,教育部学校规划建设中心指出,应用型高校在"双师双能型"教师队伍建设方面改革困难,多数教师"双能"素质尚未补全。① 同年,在全国第8期地方高校转型发展班座谈研讨会上,参加座谈研讨会的53所应用型高校中,三分之二的高校表示"双师双能型"教师队伍建设是地方高校转型发展的"老大难",多数教师实践经验少、实践能力弱。可见,教师队伍建设问题已成为制约地方本科高校向应用型转型发展的"瓶颈"和"短板"。

(三)制度改革成为"双师双能型"教师队伍建设的关键着力点

建设应用型高校,培养应用型人才,需要从根本上建立一支理论功底扎实、具有较强专业实践能力与创新能力的"双师双能型"教师队伍,并在制度建设上跟进。2014年6月,教育部等六部门在组织编制的《现代职业教育体系建设规划(2014—2020年)》中提出,通过改革教师资格和编制制度、改革职业院校用人制度、完善教师培养培训制度等,加强"双师型"教师队伍建设;同年6月,国务院在发布的《关于加快发展现代职业教育的决定》中提出,通过完善教师资格标准、健全教师专业技术职称评审办法、落实教师企业实践制度等制度改革,建设"双师型"教师队伍。2015年10月教育部等三部门在联合印发的《关于引导部分地方普通本科高校向应用型转变的指导意见》中明确提出加强"双师双能"教师队伍建设,强调通过教师聘任、教师培训、职称评聘、校企交流等制度改革增强教师在提高实践能力方面的主动性、积极性。2017年12月,国务院办公厅印发的《关于深化产教融合的若干意见》提到,加强产教融合的师资队伍建设,探索符合职业教育和应用型高校特点的教师资格标准和专业技术职务(职称)评聘办法。2018年1

---

① 教育部学校规划建设发展中心:《破解转型"难点""堵点",这些高校的做法很解渴》,http://www.csdp.edu.cn/article/4158.html,2018年8月16日。

月，中共中央、国务院印发的《关于全面深化新时代教师队伍建设改革的意见》指出，健全职业院校教师管理制度，完善职业院校教师资格标准、教师招聘办法及教师考核评价制度，深化高等学校教师人事制度改革，推动高等学校教师职称制度改革。2019年8月教育部等四部门印发的《深化新时代职业教育"双师型"教师队伍建设改革实施方案》，进一步明确了推进以"双师"素质为导向的新教师准入制度改革、深化突出"双师型"导向的教师考核评价改革等举措。2020年10月中共中央、国务院印发的《深化新时代教育评价改革总体方案》提出，健全"双师型"教师认定、聘用、考核等评价标准，突出实践技能水平和专业教学能力。综上可知，制度改革尤其是高校教师管理层面的制度改革已成为解决应用型高校师资问题的关键着力点。

二 研究问题

应用型高校是伴随着我国高等教育大众化、国家战略需求和科技创新需要应运而生的一种介于研究型和职业技能型之间的本科层次高校类型，以本科教育为主，培养高素质的应用型人才，"其本质特征集中地体现为地方性、应用性、技术性和实践性"[①]。相比于高职高专院校，应用型高校属于大职业教育系列的本科层次，是职业教育向纵深化、高层次化发展的结果，以培养高层次应用型人才为目标，更加注重人才培养的技术性；相比研究型高校，其主要以科学知识和技术成果的应用为导向进行办学，以开展应用研究与技术研发服务为宗旨，贴近市场的需求程度更高，市场性更强。

有什么样的办学类型定位，培养什么样的人才，就需要拥有什么样的教师。应用型高校价值取向体现行业性、设置目标体现应用性、培养过程体现实践性，需要间接经验与直接经验相结合的应用

[①] 韦文联：《应用型本科院校教师实践能力建设研究》，《全球教育展望》2014年第5期。

性实践教学过程与实践教学体系，这对教师队伍的专业素质能力提出了新的更高要求。因此，应用型高校教师既要具备厚实的专业理论知识，熟悉相关职业活动或工作的基本原理，又要着眼于职业实践活动，具有丰富的社会实践经验及较强的实践教学能力和应用研究能力，能承担实验、实训、实习等实践教学任务，积极开展应用研究，真正成为能胜任高素质应用型人才培养的"双师双能型"教师。教师专业实践能力是应用型高校教师"双师双能素质"的核心，是开展实践教学、培养高素质应用型人才的前提和基础，也是凸显应用型高校办学定位与办学特色的重要内容。应用型高校教师只有具备较强的专业实践能力，才能更好地胜任应用型人才培养的任务，保证教学、科研和人才培养的实践性，增强应用型高校的核心竞争力。可见，要实现应用型高校的职能定位与人才培养目标，教师的专业实践能力显得尤为必要和关键。

预调研和已有研究成果显示，现阶段，多数应用型高校参照研究型高校相关标准配备师资，多数教师直接从学校到学校，他们学历水平高，理论素养较好，但普遍缺乏行业企业实践背景，实践经验不足，实践意识薄弱，教师专业实践能力普遍不强。在职前学校培养阶段，受现行研究生培养体制与模式影响，应用型高校教师专业实践能力先天生成不足；入职后，应用型高校强调教师理论素养与学术研究水平，注重教师科研能力与学术水平的提升，对教师的专业实践能力培养重视不够、要求不严、措施不力，教师专业实践能力提升有限。应用型高校教师作为培养面向生产、建设、服务、管理一线高素质应用型人才的主导者，其专业实践能力已成为制约应用型高校建设、应用型人才培养的瓶颈。如果这一问题得不到解决，势必影响应用型高校的办学水平。

综上所述，教师专业实践能力是"双师双能型"教师队伍建设的关键，较强的专业实践能力有利于深入推进高水平应用型高校建设。然而，现阶段应用型高校对教师专业素质能力的要求仍停留于传统的观念和过去的标准，过多地强调理论教学和科学研究能力，相对忽视对教师专业实践能力的培养，教师专业实践能力整体偏低。基于以上矛盾，本书运用相关研究方法和理论分析工具，在整体感知和理解当前应用型高校教师专业实践能力现状的基础上，探究影响教师专业实践能力的主要因素及深层次原因，并提出相应的对策建议，试图解决应用型高校教师专业实践能力不强这一现实问题。

三 研究价值

第一，拓展应用型高校教师队伍建设的学术空间。本书以制度为中心，探索应用型高校教师专业实践能力提升的策略，有助于拓展高等教育内外部关系规律理论，有益于丰富职业教育师资理论研究，有利于优化应用型高校教师队伍建设的内外部体系结构，丰富和发展应用型高校教师队伍建设及教师专业发展的理论体系，拓展应用型高校教师队伍建设的学术空间。

第二，提升应用型高校教师专业素质能力，提高应用型人才培养质量。本书有助于提升应用型高校教师"双师双能"素质，提高应用型高校教师队伍专业化水平，拓宽应用型高校教师专业发展空间。本书对进一步凸显应用型高校办学定位特色，激发其办学活力，完善高层次应用型人才培养体系，提高应用型人才培养质量具有十分重要的现实价值。

第三，加速地方本科高校转型发展，突破制约应用型高校建设的师资瓶颈。师资队伍建设问题是制约地方本科院校向应用型高校成功转型的瓶颈，本书有利于深入推进地方本科高校转型发展，进一步凸显应用型高校办学定位与办学特色，深化应用型高校内涵建设，有助于突破制约应用型高校建设的师资瓶颈，指导应用型高校教师队伍建设实践。

第四，完善我国职业教育教师政策体系，推进应用型高校教师队伍治理体系和治理能力现代化。本书对深化新时代职业教育"双师型"教师队伍建设，完善"双师型"教师队伍治理结构与框架，完善我国职业教育教师政策体系具有重要的现实意义；本书有助于深化产教融合改革,构建产教融合生态体系,有益于指导应用型高校教师队伍特别是"双师型"教师队伍建设实践,推进应用型高校教师队伍治理体系和治理能力现代化。

第二节 核心概念界定

一 应用型高校

应用型高校也称应用型本科高校、应用型大学或应用技术大学,是伴随欧洲国家工业化与高等教育大众化进程而产生的,以培养适应经济发展的高素质应用型人才为目标的一种高校类型。应用型高校这一概念体系属于舶来品,其实践和操作在国外已有先例,是某种概念上先验的却又经验性地融合了已有发展历程的混合产物。[①] 自20世纪六七十年代以来,欧洲部分发达国家,包括德国、荷兰、芬兰、英国、瑞士等,通过改造、升格和新建的形式,完成了最初一批应用科学大学的创立和兴建任务,并由此树立了以专业实践教育为特征、以服务经济和科技发展为使命、理论与实践教育相结合的应用型高等教育体系。[②]

我国"应用型高校"概念提出较晚。2013年之前,我国一般将培养应用型人才的高校称之为应用型本科,如2012年,教育部在官方文件中首次明确提出"应用型本科学校"概念。[③] 目前,学界关于应用型高校的概念范围和内容体系的讨论一直在持续,且对于应

[①] 陈恒敏:《应用型大学类型边界与标准研究》,《贵州师范大学学报》(社会科学版)2016年第1期。

[②] 陈志伟:《应用型大学的基本内涵与国别特征研究》,《贵州师范大学学报》(社会科学版)2016年第1期。

[③] 中华人民共和国教育部:《国家教育事业发展第十二个五年规划》,http://www.moe.gov.cn/publicfiles/business/htmlfiles/moe/moe_630/201207/139702.html,2012年6月14日。

用型高校与其他相应的名称,如"应用型本科高校""应用技术大学""应用型大学""应用技术型本科高校""应用科技大学"等概念之间的区分和差异还存在一定争议。从理论根源上讲,应用型高校在早期的知识体系构建和实践教学尝试中屡被提及,逐渐为教育理论界和地方院校所接受、认知和研究。我国教育主管部门结合国际经验和我国国情所形成的"应用型本科高校"概念体系,则是从国际普适性、国家本土性和地方特色性以及院校协调性等角度出发,对应用型高校作出的类型规范和定性,从而使我国地方本科院校在转型发展过程中,具备了更为明确的目标指向和概念结构。① "应用型高校"在诸多概念体系中,具备总领性和概括性特征,这一概念不仅包含了其他某类细节性或指定性概念类型,同时也拓展了应用型高等体系结构范围。因而,可以用"应用型高校"来作为对应用型本科高等教育体系和院校发展的总体指代和概念指征。2017年教育部出台的《教育部关于"十三五"时期高等学校设置工作的意见》提出,我国高等教育总体上可以划分为研究型、应用型和职业技能型三大类型。

从国际教育标准分类来看,1997年,联合国教科文组织第29届会议批准《国际教育标准分类法1997》(ISCED1997)。《国际教育标准分类法》将整个教育体系纵向划分为3个级别,7个层次。其中,高等教育在第三级教育(中学后教育)中,包括5、6两级,第5级作为高等教育的第一阶段,包括专科、本科、硕士研究生教育三个层面;第6级教育作为高等教育的第二阶段,主要指博士研究生教育。在第5级内,《国际教育标准分类法》没有更进一步区分专科、本科、硕士研究生的不同层次差别,而是把第5级又分为5A和5B两种类型。5A是指强调理论基础,为从事研究和高技术要求的专业工作做准备的高等教育;而5B则是指实用型、技术型、职业型

---

① 陈恒敏:《应用型大学类型边界与标准研究》,《贵州师范大学学报》(社会科学版)2016年第1期。

的高等教育。5A又被进一步细化为5A1和5A2两种类型，其中，5A1是按学科分设专业，为研究做准备的教育，是研究型、综合型的高等教育；而5A2是按行业、产业分设专业，是培养高科技专门人才的教育，是应用型、专业性的教育。按照《国际教育标准分类法》，在我国，应用型大学属于"国际教育标准分类"中第三级教育下第5层次的5A2型，是培养高层次专门人才的应用型、专门性教育。

从国家政策定位来看，2013年，教育部印发的《现代职业教育体系建设规划（征求意见稿）》指出，在有条件的地区试办应用技术大学（学院），实施本科阶段职业教育。2014年，国务院在发布的《关于加快发展现代职业教育的决定》中提出，"引导一批普通本科高等学校向应用技术类型高等学校转型，重点举办本科职业教育"。2014年，教育部、国家发展改革委等六部门在印发的《现代职业教育体系建设规划（2014—2020年）》中提出，"应用技术类型高等学校是高等教育体系的重要组成部分，在办好现有专科层次高等职业（专科）学校的基础上，发展应用技术类型高校，培养本科层次职业人才"。由此可见，从国家的政策定位来看，应用型高校属于大的职业教育范畴，在理论上属于职业教育系列的本科层次，是职业教育向纵深化、高层次化发展的结果；应用型高校应具有本科教育的共有属性，但更加突出本科教育的专门化指向，是本科层面的"应用技术教育"；应用型高校以科学知识和技术成果的应用为导向进行办学，但侧重点在技术知识和技术成果的应用。

从学术性与市场性来看，今天的高校与社会之间的关系越来越密切，已成为社会的一部分。因此，学术性和市场性可以作为两个维度来描述本科高校的发展方向和路径，其中，学术性表示本科高校的学术水平，市场性则表示本科高校贴近市场需求的程度。[①] 按照这两个维度，我国的本科高校大体上可以分为四类，第一类高校学术性和市场性都很强，清华大学等少数几所以理工科见长的一流大学属于这类层面；第二类高校学术性较强，但市场性一般，我国的部分一流大学及大部分一流学科大学属于这一层面；第三类高校学术性与市场性都不强，在我国，非"双一流"大学的地方重点大学属于这一层面；第四类高校虽然学术水平不高，但应用型较强，与市场需求对接较好，无论是人才培养还是科学研究，都能够面向应用，解决实际问题，这类层面高校属于应用型高校。

从高校的"层次+功能+人才培养类型"来看，我国的高校一般可划分为高水平大学、骨干特色高校、应用型本科高校、技术技能型高职院校四种基本类型。高水平大学主要是国家"双一流"建设高校，主要以基础学科和应用学科（专业）为主，研究高深学问，培养拔尖创新的学术型人才。骨干特色高校主要是各省属重点大学，这类高校行业属性强，主要培养具有较强理论基础、创新能力的专业型高素质人才。应用型本科高校主要以地方新建本科院校为主，以各行各业的应用学科（专业）为主，学习研究专门知识，主要从事应用型教育，培养具有一定理论基础、较强实践能力和创新能力的高素质专业人才。职业性技能型高等院校（高职高专），以各行各业实用性职业技术专业为主，主要从事实用性教育，培养在生产、管理、服务等第一线从事具体工作的技术技能人才。从高校分类视角来看，应用型高校是一种介于高水平大学、骨干特色高校与高职院校之间的一种院校类型。应用型高校是以培养"动手能力"为核心的高层次专才教育，是强调"实践性"的教育类别，而非教育层次。

综上所述，本书把应用型高校定义为：以"应用型"为办学定

[①] 叶飞帆：《新建本科高校向应用型转变的方向与路径》，《教育研究》2017年第8期。

位，以科学知识和技术应用为主，以培养本科及以上高层次应用型专门人才为目标，以理论知识的转化、技术成果的应用等应用研究为重点，以市场需求和区域经济社会发展为导向的本科层次高等院校。新建地方本科院校是应用型高校的主体，到2015年底，超过九成的新建本科院校明确了"地方性、应用型"的办学定位。①

各省级政府确定的应用型高校既有整体向应用型转型试点的高校，也有部分二级学院向应用型转型试点的高校，还有部分学科、专业和课程向应用型转变的高校；既有公办院校，也有民办院校。在操作层面上，本书所涉及的应用型高校主要指以应用型为办学定位、以高素质应用型人才为培养目标的地方普通本科高校（不含独立学院），主要包括各省确立的整体转型试点高校、全国应用技术大学（学院）联盟单位院校、各省确立的应用型本科联盟单位院校，以及"十三五"应用型本科产教融合发展工程建设试点高校。本书将重点关注公办本科整体转型试点应用型高校。

二 教师专业实践能力

能力是以完成一定实践活动任务所需要的知识、技能、态度、经验为基础的，是专业人士履行其工作职责的基本工具和手段，理论知识和经验在能力形成过程中发挥着关键性作用。心理学层面一般将能力界定为"使人能成功地完成某种活动所需的个性心理特征或人格特质"②。美国学者Larrie Gale 和 Gaston Pol 认为，"能力是与职位和工作角色联系在一起的，胜任一定工作角色所必需的知识、判断力、态度和价值观的整合就是能力"③；詹姆斯·

---

① 教育部高等教育教学评估中心：《新建院校走新路，应用型发展结硕果》，http://edu.people.com.cn/n1/2017/1016/c367001-29588850.html，2017年10月16日。

② 林崇德、杨治良、黄希庭主编：《心理学大辞典》，上海教育出版社2003年版，第868页。

③ Gale, Larrie E and Pol, Gaston, "Competence: A Definition and Conceptual Scheme", *Educational Technology*, Vol. 15, No. 6, 1975, pp. 19–25.

D. 克莱因（james D. klein）则指出，能力不仅是一种个人内部的特质，更是一种通过综合知识、技能和情感态度表现出来的外显行为。① 外显行为使能力成为"一组知识、技能与态度的综合体，能使个体有效地完成特定职业的活动或者达到普遍接受的就职标准"②。不难发现，能力与实践天然相关，与知识、技能、态度等密不可分。

从词义上解释，专业实践能力是指以专门知识和专门技术为基础的专业层面的实践能力。专业实践属于高度的心智活动，以专门知识和专门技术为基础，需经常不断地在职进修。米勒（Miller, G.E）从知识、能力、表现和行动四个方面来评价医生的专业实践，并构建了一个金字塔式专业实践评价框架模型。③ 在社会职业的专业化标准体系中，教师同医生一样是公认的"专业"，教师专业实践能力是教师专业地位和专业发展的基础，是影响教师质量与水平的关键性因素。由于概念的复杂性、研究视角的差异性及不同的认识立场和利益关切，学者们对专业实践能力的认识一直存在着差异，多数研究首先源于对实践能力的认识。

基于心理学对能力的定义，实践能力可以推绎为完成实践活动所必需的心理特征。有学者指出实践能力是保证个体顺利运用已有知识、技能去解决实际问题所必须具备的那些生理和心理特征④；有学者认为实践能力应当属于能力这一逻辑体系中，是一个人顺利完

---

① ［美］克莱因等：《教师能力标准：面对面、在线及混合情境》，顾小清译，华东师范大学出版社2007年版，第12页。
② Rita C. Richey and Dennis C. Fields and Marguerite Foxon, *Instructional Design Competencies: The Standards*, *Third Edition*, New York: Clearing house on Information and Technology, 2001, p. 26, 33.
③ Miller, G.E, "The Assessment of Clinical Skills/Competence/Performance", *Academic Medicine*, Vol. 65, No. 09, 1990, pp. 63 – 67.
④ 刘磊、傅维利：《实践能力：含义、结构及培养对策》，《教育学科》2005年第2期。

成某种活动所必需的心理特征。① 心理学对能力的研究一直以来偏重于认知能力，对实践能力的定义虽然并未真正回到实践的本意上，但没有心理层面的实践动机，现实层面的实践能力很难形成，个体也很难顺利地解决实际问题。实践动机是实践活动的前提，对于个体的实践活动具有激活、指向、维持和调整的功能，主要由实践兴趣、实践成就动机和实践压力构成。② 因此，本书将教师心理层面的实践动机作为专业实践能力的重要组成部分，认为实践动机是实践能力形成的基础和前提。

从教育学的视角来看，学者们基于研究视角和对象的不同，从基础教育、职业教育、高等教育等不同层面来理解和把握实践能力的内涵与维度。教师专业素质能力首先要服务于学生成长及培养目标的达成。基础教育层面的教师专业实践能力指向教育教学实践的有效达成，以专业知识为基础，具体化教师的各种专业表现和行动。③ 有学者根据各种能力因素在基础教育实践活动中的作用领域不同，将实践能力划分为实践动机、一般实践能力因素、专项实践能力因素和情境实践能力四个基本构成要素④；也有认为教师实践能力主要由教师的实践性知识和教育技能构成，具体表现为以学科教学为核心的"教学能力"、以品德教育为核心的"教育能力"、以学习与探究为核心的"研究能力"。⑤

高等教育层面，有学者把高校教师实践能力分为教学实践能力、

---

① 吴志华：《学生实践能力发展研究》，辽宁师范大学出版社 2010 年版，第 25 页。
② 刘磊、傅维利：《实践能力：含义、结构及培养对策》，《教育学科》2005 年第 2 期。
③ 戚万学、王夫艳：《教师专业实践能力：内涵与特征》，《教育研究》2012 年第 2 期。
④ 傅维利：《培养学生实践能力：推进素质教育的重点》，《中国教育学刊》2005 年第 12 期。
⑤ 瞿莉玲、阳涛：《对教师实践能力构成的探讨》，《新课程研究》2011 年第 6 期。

工程实践能力和科研实践能力[1];有学者认为高校教师专业实践能力由受限的专业实践能力、扩展的专业实践能力和元专业实践能力三个维度构成[2];还有学者将实践能力分为较低层次能力、中间层次能力和较高层次能力。[3] 在应用型高校教师实践能力研究方面,有学者认为,应用型高校教师实践能力主要是指教学实践的能力,即将专业知识、专业技能传授给学生的能力[4];也有学者指出应用技术大学教师的实践能力包括实践操作能力、实践教学能力和实践创新能力三个维度。[5] 他们对应用型高校实践能力的划分为本书提供了一定的借鉴。普通高校与应用型高校同属高等教育体系,具有本科教育的共有属性,在人才培养方面也存在共性。应用型高校教师不仅具有普通高校教师应具备的教育教学能力、扎实的专业知识与能力,更要有较强的实践经验、实践教学能力与应用研究能力,这是普通高校教师共性与应用型高校教师独特个性的统一。因此,有关普通高校教师实践能力的内涵界定与维度构成对应用型高校教师专业实践能力的内涵界定有一定的参考价值。

职业教育层面,职业教育的特色重在学生动手能力和职业技能的培养。因此,学界一般将职业院校教师实践能力界定为保证教师个体运用已有知识、技能去解决相关行业、企业生产实际问题所必须具备的生理和心理特征[6][7],其外在表现为操作能力与指导学生实

---

[1] 徐国财、张晓梅、吉小利、邢宏龙:《教师实践能力的特征及其培养》,《安徽理工大学学报》(社会科学版)2010年第1期。

[2] 王夫艳:《教师专业实践能力的三维构成》,《高等教育研究》2012年第4期。

[3] 杨宝山:《实践能力评价的现状、问题与方法》,《教育研究》2012年第10期。

[4] 黄莉:《应用技术大学教师实践能力的培养机制》,《高校发展与评估》2015年第3期。

[5] 刘平:《应用技术大学教师实践能力构成维度及提升策略》,《中国轻工教育》2016年第4期。

[6] 王成福、邵建东、陈海荣、陈健德:《高职教师专业实践能力的内涵及培养对策》,《高等工程教育研究》2015年第3期。

[7] 赵丽英:《产教融合背景下教师实践能力提升策略》,《教育与职业》2016年第17期。

践的能力、实践教学能力、教学改革与研究能力、技术开发与社会服务能力等。职业院校与应用型高校同属大职业教育范畴体系,只是在人才培养定位上存在差别。应用型高校属于职业教育系列的本科层次,以培养高素质的工程技术人才为目标,高职高专院校主要以培养生产一线的技能型人才为主,从本质上来说这两类高校对教师专业实践能力的标准要求存在共性。因此,这一定义也比较准确地反映了应用型高校教师实践能力的本质特征,突破了以往单从心理学、哲学、教育学角度分析实践能力的范式。

从哲学的视角来看,马克思认为"人有目的地改造和探索现实世界的一切社会性客观物质活动即为实践",强调实践的社会性。[1] 实践能力具有狭义和广义之分,狭义的实践能力是指改造自然、改造社会的能力,广义的实践能力是指认识自然和改造自然、认识社会和改造社会的能力。田运指出,实践能力是主体能动地改造和探索现实世界的一种能力,特别是在实践活动中形成和发展的一种综合性活动能力,其形成的关键因素是人参加何种实践活动以及在其中担任何种角色,实践能力的核心是正确规定行动目标的认识能力和实现行动目标的行动能力。[2] 显然,这一认识是狭义层面上的实践能力。

应用型高校教师专业实践能力是"双师双能"的核心素质能力。综上所述,本书认为,应用型高校教师专业实践能力是指教师专业、职业层面的实践能力,是教师从事实践教学,开展应用研究,运用专业知识、技能去解决相关行业企业生产实际问题所必须具备的生理和心理特征,具体表现为实践动机、实践经验、实践操作能力、实践教学能力、应用型研究能力等。应用型高校教师专业实践能力并非单项知识和能力要素的简单综合,而是多种专业素质所组成的

---

[1] 高清海、孙利天:《马克思的哲学观变革及其当代意义》,《天津社会科学》2001年第5期。

[2] 田运:《思维辞典》,浙江教育出版社1996年版,第363页。

综合性能力，也并非单一高校层面的实践能力，而是跨越高校与行业企业的一种综合素质能力。这种能力主要通过产学研合作、企业挂职锻炼、生产实习等形式获得，是一种实践性的教师专业素质。因此，应用型高校教师应既精通专业理论知识，又熟悉相关职业领域内的工作现场、工作流程，熟练掌握有关操作技术和管理规范；既能胜任本专业理论课教学，又能在实验、实习及工作现场通过操作、演示等手段使学生获得操作技能。这样才能将理论知识和能力要素融合在应用型人才培养实践活动中，培养出具有创新精神和实践能力的高级专门人才。需要指出的是，本书是从一般意义上来理解和把握应用型高校教师专业实践能力，并没有具体细化到不同类型、不同学科专业的教师。

三 制度

由于人的认知和研究领域的差异，对"制度"一词的定义各有不同。道格拉斯·诺斯（Douglass North）认为制度是"一些人为设计的、形塑人们互动关系的约束"[1]，包括正式的和非正式的约束。我国学者汪丁丁也将制度简单定义为"人类创造的约束条件"[2]。马奇和奥尔森将制度视作规则，这种规则既包括惯例、程序、协议、职责、策略、组织形式以及技术等，也包括信念、榜样、符号、文化及知识等。[3] 可见这种规则既包含正式的法规，也包含非正式的惯例、信仰等。同样，柯武刚、史漫飞认为制度是一个共同体所共有的、由人制定的规则，这种规则抑制着人们相互交往中可能出现的

---

[1] ［美］道格拉斯·C. 诺斯：《制度、制度变迁与经济绩效》，杭行译，格致出版社2008年版，第3页。

[2] 汪丁丁：《制度分析基础讲义Ⅰ》，上海人民出版社2005年版，第3页。

[3] ［美］詹姆斯·G. 马奇、［挪］约翰·P. 奥尔森：《重新发现制度：政治的组织基础》，张伟译，生活·读书·新知三联书店2011年版，第20—21页。

任意行为和机会主义行为。① 这些定义界定了哪些行为是被禁止的、被允许的和必需的。Greif 将制度定义为"规则、信念、规范和组织共同生成的，关于（社会）行为规律的系统"②。Greif 认为组织是制度的一部分，其关于制度的定义非常宽泛，既包括规则，也包括组织。

通过上述分析可以发现，这些定义的差别主要体现在两个方面：其一，制度是规则，还是也包括组织、机构本身？其二，制度是指正式规则还是也包括非正式规则？其实，在中文中，制度和组织是两个完全不同的概念，但是在英文中，制度同时具有规则及组织、机构的含义。因此，很多国外学者常常将组织和规则不加区分，直到斯诺将二者做了区分，指出"制度是规则，而组织是规则下受约束的行动者"③。本书同意斯诺的观点，认为制度即规则，是影响行为的各种规则，虽然制度对组织很重要，但制度绝不是组织的全部。

从国内外学者对制度的定义来看，制度既包括规则、法规等正式制度，也包括习惯、习俗、惯例等非正式制度。在新制度经济学中，制度一般分为正式制度和非正式制度，前者主要指国家、政府或统治者有意识地建立起来的一套政策法规，如各种成文的法律法规、政策等；后者是人们在长期的社会生活中逐步形成的风俗习惯、文化传统、价值观念及意识形态等。其实"关于制度的定义不涉及谁对谁错的问题，它取决于分析的目的"④。本书主要从经济学特别是新制度经济的视角来认识制度，将制度定义为一系列人为设定的

---

① ［德］柯武刚、史漫飞：《制度经济学：社会秩序与公共政策》，韩朝华译，商务印书馆 2000 年版，第 32 页。
② Greif Avner, *Institutions and the Path to the Modern Economy: Lessons from Medieval Trade*, Cambridge: Cambridge University Press, 2006.
③ 姚洋：《制度与效率：与斯诺对话》，四川人民出版社 2002 年版，第 79 页。
④ ［日］青木昌彦：《比较制度分析》，周黎安译，上海远东出版社 2001 年版，第 11 页。

行为规则，这种规则能约束个人或集体的行动，强调个人和集体如何在制度所设定的机会和限制内追求他们的预定偏好，帮助个人或集体形成对他人行动的预期。制度的主要作用在于引导、约束和激励，即引导人们的正确行为、约束不正当行为、激励进步行为。换言之，人们可以通过衡量遵守或违背规则的后果，对制度中的引导、约束和激励等做出反应。基于研究的主要目的，"制度"在本书中主要指正式规则，即政府层面或校级层面的正式制度或规则。

四 教师管理制度

教师管理制度是关于教师管理的规则体系。从内涵与外延来看，内涵方面，教师管理制度通过对教师责任、权利、利益的规定来规范教师行为，调整教师与社会、教师与学校、教师与学生，以及教师之间的关系；外延方面，教师管理制度是一种具体制度或制度组合，它隶属于学校制度，是学校教育制度的重要组成部分。[1] 教师管理制度有两部分组成：一是正式制度，即以明文规定的、由教师管理机构通过某种"命令—服从"方式贯彻实施的、带有一定强制性的规则，如教师聘任制度、教师培训制度、教师考核评价制度等；二是非正式制度，即存在于人们意识之中的、在有关教师管理的活动中相互作用而形成的、彼此认同的关于教师管理的认识或看法，包括有关教师管理的价值观念、伦理规范、道德观念、风俗习惯等，其核心是教师价值观。[2] 本书主要就正式教师管理制度展开研究。

应用型高校是高校的一种重要类型，广义的高校教师管理制度的构成对应用型高校教师管理制度具有重要的参照价值。目前虽然学界对教师管理制度构成的说法不一，但他们对教师管理制度基本内容的看法却差别不大。李铁梅指出，高校教师管理制度包括教师

---

[1] 赵敏：《我国现代大学教师管理制度伦理研究》，博士学位论文，华中科技大学，2007年，第18—23页。
[2] 齐泽旭：《新制度经济学视野下美国高等学校教师管理制度研究》，博士学位论文，东北师范大学，2008年，第16—17页。

资格制度、教师聘任制度、教师职务制度、教师培训制度、教师考核制度、教师奖惩制度等，其中教师资格制度、教师聘任制度与教师考核制度是教师管理制度中的三大最基本的制度。[①] 赵敏认为，高校教师管理制度既包括宏观上国家的各项政策、法规、条例，如《教师法》《教师资格条例》等，也包括微观上高校内部根据高校建设和人才培养需要建立的一套教师管理的行为规范，如教师聘任制度、教师考核制度、教师晋升制度、教师培养与培训制度、教师工资和福利制度等。[②] 齐泽旭指出，正式教师管理制度主要包括教师资格制度、教师职务制度、教师聘任制度、教师培训制度、教师考核制度等。[③] 张桂荣认为高校教师管理制度主要包括教师资格制度、聘任制度、入职教育制度、激励制度、考核评价制度、培训制度、职务制度等。[④]

从已有研究不难看出，教师管理制度是旨在确定教师行为的一种规则体系，是若干相关制度的组合，是一个复数概念。制度通常被定义为人为设计的对人与人之间互动关系的约束或规定，它既可以指具体的制度安排，即某一特定类型活动和关系的行为准则；也可以指一个社会中各种制度安排的总和，即"制度结构"。教师管理制度是由政府、教育行政部门颁布或学校制定的，在一定程度上能够提高高校师资队伍的整体素质水平和人才培养质量，调动教师积极性和主动性的制度或制度组合。在本书中，"教师管理制度"的内涵接近于"人事制度"，不包括教师在教学、科研等具体方面的制度。目前学界对高校教师管理制度的构成虽说法不一，但对其基本

---

① 李铁梅：《高等学校教师管理制度理论与实施问题的研究》，硕士学位论文，天津大学，2005年，第11页。

② 赵敏：《我国现代大学教师管理制度伦理研究》，博士学位论文，华中科技大学，2007年，第28—31页。

③ 齐泽旭：《新制度经济学视野下美国高等学校教师管理制度研究》，博士学位论文，东北师范大学，2008年，第16页。

④ 张桂荣：《中美高校教师管理制度比较研究》，硕士学位论文，哈尔滨理工大学，2011年，第17—18页。

内容的认识却差别不大。国内学者通常将教师资格制度、教师聘任制度、教师培训制度、教师职称评审制度和教师考核评价制度作为高校教师管理制度的核心制度安排。

第三节 文献综述

一 国内研究

（一）关于地方本科院校向应用型转变的研究

关于地方本科院校向应用型转变的研究，源于我国高校分类发展问题研究。针对我国高校千校一面、办学模式趋同的现象，学者们普遍认为高校应分层分类发展，避免院校功能同质化。潘懋元先生等参照国际教育标准分类，结合中国高等教育的实际，认为我国高校可分为学术型高校、应用型本科高校和职业技术高校三种类型。[①] 之后，顾永安[②]、吴仁华[③]等学者围绕新建本科院校转型发展展开探索，他们认为新建本科院校应向应用型转变，开展应用型教育，培养高素质应用型人才，以区别于研究型高校的学术型人才培养。2014年国家作出引导部分地方普通本科高校向应用型转变的决策部署，2015年教育部等三部委印发《关于引导部分地方普通本科高校向应用型转变的指导意见》，推动地方高校转型发展。在国家战略的引领和推动下，国内掀起了地方本科高校转型发展的研究热潮，学者们从不同的视角开展了大量研究。

从原因来看，随着社会需求的日益多样化，高等教育必然走向

[①] 潘懋元、董立平：《关于高等学校分类、定位、特色发展的探讨》，《教育研究》2009年第2期。

[②] 顾永安：《新建本科院校转型发展若干问题探析》，《现代教育管理》2010年第11期。

[③] 吴仁华：《围绕应用型人才培养 加快新建本科院校改革和发展》，《中国高等教育》2010年第22期。

分类管理、分类发展、特色办学的道路。从世界高等教育发展的规律和趋势来看，世界各国大学的发展都逐渐致力于满足社会发展的实践需求，培养应用技能型人才是大学发展的必然趋向。① 地方本科高校转型发展是国家对高等教育改革所进行的一项重大政策设计②，既有我国经济社会转型的驱使，同时也是地方本科高校自身变革的内在使然。③ 从外在因素看，传统本科高校办学模式与经济社会需求之间的严重脱节，成为阻碍地方经济社会发展的重要因素，也成为本科高校向应用型转变的根本动因④；同时引导地方本科高校向应用型转变也是实现我国高等教育大众化和教育体系现代化的必然选择。⑤ 就高校自身来看，地方本科高校转型发展是地方高校为实现大学学术功能、形态的多元化和多样性要求而进行的一次关于大学学术研究功能、形态和实践范式的再分工和再调整⑥，同时也是出于维护其自身存在合法性、提高办学满意度、实现错位发展的考虑，是大学固有的存在逻辑。⑦ 此外，高等教育的"横向扩大"与学生终身教育的需求，也是倒逼一批地方本科院校向应用型高校转型发展的主要原因。⑧

从理念来看，不同学者基于不同的视角提出多元化的地方本科

---

① 陈斌：《建设应用技术大学的逻辑与困境》，《中国高教研究》2014年第8期。

② 张应强：《从政府与大学的关系看地方本科高校转型发展》，《江苏高教》2014年第6期。

③ 陈新民：《地方本科高校转型：分歧与共识》，《教育发展研究》2015年第7期。

④ 姚荣：《行政管控与自主变革：我国本科高校转型的制度逻辑》，《中国高教研究》2014年第11期。

⑤ 陈锋：《关于部分普通本科高校转型发展的若干问题思考》，《中国高等教育》2014年第12期。

⑥ 李金奇：《大学组织再学术化与地方本科高校转型发展——兼论地方高校教师学术职业分化》，《高等教育研究》2016年第11期。

⑦ 李国仓：《地方本科高校转型发展热潮下的冷思考》，《高校教育管理》2016年第6期。

⑧ 刘在洲：《地方本科院校转型发展的背景与思路》，《中国高等教育》2014年第20期。

院校转型发展理念。潘懋元先生等认为，大多数地方本科院校在办学历史、办学类型、办学条件、办学职能等方面有别于研究型高校，这类院校应定位为"应用型"，面向地方经济，培养应用型专门人才。[①] 这一观点得到学界的赞同，之后一些学者从不同的视角深化、细化潘懋元先生的观点，并逐渐引起国家教育行政部门的重视。从根本上来说，地方本科院校转型发展关涉到高等教育的认识论和方法论问题[②]，以全新的眼光认识高等教育的本质、本科教育的实质以及高校与市场和政府的关系等方法论问题，是地方本科院校成功转型的基础。在转型动力上，赵新亮等从人才培养结构等外在动力与招生就业等内在动力两方面，分析了地方普通本科院校向应用型转变的动力机制。[③] 在办学定位上，地方本科院校转型发展应立足地方性、应用型、重特色的办学定位。[④] 在人才培养理念上，普通本科院校向应用型转变，应注重高等职业教育的"教育性"[⑤]，把技术和人文相融合，树立技术人文教育理念[⑥]，培养全面自由发展的技术技能型人才。在转型模式上，王丹中认为，地方高校转型发展应采取以专业为载体、体现效率优先的转型模式[⑦]；王鑫等基于组织变革理论

[①] 潘懋元、车如山：《做强地方本科院校——地方本科院校的定位与特征研究》，《中国高教研究》2009 年第 12 期。

[②] 刘振天：《地方本科院校转型发展与高等教育认识论及方法论诉求》，《中国高教研究》2014 年第 6 期。

[③] 赵新亮、张彦通：《地方本科高校向应用技术大学转型的动力机制与战略》，《高校教育管理》2015 年第 2 期。

[④] 张大良：《把握"学校主体、地方主责"工作定位 积极引导部分地方本科高校转型发展》，《中国高等教育》2015 年第 10 期。

[⑤] 刘刚：《部分普通本科院校向职业院校转型之思》，《高等教育研究》2015 年第 4 期。

[⑥] 张应强：《地方本科高校转型发展：可能效应与主要问题》，《大学教育科学》2014 年第 6 期。

[⑦] 王丹中：《基于战略视角的应用技术大学发展路径——兼论当前应用技术大学发展中亟需关注的若干问题》，《教育发展研究》2014 年第 17 期。

提出断裂式、分布式和协作式三种地方高校转型模式。① 在转型发展策略上，陈霞玲、屈潇潇基于资源依赖视角，从顺从、缓冲、适应、管理、沟通、创造等维度构建了地方普通本科院校转型发展的分析框架，分析其转型发展的策略选择。② 蓝汉林指出，地方高校的转型发展是在政府意志、市场需求与高校自身发展三种制度逻辑下共同作用的结果。③ 刘理认为地方本科高校转型发展要在发展理念、发展定位、发展方式等方面求"变"，在育人功能、学术品质、责任担当等方面坚守"不变"。④

从存在的问题来看，地方本科院校转型发展既受高校自身内部因素的影响，也受政府、社会等外部因素影响。从高校自身来看，地方本科院校转型发展存在"转变观念难、学校理念转变难、教材建设难、专业建设难、师资队伍建设难、学校布局难"六大难题。⑤ 鲁武霞认为地方高校转型最大的困难莫过于"观念的桎梏"⑥，这种桎梏既表现在对现代职业教育体系架构认识不够⑦、存在自我认同危机⑧、大学内在逻辑保守⑨等方面，同时也体现在盲目升格、谋求向

---

① 王鑫、温恒福：《新建本科院校向"应用技术大学"转型发展的模式及要素分析》，《教育科学》2014 年第 6 期。
② 陈霞玲、屈潇潇：《地方高校转型发展策略探析——基于全国 185 名地方高校校级领导的调查研究》《中国高教研究》2017 年第 12 期。
③ 蓝汉林：《地方高校转型发展的多重制度逻辑分析——基于浙江 G 大学的分析》，《高教探索》2017 年第 1 期。
④ 刘理：《论地方本科高校转型发展中的"变"与"不变"》，《江汉大学学报》（社会科学版）2018 年第 5 期。
⑤ 《教育部副部长鲁昕在部分省市地方本科高校转型发展座谈会上的讲话提纲》，http：//jwc.hdc.edu.cn/jyss/13555.jhtml，2015 年 7 月 7 日。
⑥ 鲁武霞：《高职专科与应用型本科衔接的观念桎梏及其突破》，《高等教育研究》2012 年第 8 期。
⑦ 马陆亭：《应用技术大学建设的若干思考》，《中国高等教育》2014 年第 10 期。
⑧ 陈斌：《建设应用技术大学的逻辑与困境》，《中国高教研究》2014 年第 8 期。
⑨ 陈解放：《论地方本科院校转型发展——大学内在逻辑与观念文化视角》，《中国高教研究》2014 年第 11 期。

高层次高校发展等方面。① 张应强指出,地方本科院校转型发展面临师资队伍转型、教学体系转型及如何深化产教融合等问题。② 丁奕认为地方本科院校向应用型转变中存在路径依赖与锁定效应,其中锁定效应包括功能性锁定、认知性锁定和政治性锁定。③ 赵哲等指出地方本科院校在转型发展中存在急功近利、投机主义、脱离实际三种倾向。④ 王中华基于二级学院的视角,分析了地方本科高校转型发展中师资队伍建设、行为实践、服务地方社会发展、学科专业建设、学院间资源配置等方面存在的问题。⑤ 邹奇等指出,目前我国地方本科高校转型发展的主要障碍来自于学校管理制度方面的缺失和不完善,教师缺乏有效的制度激励引导。⑥ 邵建东认为,当前,我国应用技术大学建设中存在目标定位模糊、发展道路窄化、管理体制封闭等问题。⑦

政府层面,政府的缺位、越位、政策偏差等会影响地方本科院校转型发展。姚荣指出,以行政管控的制度逻辑驱动本科高校转型发展将导致高校无序转型、区域高等教育结构趋同、内生动力不足等一些非预期后果。⑧ 夏明忠认为,地方本科院校转型也面临政府资

---

① 曾书琴:《产业转型升级背景下广东地方本科院校的发展定位与实施路径》,《高教探索》2015年第5期。
② 张应强:《地方本科高校转型发展:可能效应与主要问题》,《大学教育科学》2014年第6期。
③ 丁奕:《转型地方高校发展的路径依赖与锁定效应分析》,《华中师范大学学报》(人文社会科学版)2014年第6期。
④ 赵哲、董新伟、李漫红:《地方本科高校转型发展的三种倾向及其规避》,《教育发展研究》2015年第7期。
⑤ 王中华:《地方普通本科高校转型发展的困惑与出路——二级学院的视角》,《现代教育管理》2016年第3期。
⑥ 邹奇、孙鹤娟:《困惑与超越:地方本科高校向应用型转型发展的路径选择》,《东北师大学报》(哲学社会科学版)2017年第3期。
⑦ 邵建东:《我国应用技术大学建设:挑战与推进策略》,《教育研究》2018年第2期。
⑧ 姚荣:《行政管控与自主变革:我国本科高校转型的制度逻辑》,《中国高教研究》2014年第11期。

源配置和政策偏差等障碍。① 刘蕾、石猛指出政府在民办高校转型发展中陷入扶持即干预——干预过度和干预不足——的履责困境。② 朱建新指出地方普通本科高校向应用型转变存在政策惯性、学术价值、市场规则三种合法性困境。③

从转型的路径与策略看，多数学者从政府、高校、社会（行业企业）等多元视角提出地方本科院校转型发展的路径与策略。高校层面，刘彦军构建了"目标—战略—路径"三位一体的地方本科院校转型发展模式④；钟秉林、王新凤从人才培养体系、师资队伍建设、政校关系等方面探讨了地方本科院校转型发展的实施路径⑤；魏饴认为地方本科高校转型发展需要转变治理方式、调动利益相关者的积极性、改革自身运行机制⑥；屈潇潇通过调查发现，地方本科高校内部各层级在战略层面、机制层面、生产层面承担了不同功能的转型。⑦ 政府层面，曲殿彬等认为，地方高校转型发展要充分发挥政府的统筹、调控和指导作用⑧；陈新民在分析地方本科院校转型发展分歧与共识的基础上，从加强高校分类发展顶层设计、理清职教与普高关系和试点推动等方面提出推动地方本科院校向应用型转变的

---

① 夏明忠：《新建地方本科院校转型发展的动因、障碍和对策》，《高等农业教育》2014年第11期。

② 刘蕾、石猛：《扶持即干预：民办高校转型发展中的政府责任悖论》，《高校教育管理》2017年第1期。

③ 朱建新：《地方高校向应用型大学转型的制度性困境、成因与机制构建》，《高等工程教育研究》2018年第5期。

④ 刘彦军：《地方本科高校转型发展模式研究》，《中国高教研究》2015年第10期。

⑤ 钟秉林、王新凤：《我国地方普通本科院校转型发展实践路径探析》，《高等教育研究》2016年第10期。

⑥ 魏饴：《地方本科高校转型发展：历史演进、职能重构与机理审视》，《大学教育科学》2016年第2期。

⑦ 屈潇潇：《地方本科高校应用转型发展的路径特征分析——基于173名校级领导的问卷调查》，《国家教育行政学院学报》2019年第10期。

⑧ 曲殿彬、赵玉石：《地方本科高校转型发展的问题与应对》，《中国高等教育》2014年第12期。

对策①；张伟、徐广宇认为，政府应加大支持力度、完善转型发展运行机制，调动校企参与转型积极性，有效推进地方高校转型发展。②也有学者认为地方本科院校转型发展在关注政府与高校自身的同时，还需调动社会（行业企业）参与的主动性和积极性。③此外，一些学者提出地方高校转型发展要加强政策制度、经费等方面的保障。张兄武、许庆豫认为，普通本科院校转型发展应及时改革完善学校管理制度，以适应高校转型发展的需要。④刘国瑞、高树仁指出，制度体系再造是高等教育转型的根本保障，高等教育转型迫切需要系统的制度环境，实现制度创新。⑤付八军、汪辉基于地方本科院校与一流大学经费收支结构的比较，提出地方本科高校向应用型转变应实现办学经费来源的多元化，降低对财政性支持的过度依赖。⑥

近些年，尤其是 2014 年国家作出引导地方普通本科院校向应用型转变的重大战略以来，关于地方本科高校向应用型高校转型发展的研究明显增多，这些研究多集中在地方本科高校转型发展的理念与内涵、为什么转型发展、当前转型发展存在的问题及如何转型发展等方面。作为对地方高校转型发展的初步探索，这些研究在一定程度上对地方本科高校转型发展的来龙去脉进行了较为详尽的梳理，为后续相关研究提供了一定文献素材。然而，从已有研究来看，现阶段相关研究的视角较为单一、内容也相对宏观，多数研究从地方

---

① 陈新民：《地方本科高校转型：分歧与共识》，《教育发展研究》2015 年第 7 期。

② 张伟、徐广宇：《政府视域下地方本科高校转型发展方式与推进路径》，《教育与职业》2016 年第 10 期。

③ 王者鹤：《新建地方本科院校转型发展的困境与对策研究——基于高等教育治理现代化的视角》，《中国高教研究》2015 年第 4 期。

④ 张兄武、许庆豫：《关于地方本科院校转型发展的思考》，《中国高教研究》2014 年第 10 期。

⑤ 刘国瑞、高树仁：《高等教育转型的结构——制度整合模式》，《教育研究》2017 年第 5 期。

⑥ 付八军、汪辉：《地方本科院校如何实现应用转向——基于两校经费收支结构的比较》，《教育发展研究》2018 年第 21 期。

本科高校转型发展的背景、存在的问题、相应的对策建议等方面泛泛而谈，而就转型发展中某一问题展开深入探讨分析的相对较少。这主要是由于我国地方本科高校转型发展、应用型高校建设尚处于初级阶段，目前大家对应用型高校的关注还主要停留在宏观层面的转型改革、应用型人才培养改革等方面，应用型高校师资队伍建设、应用型高校教师专业发展等微观层面问题还没有引起人们的足够重视。师资队伍建设是地方本科高校转型发展取得成功的关键，教师专业实践能力在建设应用型高校、培养高素质应用型人才的背景下显得尤为关键，而已有研究中有关这方面的研究较少，还存在很大的研究空间。

（二）关于应用型高校建设的研究

我国关于应用型高校建设的相关研究起步较晚，多数研究是从2014年国家作出引导部分地方本科高校向应用型转变的战略决策开始的。学者们基于国家教育改革举措，从理论层面做了大量研究，为地方本科高校转型发展、应用型高校建设提供了丰富的理论支持和经验借鉴。

从应用型高校建设理念来看，应用型高校要实现真正的发展，需要把握应用型高校的内在要求和建设要求，始终把人才培养作为学校的根本任务。[①] 2009年，潘懋元先生等就从发展目标、学科专业、服务面向、人才培养、师资队伍、科学研究等方面探讨了应用型高校的发展定位问题，并指出应用型不是层次上的划分，而是类型上的划分。[②] 从应用型高校建设的逻辑来看，陈斌认为建设应用型高校应遵循历史演进、高等教育分类及实然与应然的逻辑。[③] 刘文华等认为应用型高校是我国高等教育发展中的新生事物，并从人才培

---

① 洪艺敏：《转型发展背景下的应用型本科高校的建设》，《中国高等教育》2020年第5期。

② 潘懋元、车如山：《略论应用型本科院校的定位》，《高等教育研究》2009年第5期。

③ 陈斌：《建设应用技术大学的逻辑与困境》，《中国高教研究》2014年第8期。

养目标、学术研究、校企合作等方面分析了应用型高校的高等教育属性。① 胡天佑从现实与实践逻辑、知识与理论逻辑两方面分析了建设"应用型大学"的逻辑。② 刘向兵、姚荣从学科逻辑与应用逻辑的关系阐释了应用型高校内部治理结构变革的法理依据。③ 阙明坤、史秋衡从知识生产模式理论、职业带理论、教育生态位理论阐释了应用型高校设置的理论依据。④

从应用型高校建设存在的问题来看,胡天佑从应用型高校能否破解人才需求困境、能否实现高校分类发展与特色发展等方面探讨了应用型高校建设面临的理论与实践问题。⑤ 时伟指出应用型高校在文化定位上会产生由观念冲突带来的文化困境。⑥ 曹雨平指出应用型高校存在人才培养同质化、科学研究与社会服务功利化、大学文化建设封闭化等供给侧结构性问题。⑦ 文静基于品牌建设的视角认为应用型高校建设面临着定位与属性、教学与科研、社会服务与文化传承等方面的问题。⑧ 史秋衡等指出,应用型高校存在科研转化程度低、自我寻位特色化不足等问题,处于我国高等教育分类体系中的

---

① 刘文华、夏建国、易丽:《论应用技术大学的高等教育属性》,《中国高教研究》2014年第10期。

② 胡天佑:《建设"应用型大学"的逻辑与问题》,《中国高教研究》2013年第5期。

③ 刘向兵、姚荣:《应用型大学内部治理结构变革的法理依据与模型建构》,《中国高教研究》2016年第6期。

④ 阙明坤、史秋衡:《应用型高校设置框架与制度保障》,《中国高等教育》2018年第6期。

⑤ 胡天佑:《应用技术大学面临的理论与实践问题》,《高校教育管理》2014年第6期。

⑥ 时伟:《应用型大学的文化定位与建构路径》,《中国高教研究》2016年第9期。

⑦ 曹雨平:《应用型大学供给侧改革,改什么怎么改》,《光明日报》2016年6月22日第10版。

⑧ 文静:《应用型高校品牌建设的难点及改革路径探析》,《国家教育行政学院学报》2017年第8期。

"中部塌陷"区域。①

应用型高校建设内容方面,王洪才认为要促进应用型高校的顺利发展,必须明确应用型高校的内涵与建设标准,转变社会对应用型高校的传统观念,并使其适应经济社会发展,真正满足市场需求。② 夏美武、徐月红认为应用型高校应以战略联盟的形式来应对转型发展带来的挑战。③ 朱亮基于大学文化的视角,指出应用型高校应塑造人文精神和工匠精神相结合的大学文化。④ 吴仁华认为专业建设的特性是应用型高校区别于一般普通本科高校与高职院校的根本特性,应用型高校应通过提升技术集成服务能力,加强专业建设。⑤ 陈国龙、林素川指出应从应用型办学管理制度体系、应用型学科专业体系、应用型人才培养体系、应用型教学团队、应用型教学体系五个方面构建应用型高校建设的"五个体系"。⑥ 郑谦等构建了应用型高校实践教学质量评价指标体系。⑦ 阙明坤、史秋衡从生源入学标准、专业设置标准、师资队伍标准、人才培养标准等分析了应用型高校设置的基本标准。⑧ 刘红基于知识生产模式转型背景构建了地方

---

① 史秋衡、康敏:《精准寻位与创新推进:应用型高校的中坚之路》,《高等工程教育研究》2018 年第 5 期。

② 王洪才:《中国该如何发展应用技术大学》,《高校教育管理》2014 年第 6 期。

③ 夏美武、徐月红:《应用型高校联盟的生成逻辑及价值意蕴——基于地方普通本科高校转型发展的分析视角》,《现代大学教育》2015 年第 6 期。

④ 朱亮:《应用型高校:塑造人文精神和工匠精神相结合的大学文化》,《高等工程教育研究》2016 年第 6 期。

⑤ 吴仁华:《论应用技术大学专业建设的基本特征》,《高等工程教育研究》2016 年第 4 期。

⑥ 陈国龙、林素川:《深化"四位一体"转型改革 构建应用型高校办学体系》,《中国高等教育》2017 年第 22 期。

⑦ 郑谦、汪伟忠、赵伟峰、胡月英:《应用型高校实践教学质量评价指标体系研究》,《高教探索》2016 年第 12 期。

⑧ 阙明坤、史秋衡:《应用型高校设置框架与制度保障》,《中国高等教育》2018 年第 6 期。

应用型高校课程体系。① 刘学忠结合政府、高校、企业、社会等利益相关方，探索了地方应用型高校协同育人的体制机制。② 还有一些学者从产教融合的模式③、产教融合的动力④、产教融合的困境与内部机理⑤等方面对应用型高校产教融合进行深入探究。

从应用型高校建设的保障举措来看，董立平认为，保障高水平应用型高校建设，实现成功转型，要优化学科专业结构、强化实践教学、加强应用型师资建设、建立政产学研互动机制。⑥ 刘海峰等指出，应用型高校建设应坚持应用型科研导向，并从科研观念、科研评价等要素实现科研工作的转型。⑦ 徐蕾以质量为导向，从教学、科研、社会服务三方面构建了我国应用型高校质量保障与评价体系。⑧ 陈雨前等认为，转型发展背景下实现应用型高校建设的关键在于明确办学定位、立足地方的深厚根基、提升学校管理服务水平，在于发挥办学优势、凝练办学特色。⑨ 史秋衡等指出，保障应用型高校建设首要是从政府层面构建高校分类管理与发展的评价体系，以此促

---

① 刘红：《知识生产模式转型背景下地方应用型大学课程体系构建》，《中国大学教学》2018年第6期。

② 刘学忠：《地方应用型大学协同育人体制机制新探》，《国家教育行政学院学报》2017年第9期。

③ 柳友荣、项桂娥、王剑程：《应用型本科院校产教融合模式及其影响因素研究》，《中国高教研究》2015年第5期。

④ 陈星：《应用型高校产教融合动力研究》，中国社会科学出版社2020年版，第53—55页。

⑤ 李凤：《地方应用型本科高校产教融合：困境、机理、方向》，《中国高等教育》2020年第9期。

⑥ 董立平：《地方高校转型发展与建设应用技术大学》，《教育研究》2014年第8期。

⑦ 刘海峰、白玉、刘彦军：《我国应用技术大学建设与科研工作的转型》，《中国高教研究》2015年第7期。

⑧ 徐蕾：《我国应用技术型大学质量保障研究》，博士学位论文，武汉大学，2016年，第14—21页。

⑨ 陈雨前、胡继平：《转型发展视角下应用型高校建设探讨——以景德镇学院为例》，《景德镇学院学报》2018年第5期。

进应用型高校合理定型并精准寻位。①

从已有研究来看，学者们从应用型高校建设理念、建设内容、存在问题、保障举措及国外应用型高校建设等方面进行了研究，这些研究丰富和发展应用型高校建设的理论，拓展了应用型高校建设研究的空间，对本书具有重要的参考价值。然而已有研究多为理论性研究，偏爱理论的建构，缺乏对实践层面的具体探索。应用型高校建设既需要理论层面探究，更需要实践层面的探索，特别是对应用型高校建设中某一方面的深入研究，有助于进一步拓展应用型高校的内涵建设，丰富应用型高校建设的理论体系。

（三）关于应用型高校教师队伍建设的研究

从"双师双能型"教师队伍建设来看，学者们普遍认为培养高素质应用型人才，需要一支理论与实践相结合的"双师双能型"教师队伍。2015年教育部等三部委在联合印发的《关于引导部分地方普通本科高校向应用型转变的指导意见》中明确提出这一概念，学者们的相关研究也主要集中在2015年以后，且主要针对地方本科院校或转型院校"双师双能型"教师队伍建设存在的问题及其改进建议等方面。第一，有关"双师双能型"教师队伍建设存在问题的研究。王润彤、朴雪涛认为地方本科高校"双师双能型"教师队伍建设面临育人定位模糊、评价标准不当、政策支持不足等问题②；官敏华指出，地方本科院校"双师双能型"教师队伍建设存在认定标准不明确、机制体制不健全、培养和引进力度不够大等问题③；王桂红指出，应用型高校"双师双能型"教师队伍建设存在概念模糊、实

---

① 史秋衡、康敏：《精准寻位与创新推进：应用型高校的中坚之路》，《高等工程教育研究》2018年第5期。

② 王润彤、朴雪涛：《地方本科高校转型与"双师双能型"教师队伍建设研究》，《煤炭高等教育》2016年第6期。

③ 官敏华：《地方本科院校"双师双能型"教师队伍建设探析》，《武夷学院学报》2016年第11期。

践能力欠缺、重视不够等问题①；朱来斌、周群指出，当前"双师双能型"教师培养面临着参与度不高、实践成效不大、教学效果不凸显以及配套保障不到位等诸多困境。② 第二，有关加强"双师双能型"教师队伍建设对策建议的研究。加强"双师双能型"教师队伍建设，既要正确理解和把握"双师双能型"教师内涵，避免认识上的偏差③；也要通过校企联合培养、产教融合等方式，鼓励教师深入行业企业实践培训，完善教师培养培训体系；④ 同时还要拓宽引才渠道，从行业企业柔性引进兼职教师。⑤

从应用型高校教师队伍建设存在的问题来看，张泳指出，在转型发展阶段，应用型高校教师虽然理论基础比较扎实，但实践能力较弱。⑥ 葛艳娜等认为，我国应用型高校教师聘用重学历轻实践、教师考核重科研轻技能，教师实践经历与经验严重不足。⑦ 魏晓艳指出目前应用型高校教师发展面临教师能力素质结构与应用型高校需求不适应、教师发展体系无法覆盖教师发展需求两大困境。⑧ 吴长法等针对青年教师指出，应用型高校青年教师存在重利益、轻奉献，重

---

① 王桂红：《应用型本科高校双师双能型教师队伍建设思考》，《泉州师范学院学报》2017年第4期。

② 朱来斌、周群：《地方本科高校"双师双能型"教师培塑的现实困境及其出路》，《兰州交通大学学报》2017年第2期。

③ 冯旭芳、张桂春：《"转型"试点高校"双师双能型"教师队伍建设探究》，《高等工程教育研究》2017年第1期。

④ 冷雪艳：《应用型高校"双师双能型"教师队伍建设路径分析》，《中国成人教育》2018年第20期。

⑤ 朱旗：《转型高校"双师双能型"师资队伍构建》，《教育评论》2016年第8期。

⑥ 张泳：《应用型本科院校师资队伍建设的回溯、反思与展望》，《黑龙江高教研究》2014年第2期。

⑦ 葛艳娜、路姝娟：《中德应用型本科师资队伍建设比较研究》，《上海第二工业大学学报》2011年第4期。

⑧ 魏晓艳：《应用型大学教师发展：目标、困境与突破》，《大学教育科学》2015年第4期。

理论、轻实践，重学历、轻能力等方面的问题。① 姚翼源等认为目前我国应用型高校教师队伍来源较单一，行业企业优秀人才引进困难。②

从应用型高校师资队伍建设的路径与策略来看，在地方本科高校转型发展战略提出之前，蔡敬民等就指出，应用型高校师资队伍建设应从加大人才引进与培养力度、加强教师职后实践培训、增强教学的实践性等方面加以解决。③ 钟志奇认为应用型高校师资队伍建设应通过积极开展校地、校企、校际合作，加强团队合作，有效提升教师队伍的实践应用能力。④ 李松丽基于实践教学，认为应用型高校应从理论与实践结合、专职与兼职渗透、发展与评价并行、学校与区域社会合力等方面，加强实践教学教师队伍建设。⑤ 钟秉林、王新凤认为，应用型高校要从制度建设入手加强教师队伍建设，通过改革学校相关制度，实现从重理论轻实践的学术导向转变为重教师实践能力培养。⑥ 付八军从科研转向、实践锻炼、课程开发等环节提出了应用型高校教师队伍建设的内生模式。⑦

从应用型高校教师素质与能力来看，陈琳等认为应用型高校教师应具备高尚的思想道德素质、先进的教育理念、渊博宽厚的综合

---

① 吴长法、邬旭东：《新建本科院校转型发展与青年教师发展研究》，《中国青年研究》2015 年第 6 期。

② 姚翼源、李祖超：《应用型大学供给侧改革的路径探析》，《教育评论》2017 年第 2 期。

③ 蔡敬民、余国江：《关于应用型本科院校师资队伍建设的思考》，《合肥工业大学学报》（社会科学版）2008 年第 5 期。

④ 钟志奇：《新建应用型大学师资队伍建设基本问题的内在逻辑》，《重庆文理学院学报》（社会科学版）2012 年第 4 期。

⑤ 李松丽：《应用型高校实践教学教师队伍建设的策略》，《学术探索》2016 年第 2 期。

⑥ 钟秉林、王新凤：《我国地方普通本科院校转型发展实践路径探析》，《高等教育研究》2016 年第 10 期。

⑦ 付八军：《论应用型大学师资队伍建设的内生模式》，《浙江社会科学》2017 年第 6 期。

知识素质、精湛的业务能力和业务素质。① 余斌指出应用型高校教师担负着"教师"和"工程师"的双重角色,应具备应用型人才培养所需的实践知识与能力结构。② 滕祥东等认为,应用型高校教师应由学历学位结构、年龄结构、职称结构等"一般性结构元"和实践经历与应用能力结构等"特殊性结构元"二元结构组成。③ 王益宇从自我发展、开放与创新、动机与价值、沟通协作、社会取向五个维度,构建了应用型高校教师胜任力指标体系。④ 奚昕在对研究型大学、高职院校教师胜任特征因素分类对比的基础上,从教学示范能力、科技创新能力、团队合作能力、责任意识、服务精神、成就取向六个方面建立应用型高校教师的胜任特征模型。⑤ 王和强等则基于应用型高校青年教师专业发展的视角,认为应用型高校应兼顾理论教学与实践教学能力。⑥

地方高校转型发展的关键在教师,地方本科院校向应用型转变,必须首先实现师资队伍的转型,即由之前学术与教学型师资转向"双师双能型"师资。顾永安认为,推进教师转型要转好"三个促进",即促进教师理念观念更新,促进教师知识结构转型,促进教师能力结构转型。⑦ 陈以藏等认为应通过以职称晋升制度作为教师转型

---

① 陈琳、苏艳芳:《应用型大学教师素质结构初探》,《教育与职业》2006年第15期。

② 余斌:《应用型大学教师专业发展问题及对策》,《教育发展研究》2008年第11期。

③ 滕祥东、任伟宁:《地方高校教学团队建设路径与管理策略探析》,《北京联合大学学报》(人文社会科学版)2009年第4期。

④ 王益宇:《应用型高校教师胜任力指标体系构建的研究》,《教育评论》2014年第6期。

⑤ 奚昕:《应用型高校教师胜任特征模型的实证研究》,《滁州学院学报》2014年第1期。

⑥ 王和强、马婉莹、赵晖:《应用型高校青年教师专业发展能力目标论析》,《教育评论》2017年第2期。

⑦ 顾永安:《教师要扎根实践促转型》,《人民政协报》2015年10月14日第10版。

的外在牵引力、以教材变革作为转型的重要驱动力、以教学评价作为教师转型的强劲调控力、以教师成就动机作为教师转型的内在推动力四力驱动,实现应用型高校教师转型发展。① 周卫东指出应用型高校教师转型发展存在自我动力不足、学校措施乏力、外部支持有限等问题,为此应从更新理念、明确标准、搭建平台、完善评价等方面着手。② 随着产教融合上升为国家教育改革的一项基本制度安排,产教融合为应用型高校教师的转型发展和"双师双能"素质的提升提供了关键抓手。③

从已有研究可以看出,我国对应用型高校教师队伍建设的研究较晚,已有相关研究是近几年随着国家对地方高校转型发展战略的实施才开始的。在研究内容上,关于应用型高校教师实践能力建设的研究虽然从"双师双能型"教师队伍建设、师资队伍建设存在的问题与对策、应用型高校的素质与能力等多方面展开,然而,研究内容涵盖面过广,缺乏进一步深入和细化的研究,这样容易导致研究的表面化、空泛化,往往不利于应用型高校教师队伍建设问题的真正解决。此外,现有关于应用型高校教师队伍建设的研究多从教育学角度出发,对师资队伍建设存在的问题、解决的途径等方面,多数是就教育论教育,缺少多元化的新视角。教师队伍建设属于教育领域的问题,从教育学的角度看待问题无可厚非,但单一的研究视角往往会限制理论和实践的创新,不利于寻求解决问题的突破口。部分研究虽从制度层面展开探讨,但也只是在行文中零星地提到,缺乏较为深入的分析。另外,师资队伍建设是一个相对宽泛的概念,而加强应用型高校师资队伍建设的关键在于加强"双师双能型"教

---

① 陈以藏、刘鑫:《四力驱动:地方本科院校教师转型发展之举措》,《榆林学院学报》2016 年第 2 期。

② 周卫东:《新建地方本科院校教师转型发展研究》,《江苏高教》2018 年第 4 期。

③ 徐金益、许小军:《产教融合背景下应用型本科高校教师的转型路径探析》,《江苏高教》2019 年第 12 期。

师队伍建设，提升广大教师的专业实践能力。换言之，只有教师的专业实践能力得到有效提升，应用型高校师资队伍建设问题才能从根本上得到解决。然而目前已有研究中关于教师专业实践能力建设的相关研究较少，特别是在硕、博士学位论文方面缺乏系统的理论与实践层面的相关论述。应用型高校师资队伍建设，是随着高校转型发展而逐步凸显出的一个问题。解决这一问题，应当从整体入手，从涉及教师专业发展全程的关键、核心制度出发，若仅仅研究某一制度、关注某一层面，很难从根本上解决应用型高校师资队伍建设的现存问题。从已有研究可以看出，"双师双能型"师资队伍建设缺乏制度化途径。

二　国外研究

（一）关于国外应用型高校的研究

国外应用型高校发展较早，比较典型、发展较为成熟的是德国、芬兰、瑞士等欧洲国家的应用科学大学。国外关于应用型高校的研究都较为微观、具体，已有研究多涉及应用型科学大学的发展、内外部关系等方面。Benedetto Lepori 以瑞士应用科学大学为例，介绍了瑞士非大学高等教育领域的研究进展，认为非高等教育研究的发展导致了融合和分化的复杂动力学，并且这一过程受到不同学科领域特殊性和差异性的强烈影响。[1] Benedetto Lepori 和 Svein Kyvik 对八个欧洲国家的应用科学大学的研究发展及其对高等教育系统结构的影响进行了比较分析，该研究发现应用科学大学的学术漂移并非普遍现象；芬兰、瑞士等国的应用科学大学专注于应用研究，积极参与区域经济发展，与研究型大学形成鲜明的

---

[1] Benedetto Lepori, "Research in non-university higher education institutions: The case of the Swiss Universities of Applied Sciences", *Higher Education*, Vol. 56, No. 1, July 2008, pp. 45 – 58.

二元鸿沟。① Aapo Länsiluoto 和 Marko Järvenpää 等在前人研究的基础上，利用利益相关者和资源依赖理论，提出将资源依赖作为选择 PMS 设计措施的"过滤器"，进而帮助大学决策，研究发现应用科学大学利益相关者之间存在着各种各样的利益冲突，这些利益冲突影响了 PMS 的设计。② Vuokko Kohtamäki 研究了芬兰应用科学大学（UASS）第三次教学与研究开发（R&D）任务是如何受到结构发展政策的影响，该研究表明结构发展和政策背后的部门是强大的，它塑造了 UASS 的外部利益相关者参与和内部工作环境。③ Johanna Vuori 讨论了芬兰应用科学大学在应对内外部环境变化方面是如何实施其定位策略，以及对学校发展的影响。该研究发现，芬兰应用科学大学通过调整对外沟通与内部结构，实施其定位策略。④ 此外一些学者还从芬兰应用科学大学 EUR-ACE 计划认证影响评估的研究⑤、德国应用科学大学可持续性应用研究在实践中的潜力⑥等方面展开探讨。

---

① Benedetto Lepori and Svein Kyvik, "The Research Mission of Universities of Applied Sciences and the Future Configuration of Higher Education Systems in Europe", *Higher education policy*, Vol. 23, No. 3, September 2010, pp. 295 – 316.

② Aapo Länsiluoto and Marko Järvenpää and Kip Krumwiede, "Conflicting interests but filtered key targets: Stakeholder and resource-dependency analyses at a University of Applied Sciences", *Management Accounting Research*, Vol. 24, No. 3, March 2013, pp. 228 – 245.

③ Vuokko Kohtamäki, "Does Structural Development Matter? The Third Mission through Teaching and R&D at Finnish Universities of Applied Sciences", *European Journal of Higher Education*, Vol. 5, No. 3, July 2015, pp. 264 – 280.

④ Johanna Vuori, "Towards Strategic Actorhood? The Execution of Institutional Positioning Strategies at Finnish Universities of Applied Sciences", *Higher Education Quarterly*, Vol. 70, No. 4, July 2016, pp. 400 – 418.

⑤ Jouni Antero Jurvelin and Matti Kajaste and Heikki Malinen, "Impact Evaluation of EUR-ACE Programme Accreditation at Jyväskylä University of Applied Sciences (Finland)", *European Journal of Higher Education*, Vol. 8, No. 3, May 2018, pp. 304 – 319.

⑥ Ringel, M and Kesselring, S and Roth, M, "Potentials and Perspectives for Sustainability Research at Universities of Applied Sciences in Germany", *Gaia (Heidelberg, Germany)*, Vol. 27, No. 4, 2018, pp. 348 – 352.

在已有研究中，部分学者还研究了英国的"1992后"大学，Cartwright Martin J. 探讨了领导和变革管理理论在解释1992年后一所大学领导和变革管理方法方面的有效性。① Jiang，Nan 和 Carpenter，Victoria 探究了英国"1992后"一所大学各院系间教育国家化进程的差异，并通过评估案例研究中的四个院系来确定各院系的具体因素，解释了跨院系国际化水平不同的原因。② Erin Sanders-McDonagh 和 Carole Davis 讨论了新自由主义政策对英国"1992后"大学非传统学生的影响。③

（二）关于国外应用型高校教师的研究

国外关于应用型高校教师的相关研究多从教师的职业发展、教学行为等方面展开，对教师实践能力方面的内容研究较少。Martin Tess 研究了西澳大利亚 TAFE 学院教师非正式职业行为准则。研究发现，TAFE 学院老师正在采用非官方的职业行为准则，采用不符合组织目标的做法。④ E Bruijn 介绍了荷兰创新型、能力型职业教育的教学情况，他通过多案例研究，对多所职业学校多名教师的教学实践进行了深入研究。⑤ Ros Brennan Kemmis 和 Annette Green 研究了职

---

① Cartwright Martin J, "Some Reflections on Theories of Leadership and Change and Their Relevance to a Post-1992 University", *Research in Post-Compulsory Education*, Vol. 10, No. 2, 2005, pp. 257 – 267.

② Jiang, Nan and Carpenter, Victoria, "Faculty - specific factors of degree of HE internationalization: An evaluation of four faculties of a post-1992 university in the United Kingdom", *International Journal of Educational Management*, Vol. 27, No. 3, March 2005, pp. 242 – 259.

③ Erin Sanders-McDonagh and Carole Davis. "Resisting Neoliberal Policies in UK Higher Education: Exploring the Impact of Critical Pedagogies on Non-Traditional Students in a Post-1992University", *Education, Citizenship and Social Justice*, Vol. 13, No. 3, September 2018, pp. 217 – 229.

④ Martin Tess, "Policy to Practice: TAFE Teachers' Unofficial Code of Professional Conduct—Insights from Western Australia", *International Journal of Training Research*, Vol. 10, No. 2, August 2012, pp. 118 – 131.

⑤ E Bruijn, "Teaching in innovative vocational education in the Netherlands", *Teachers and teaching*, Vol. 18, No. 6, 2012, pp. 637 – 653.

业技术教育学在更广泛的职业领域和学校中的一些现象。[1] Yanjuan Hu 和 Roeland van der Rijst 等在调查的基础上,通过对德国研究型大学与应用科学大学教师进行比较,发现研究型大学与应用科学大学教师都非常重视研究在教学中的作用,但相比于应用科学大学教师,研究型大学教师更为积极将研究纳入教学。[2] Shahadat Hossain Khan 从现象学的视角考察了技术和继续教育(TAFE)教师对信息通信技术增强型教学的观念,调查了教师对信息通信技术增强型教学的观念、方法与学生对信息通信技术增强型学习在 TAFE 教育中的观念和方法之间的关系。[3] 此外,Henriette Duch 和 Karen E Andreasen 介绍了丹麦在提高职业院校教师素质方面实施的一项新的教育计划——职业教育学文凭课程,这项计划能够进一步改进职业教育与培训学院的教学法。[4] David B. Monagha 和 Paul Attewell 探讨了美国社区学院的学士学位之路。[5] Arto O Salonen 和 Carina Savander-Ranne 分析了多学科应用科学大学教师的共同专长,认为多学科应用科学大学教师的共同核心能力是有效互动的能力,这种能力是共享专业

---

[1] Ros Brennan Kemmis and Annette Green, "Vocational Education and Training Teachers' Conceptions of Their Pedagogy", *International Journal of Training Research*, Vol. 11, No. 2, 2013, pp. 101 – 121.

[2] Yanjuan Hu and Roeland van der Rijst and Klaas van Veen and Nico Verloop, "The Role of Research in Teaching: A Comparison of Teachers from Research Universities and those from Universities of Applied Sciences", *Higher Education Policy*, Vol. 28, No. 4, July 2014, pp. 535 – 554.

[3] Shahadat Hossain Khan. "Emerging Conceptions of ICT-Enhanced Teaching: Australian TAFE Context", *Instructional Science*, Vol. 43, No. 6, July 2015, pp. 683 – 708.

[4] Henriette Duch and Karen E Andreasen. "Reforming Vocational Didactics by Implementing a New VET Teacher Education in Denmark: Tensions and Challenges Reflected in Interviews with Vocational College Teachers", *International Journal for Research in Vocational Education and Training*, Vol. 2, No. 3, December 2015, pp. 161 – 169.

[5] David B. Monagha and Paul Attewell. "The Community College Route to the Bachelor's Degree", *Educational Evaluation and Policy Analysis*, Vol. 37, No. 1, March 2015, pp. 70 – 91.

知识的基础。① Aija Töytäri 和 Arja Piirainen 等通过对芬兰应用科学大学教师的大规模调研，对高等教育教师自我学习描述进行定性分析，发现了个人学习、学院学习、团队学习和创新合作学习四个层面的高校教师学习类型。② Lieveke Hellemans 和 Stefan Haesen 认为，应用科学大学教师做研究的障碍主要在于缺少时间、支持，缺乏研究传统。③

此外，一些学者还从教师管理、教师培训等方面对国外应用型高校教师进行了研究。教师管理方面，Kallioinen 通过对教师在 PD 计划的最后两年进行的 SWOT 分析发现，拉瑞尔应用科技大学的新教育模式变革受教师专业知识和教学的理论观点、同辈指导、教育领导能力、教学策略等因素的影响。④ Ute Vanini 研究了德国高等职业院校的教学管理，指出德国和各州政府非常重视高职院校教师建设，德国高职院校教师队伍门槛设置严格、标准苛刻。⑤ Johanna Vuori 探讨了芬兰应用技术大学的中层管理问题，通过对芬兰应用科学大学中层管理者的深入访谈，研究了理性管理和员工授权标准化管理理念在高校讲师领导中的运用。⑥ 教师培训方面，英国学者 Nor-

---

① Arto O Salonen and Carina Savander-Ranne. "teachers' Shared Expertise at a Multi-disciplinary University of Applied Sciences", *SAGE Open*, Vol. 5, No. 3, July 2015.

② Aija Töytäri and Arja Piirainen and Päivi Tynjälä, "Higher education teachers' descriptions of their own learning: a large-scale study of Finnish Universities of Applied Sciences", *Higher Education Research & developmen*, Vol. 35, No. 6, March 2016, pp. 1284 – 1297.

③ Lieveke Hellemans and Stefan Haesen, "Benefits of a Small Research Study for the Teacher Education at a University of Applied Sciences: a case study", *Studia paedagogica*, Vol. 22, No. 4, January 2017, pp. 111 – 129.

④ Outi Kallioinen, "Transformative Teaching and Learning by Developing", *Journal of Career and Technical*, Vol. 26, No. 2, Decembe 2011, pp. 8 – 27.

⑤ Ute Vanini, "Controlling-Lehre an deutschen Fachhochschulen", *Controlling& Management Review*, Vol. 57, No. 7, May 2013, pp. 28 – 35.

⑥ Johanna Vuori, "Enactingthe common script: Management ideas at Finnish universities of applied sciences", *Educational Management Administration&leadershop*, Vol. 43, No. 4, January 2014, pp. 646 – 660.

man Lucas 对英国继续教育学院教师培养的国家专业标准、强制性教学资格及相应制度规定进行了研究。[1] 英国技能委员会针对英国现有的职业教育教师培训情况，发布了《职教教师培训报告》，对英国职业教育教师招聘、培训、继续教育等整个职教师资培养体系的各个环节进行了描述。[2]

（三）研究评述

由于各国国情及高校分类体系不同，各国应用型高校的称谓及发展情况也存在一定差异，但总体而言，国外的本科职业教育体系相对比较成熟。发达国家应用型高校的办学理念、办学目标及人才培养目标较为明确，教师培训、教学管理、教师评价及校企合作等规范，明确反映了应用型高校的办学理念与目标，符合应用型高校教师专业发展的轨迹，体现了应用型人才的培养要求。通过已有研究可以看出，国外并没有使用"教师专业实践能力""双师型"或"双师双能型"教师的明确概念，但对应用型高校建设、教师的内涵要求与我国基本是一致的。

国外关于应用型高校或应用型高校教师的相关研究都比较微观，多数研究基于实证分析，深入、具体地分析了学校或教师在某一方面的问题，揭示了具体某一方面的教育现象、教育规律，对更好地促进应用型高校发展、应用型人才培养提供了具体的、可操作的建议。此外，国外应用型高校非常注重学校的师资队伍建设，在教师管理、教师培训等方面具有明确的制度规定，在教师实践能力建设方面积累了许多成功经验，这些经验有助于帮助我们更好地理解和把握应用型高校建设的内涵，对加强"双师双能型"教师队伍建设、提升教师专业实践能力具有重要的借鉴意义。

---

[1] Norman Lucas, "The 'FENTO Fandango': National Standards, Compulsory Teaching Qualifications and the Growing Regulation of FE College Teachers", *Lournal of Further and Higher Education*, Vol. 28, No. 1, May 2006, pp. 35 – 51.

[2] Skills Commission (Great Britain), "Teacher Training in Vacational Education", London: Policy Connect, 2010, http://hdl.voced.edu.au/10707/48426.

第四节　研究设计

一　研究思路和技术路线

（一）研究思路（理论逻辑）

教师专业实践能力属于应用型高校教师的核心专业素质能力，建设高水平应用型高校，培养高层次应用型人才，教师专业实践能力显得尤为关键。现阶段应用型高校教师专业实践能力普遍较低，难以满足应用型高校发展、应用型人才培养要求。制度性因素尤其是教师管理制度是影响教师专业实践能力的最主要因素。现阶段，应用型高校教师管理制度学术导向、学术考量倾向明显，缺乏对教师专业实践能力提升的明确指向与规范举措，其供给与"双师双能型"教师队伍建设的制度需求不匹配，总体处于非均衡状态。办学资源的短缺、复杂利益关系的羁绊、内外部制度环境的影响以及转型发展交易成本的增加，是造成教师管理制度处于非均衡状态的主要原因。在借鉴国外应用型高校教师专业实践能力建设经验启示的基础上，应用型高校教师专业实践能力提升应遵循国家、地方、院校等多重制度改革逻辑，自上而下建立系统完备、衔接有效的"制度体系"。（详见图导-1）

（二）技术路线（工作逻辑）

本书遵循"提出问题—研究设计—收集与分析资料—解决问题"的工作逻辑（详见图导-2）。首先，围绕研究问题进行研究设计，提出本书的分析框架，理顺本书思路，并选择研究方法和理论分析工具；其次，运用多种研究方法搜集研究资料，并使用统计软件和理论分析工具分析资料；最后，提出解决问题的对策建议，并提炼和升华本书观点，指出本书后续研究方向。

```
┌─────────────────┐         ┌─────────────────┐
│教师专业实践能力对应│  ┌──┐  │应用型高校教师专业│
│用型高校建设意义重大│→ │矛盾│ ←│实践能力普遍不高 │
└─────────────────┘  └──┘  └─────────────────┘
                       ↓
          ┌──────────────────────────┐    ┌────┐
          │反思应用型高校的教师管理制度│    │制度│
          └──────────────────────────┘    │识别│
                       ↓                  └────┘
   ┌────────────────────────────────────┐  ┌────┐
   │现行教师管理制度供给与应然制度需求不一致，处于│  │制度│
   │非均衡状态，制约教师专业实践能力提升      │  │供需│
   └────────────────────────────────────┘  └────┘
                       ↓
   ┌────────────────────────────────────┐  ┌────┐
   │资源短缺、转型发展成本高、利益关系的羁绊及内外部制度环境│ │制度非│
   │影响，是造成教师管理制度处于非均衡状态的主要原因      │ │衡解释│
   └────────────────────────────────────┘  └────┘
                       ↓
   ┌────────────────────────────────────┐  ┌────┐
   │国外应用型高校教师专业实践能力提升的经验与启示│  │经验│
   └────────────────────────────────────┘  │借鉴│
                       ↓                  └────┘
   ┌────────────────────────────────────┐  ┌────┐
   │遵从国家、地方、院校等多重制度改革逻辑，    │  │制度│
   │着力提升应用型高校教师专业实践能力       │  │改革│
   └────────────────────────────────────┘  └────┘
```

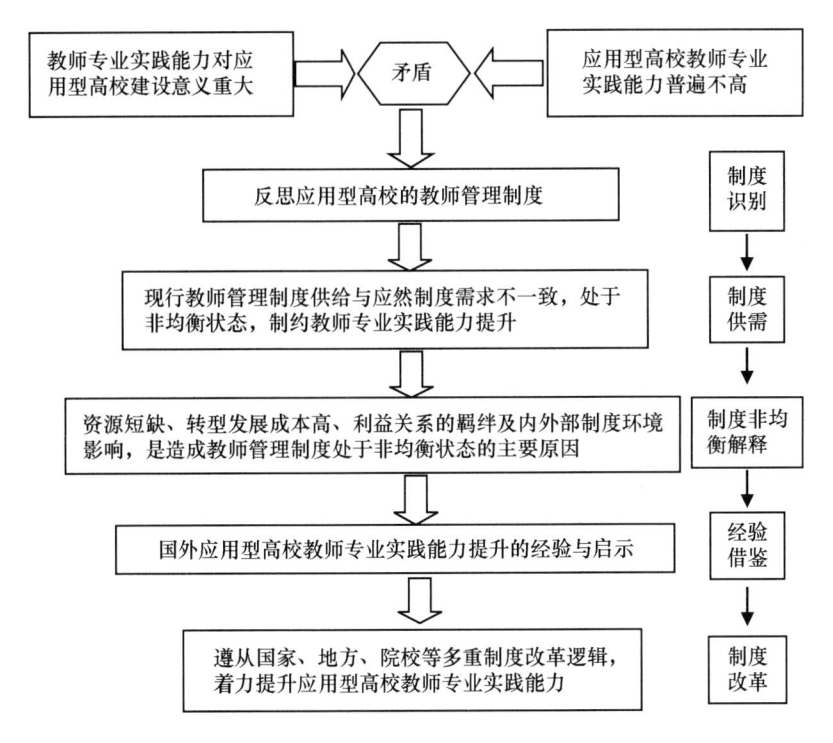

图导-1 研究思路图

二 研究内容框架

本书遵循"提出问题—分析问题—解决问题"的社会研究过程，将研究内容分成八个部分（详见图导-3），研究内容与论文篇章的关系具体如下。

导论：结合研究背景、预调研和现有研究明确本书的研究问题。现阶段应用型高校教师专业实践能力普遍不高，教师队伍建设问题成为制约应用型高校建设、应用型人才培养的瓶颈；界定核心概念；通过文献综述，寻找本书的突破点；明确本书的研究思路、研究框架、研究方法和研究价值等。

第一章：按照"转型实践—角色定位—制度改革"确定本书的分析理念。地方本科高校的转型发展实践，使应用型高校产生了新的办学理念，确立了新的教师角色定位，而与教师角色定位相关的

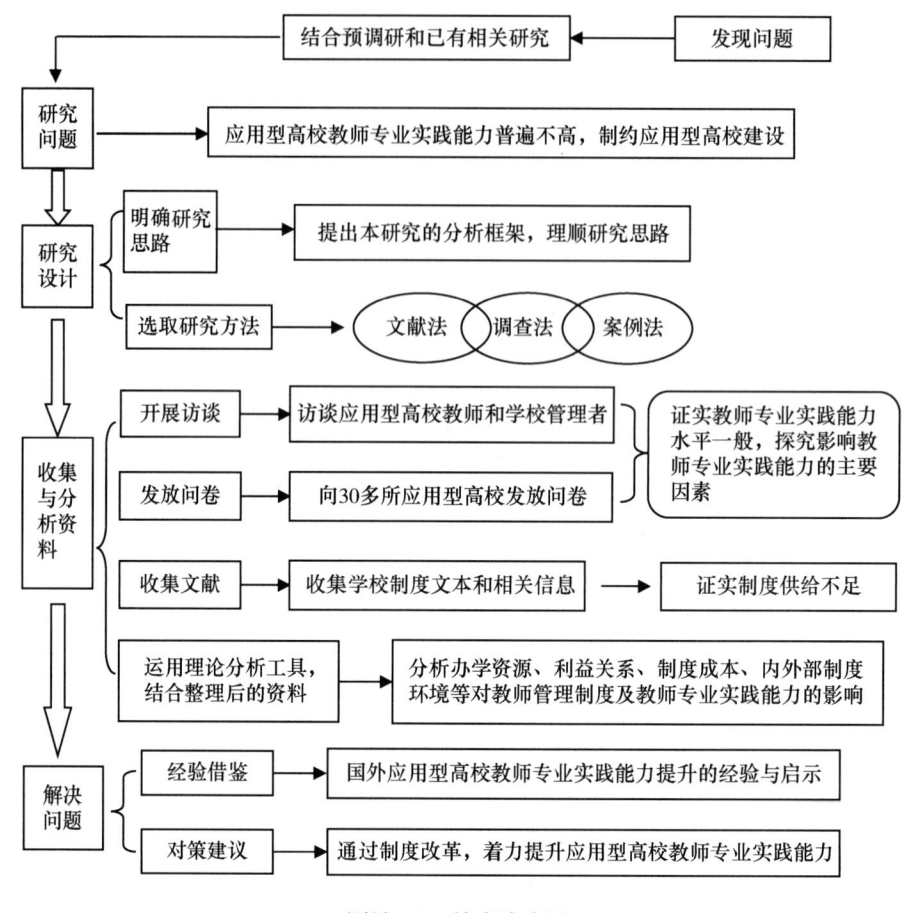

图导-2 技术路线图

学校制度也应进行相应的改革，以保障"双师双能型"教师队伍建设稳步推进。

第二章：编制问卷，确定应用型高校教师专业实践能力的维度结构，调查应用型高校教师专业实践能力总体现状；研究发现，现阶段应用型高校教师专业实践能力水平一般；通过质性分析发现，制度性因素特别是高校教师管理制度，是影响应用型高校教师专业实践能力的最主要因素。

第三章：通过制度识别，明确高校教师管理制度的内涵与功能；分析改革开放 40 年来我国教师管理制度的变迁，总体上把握高校教

```
提出问题 ──── 导论

         ┌── 第一章  应用型高校教师专业实践能力提升的理念分析
         │
         ├── 第二章  应用型高校教师专业实践能力的现状分析
分析问题 ─┤
         ├── 第三章  应用型高校教师专业实践能力提升的制度供需分析
         │
         └── 第四章  制约应用型高校教师专业实践能力提升的制度非均衡解释

         ┌── 第五章  应用型高校教师专业实践能力提升的经验借鉴
         │
解决问题 ─┼── 第六章  应用型高校教师专业实践能力提升的制度改革
         │
         └── 结束语
```

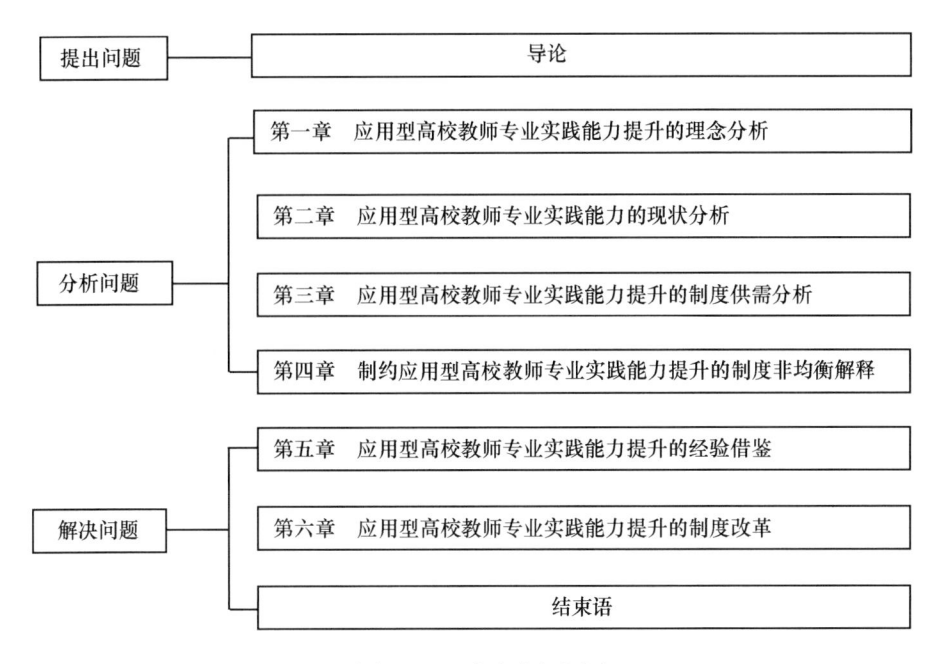

图导-3　研究内容框架图

师管理制度改革导向；从我国东、中、西部地区分别选择 Q 高校、X 高校、T 高校，对其教师管理制度进行分析。研究发现，我国应用型高校现行教师管理制度学术导向、学术考量倾向明显，与应用型高校教师队伍建设的制度需求不一致，总体处于非均衡状态，这成为教师专业实践能力提升的掣肘。

第四章：通过对资源、成本、利益、制度环境的分析发现，办学资源的短缺、复杂利益关系的羁绊、内外部制度环境的影响以及转型发展交易成本的增加，是造成教师管理制度处于非均衡状态的主要原因。

第五章：在借鉴国外应用型高校提升教师专业实践能力的制度性经验做法的基础上，提出关于提升我国应用型高校教师专业实践能力的经验启示。

第六章：基于多重制度改革逻辑，从国家、地方、高校三个层面提出关于有效提升应用型高校教师专业实践能力的对策建议。

结束语：总结与展望。提炼和升华本书观点，点明本书后续研究方向。

三　研究方法

（一）调查法

调查法是问卷调查与访谈的结合。在已有相关研究和理论分析的基础上，本书编制了《应用型高校教师专业实践能力调查问卷（教师问卷）》《应用型高校教师专业实践能力调查问卷（管理者问卷）》，并在全国选择30多所应用型高校进行问卷调查，主要了解现阶段应用型高校教师专业实践能力现状及影响教师专业实践能力的因素。访谈是本书主要的资料搜集方法之一，本书设计"应用型高校教师专业实践能力访谈提纲"，从我国东部、中部、西部地区各选择两所有代表性的应用型高校（见表导-1），对这些高校的教师和管理者进行"半结构式访谈"，以了解影响教师专业实践能力的因素、地方高校转型发展与教师队伍建设存在的问题、转型背景下现行教师管理制度存在的问题及对教师专业实践能力的影响、如何提升教师专业实践能力等信息。

在问卷编制与实施的基础上，本书运用SPSS23.0对应用型高校教师专业实践能力量表进行效度和信度检验，确定教师专业实践能力的结构维度，分析和呈现应用型高校教师专业实践能力的总体现状。在问卷调查和访谈基础上，本书运用扎根理论方法和Nvivo11分析软件，通过对搜集的原始资料进行编码分析，对应用型高校教师专业实践能力的影响因素进行深度剖析。

表导-1　　　　　　　　访谈对象分布情况

	东部地区		中部地区		西部地区	
	Q高校	D高校	X高校	H高校	T高校	C高校
专任教师	5	4	6	3	6	4

续表

	东部地区		中部地区		西部地区	
	Q 高校	D 高校	X 高校	H 高校	T 高校	C 高校
学校管理者	2	2	3	3	2	2
合计	7	6	9	6	8	6

(二) 文献法

文献法是本书文献梳理、理论分析、框架构建的基本方法。一是历史文献分析，通过查阅书籍、学术期刊、论文、报刊、电子文献等历史文献资料，对已有文献进行整理、提炼和分析。在回顾和了解国内外相关研究成果的基础上，深层次把握地方本科高校转型发展、应用型高校建设、应用型高校教师队伍建设、高校教师管理制度改革等方面的学术观点与实践动态。二是理论文献分析，通过查阅相关理论文献，建构本书的理论基础、分析框架、体系结构。三是现实资料分析，通过搜集与本书相关的政策文件，系统梳理国家层面、学校层面的各种制度文本，分析改革开放40年来高校教师管理制度演进趋势，从总体上把握现阶段应用型高校教师管理制度的供给现状。此外，本书通过文献分析，在已有相关研究的基础上，归纳其研究的成果与不足，明确本书的突破口和方向。

(三) 案例法

案例研究是社会科学研究常用的研究方法之一，与其他研究方法相比，案例研究更适合于三种情形：一是主要问题为"怎么样""为什么"；二是研究者几乎无法控制研究对象；三是研究的重点是当前的现实现象。[1] 案例研究分为单案例研究和多案例研究。单案例研究适用于批判性案例、不常见的现象、有代表性或典型性的事件、

---

[1] [美] 罗伯特·K. 殷：《案例研究：设计与方法》，周海涛等译，重庆大学出版社2017年版，第4页。

启发性事件或对同一案例进行纵向比较这几种情况。① 相比于单案例研究，多案例研究得出的结论往往更具说服力，多案例研究遵从的是复制法则，而不是抽样法则。② 本书适合案例研究的三种情形，选择多案例研究能够较为清晰地回答现阶段应用型高校教师管理制度的供给现状"怎么样"，从每个案例中得出的结论能够相互印证，研究结论更具普遍意义，更为可靠、准确。

关于应用型高校教师管理制度供给现状的案例筛选，本书主要基于以下考虑：首先，被选案例符合本书的研究问题。"教师专业实践能力水平"是本书案例选择的基本标准，符合"应用型高校教师专业实践能力总体水平一般"这一结果成为案例选择的首要准则。本书所选择的三所高校均为问卷调查高校，教师专业实践能力普遍不强。其次，被选案例必须足够典型。本书所选案例的典型性主要考虑到以下因素：一是所选高校在应用型高校建设、应用型人才培养等方面都有较高的媒体影响力，区域内乃至国家层面的网络、媒体对其转型发展的经验做法多次进行报道；二是所选高校在学术期刊论文及学术会议推介方面的影响力较高，在中国知网等资源库检索中，学者们对所选高校转型发展、应用型大学建设、应用型人才培养、产教融合等方面的学术关注较多；三是所选高校既有理工科背景优势和行业背景依托的应用型高校，也有师范、财经等以人文社会学科为主体的应用型高校。再次，由于我国高等教育区域发展存在不平衡性，为提高案例的解释力和丰富性，增强案例的代表性和覆盖面，关照应用型高校的地理区位性是案例选择的另一考量因素。

综上考虑，为从整体上掌握现阶段应用型高校教师管理制度的供给现状，本书从我国东部、中部、西部地区各选择 1 所有代表性

---

① ［美］罗伯特·K. 殷：《案例研究：设计与方法》，周海涛等译，重庆大学出版社 2017 年版，第 70 页。
② ［美］罗伯特·K. 殷：《案例研究：设计与方法》，周海涛等译，重庆大学出版社 2017 年版，第 72 页。

的应用型高校——西部地区 T 高校、中部地区 X 高校、东部地区 Q 高校——作为制度供给典型分析案例。西部地区 T 高校为 G 省首批转型试点高校，入选国家首批卓越农林人才教育培养计划、国家"十三五"应用型本科产教融合发展工程。2017 年、2020 年 G 省应用型本科高校转型发展现场会两次在 T 高校召开。中部地区 X 高校的前身为师范专科学校，2002 年升格为本科院校，该校为 H 省首批地方本科高校转型发展试点单位、首批示范性应用技术类型本科院校，并入选国家"十三五"产教融合发展工程应用型本科院校建设项目。X 高校转型发展模式由多家新闻媒体报道，2016 年教育部官网对 X 高校探索应用转型发展进行专题报道。东部地区 Q 高校是一所以工科为主，工科、经管等多科协调发展的应用型本科，该校为 Z 省首批应用型建设试点示范学校，2018 年由 Q 高校倡议成立"四省边际应用型大学联盟"。2019 年 8 月，教育部学校规划建设发展中心网站报道 Q 高校如何加强应用型建设，服务地方经济高质量发展。

第 一 章

应用型高校教师专业实践能力提升的理念分析

应用型高校既是一种高等教育和高校的类型，也是一种新的大学理念。引导部分地方本科高校转型发展是党中央、国务院作出的重大决策，是我国高等教育领域的一场重大变革。这种"教育变革实践"使应用型高校产生新的办学定位与人才培养目标，对应用型高校教师专业素质能力提出新的更高要求，即应用型高校教师应兼具"双师"资格与"双能"素质，确立"双师双能型"教师的角色定位，着力提升自身专业实践能力。教师角色定位的改变，要求学校教师管理制度与之相适应，从制度和观念上推动应用型高校教师转型，生成新的教师角色行为。

第一节 地方本科院校转型发展是一场深刻的教育变革

一 地方本科院校的转型变革

地方本科院校转型发展是伴随高等教育大众化和我国经济社会发展需求应运而生的一种国家战略，是国家为解决高等教育结构性矛盾、实现高等教育的内涵发展作出的重大战略决策，同时也是我国高等教育领域内的一场深刻变革。改革开放以来，我国应用型高校的嬗变历程大致可划分为"雏形萌动""模式探索""规模扩张"和"转型变革"四个阶段。① 2013年，教育部开启了地方本科高校向应用型高校转型发展的战略实践。从2013年中国应用技术大学（学院）联盟成立，到2015年11月，教育部等三部委印发《关于引导部分地方普通本科高校向应用型转变的指导意见》，再到2019年2月国务院印发《国家职业教育改革实施方案》，近几年这一系列有关地方高校转型发展的政策举措相继实施，有效地推进了地方本科高校向应用型转变。我国推进地方本科高校转型发展、建设应用型高校，其内涵是"推动地方本科高校把办学思路真正转到服务地方经济社会发展上来，把办学模式转到产教融合、校企合作上来，把人才培养重心转到应用型技术技能人才上来"②。

高等学校是人才培养的摇篮，高校人才培养的理念决定了其最终人才培养的类型。美国著名教育哲学家布鲁贝克（Brubacher）认为，大学确立它的地位主要有两种途径，即存在着两种主要的高等教育哲学，一种哲学主要以认识论为基础，另一种哲学则以政治论为基础。③ 认识论教育哲学强调研究和发现知识、探索高深学问、培养纯学术型人才；而政治论教育哲学强调"为国家和社会服务"，用知识来解决社会中的实际问题。认识论和政治论两种不同的教育哲学理念在高等教育发展中冲突不断，或此消彼长，或并驾齐驱，奠定了高等教育科学研究和社会服务两大职能。虽然曾有学者对布鲁

---

① 李均、何伟光：《应用型本科大学40年：历史、特征与变革》，《南京师大学报》（社会科学版）2018年第5期。

② 教育部、国家发展改革委员会、财政部：《关于引导部分地方普通本科高校向应用型转变的指导意见》，http://www.moe.gov.cn/srcsite/A03/moe_1892/moe_630/201511/t20151113_218942.html，2015-10-23。

③ ［美］约翰·S.布鲁贝克：《高等教育哲学》，王承绪、郑继伟等译，浙江教育出版社1987年版，第13页。

贝克的高等教育哲学观提出质疑，但他的高等教育哲学理念在一定程度上确立了高校学术型和应用型两种不同的人才培养类型的哲学依据。就政治论而言，这种实用主义的大学理念倡导大学要与工业、农业、商业等紧密相连，培养大量学以致用的实用型人才，为迅速变革的社会政治、经济、科技等发展服务。[①] 社会发展对人才的需求是多样性的，加之高校自身的能级、特长不同，高等院校的办学层次、类型及发展规模也应多样化。高校在办学类型、层次及规模上的差异并不代表其办学质量和水平存在高低之分，它所反映的只是社会对人才的多样化需求，是经济结构、产业结构、社会分工在高校定位及其人才培养上的具体体现。

2017年，教育部在印发的《关于"十三五"时期高等学校设置工作的意见》中明确指出，我国高等教育总体上可以划分为研究型、应用型和职业技能型三大类型。其中，研究型高等学校主要以培养学术研究的创新型人才为主，开展理论研究与创新；职业技能型高等学校主要培养从事生产、管理、服务等一线的专科层次技能型人才，开展或参与技术服务及技能应用型改革与创新；应用型高等学校主要培养从事服务经济社会发展的本科以上层次应用型人才，并从事社会发展与科技应用等方面的研究。[②] 按照国家要求，大多数地方本科院校都要确立为应用型高校。作为一种新的高校类型，应用型高校介于研究型高校和高职高专院校之间。相比于高职高专院校，应用型高校属于大职业教育系列的本科层次，是职业教育向纵深化、高层次化发展的结果，以培养高层次应用型人才为目标，更加注重人才培养的技术性；相比于研究型高校，其主要以科学知识和技术成果的应用为导向进行办学，以开展服务地方经济社会发展的应用

---

① 胡玲琳：《学术型人才与应用型人才培养类型并存的驱动因素探析》，《学位与研究生教育》2011年第6期。

② 中华人民共和国教育部：《教育部关于"十三五"时期高等学校设置工作的意见》，http://www.moe.gov.cn/srcsite/A03/s181/201702/t20170217_296529.html，2017 - 2 - 04。

研究与技术研发服务为宗旨,贴近市场的需求程度更高,市场性更强。

地方本科院校是应用型高校建设的主体,多为1999年以后新建,是我国高等教育的主力军。从发展渊源来看,地方本科院校多为高职院校升本而来,职业性和技术性血统鲜明。[①] 地方本科院校不应模仿研究型高校的办学模式,而是要结合自身实际和社会发展需求,在国家政策指引下,走好转型发展之路。在办学定位上有别于研究型高校和高职高专院校,建设高水平应用型高校;在培养目标上有别于研究型人才和一般的技能型人才,培养本科以上高素质应用型人才。这种转型发展既是解决大学生多层次就业问题的需要,也是满足新常态下我国产业结构升级和产业发展战略的需要,更是应对我国高等教育全面大众化的必然选择。新时代,地方本科院校理应在应用型高校建设中谋求更快的发展;理应在新征程中坚持教育自信的基础,扎根地方办大学;理应坚持深化产教融合、校企合作,坚持走"政产学研用"结合的办学道路;理应进一步深化内涵、做强特色,全面提升服务区域发展和经济转型升级的能力,在实现教育大国和制造强国的过程中贡献自己的力量。[②]

二 应用型高校的办学理念

大学办学理念是大学利益相关者关于大学内在属性与外在形态的基本观点,其在很大程度上决定着大学发展的标准、规约大学的运行和调控大学的改革。[③] 高校的办学理念主要体现在其办学职能、办学定位、人才培养目标等方面。在办学理念上,应用型高校应服

[①] 李均、何伟光:《应用型本科大学40年:历史、特征与变革》,《南京师大学报》(社会科学版)2018年第5期。

[②] 应卫平、李泽泉、刘志敏:《优化高等教育投入 全面推进新时代应用型大学建设》,《中国高等教育》2018年第11期。

[③] 朴雪涛:《现代性与大学——社会转型期中国大学制度的变迁》,人民出版社2012年版,第18—19页。

务区域经济社会发展，注重特色应用型定位，坚持差别化竞争，培养高素质应用型人才。

（一）应用型高校的办学职能

应用型高校是以应用型本科教育为主，以培养高素质应用型人才为目标，注重理论与实践相结合、间接经验与直接经验相结合、抽象概念与具体思维相结合的应用性实践教学过程与实践教学体系，强调实践教学，侧重应用研究。具体而言：

一是注重能力本位教育。能力本位教育通常是"作为重视学科知识传授的传统教育的相对概念来使用，其目的不是培养学者或研究者，而是根据产业或特定职业提出的具体能力以及所要达到的资格或学习成果提供相应的教育或训练"。[①] 能力本位教育是以学生需求为中心的教育教学方式，注重高校与政府、企业等组织协同育人，注重学校与社会资源的全方位合作，旨在使学生掌握具体的技能或者标准，将学生打造成某一领域的专家，而不是一个在特定的时间段内仅完成课程内容的人。因此，在能力本位教育下，学生以学习某些技能或知识为主要任务，核心目标是强调学生实践能力、知识应用能力的培养，确保学生熟练掌握专业知识和技能。[②] 因此，应用型高校以能力本位教育为导向，培养目标以应用为本，学科专业以需求为导向，课程体系面向应用，培养途径注重产学研相结合，教师队伍具备双师素质。

二是服务地方经济社会发展。从高等教育的发展历程来看，自中世纪大学产生至 19 世纪后期，社会发展对知识和技术的要求一般，这一时期的高等教育以培养研究高深学问的精英人才为主，属于少数人享有的奢侈品。工业革命之后，工业经济成为推动社会发

---

① 黄福涛：《能力本位教育的历史与比较研究——理念、制度与课程》，《中国高教研究》2012 年第 1 期。
② 赵浩华：《国外高等职业教育应用型人才培养启示——基于能力本位视角》，《成人教育》2018 年第 6 期。

展的关键要素，社会发展对拥有实用技术和直接从事社会生产的高素质劳动者的需求愈加强烈。传统的大学往往固守原有的办学理念，其人才培养很难满足经济社会发展的需求和普通民众对高等教育的需要。这时应用型高校应运而生，着重培养地方经济社会发展需要的高素质应用型人才，并通过应用研究实现理论知识的转化，在应用型人才培养、知识转化、技术开发、社会服务中发挥着关键作用，逐渐从社会边缘走向社会中心，成为高等教育的重要组成部分。服务地方经济社会发展是应用型高校重要的办学使命。我国的应用型高校主要以地方财政投入为主，其学科专业设置、科学研究与人才培养均应立足于地方、服务地方，紧紧围绕地方经济社会及行业发展需求，优化学科专业布局，发展特色优势学科专业，在服务地方的过程中发挥优势，在同类院校中办出特色、办出一流水平。

三是注重实践教学。实践教学是实现应用型人才培养目标的关键，其主要目的是提升学生的实践操作技能和实践应用能力，培养学生理论联系实践、解决实际问题的能力。实践教学以工作过程为导向，强调教学内容应与职业实践相联系，教学过程与生产过程相对接。应用型高校必须高度重视实践教学，通过必要的实验、实训、实习条件保障及应用型师资保障，注重对学生实践应用能力的培养，注重学生关键性能力和职业道德素养的养成。校企合作建立的校内外实训、实习基地是比较理想的实践教学模式。这种人才培养模式的优势在于利用校企各自的长处，把以传授理论知识和基本技能为主的学校环境与以直接获得生产过程性知识、经验性知识为主的生产实践环境有机结合在学生的培养过程中，为应用型人才培养提供一个理论与实践相结合的实践教学环境。[1]

四是实施产教融合培养应用型人才。在培养目标上，应用型高校着眼于培养面向生产、管理、服务等一线的高级专门人才。深化产业和教育融合、构建行业企业与应用型高校合作的长效机制，是

---

[1] 庄严：《地方应用型大学发展研究》，黑龙江大学出版社2010年版，第5页。

推进应用型高校建设,实现应用型人才培养目标,不断满足地方经济社会建设所需专门人才的关键。通过产教融合建立的应用型人才培养模式,一方面,可以充分利用合作方的资源优势,满足学生到行业企业实践培养的需求和教师到企业实践培训的需要;另一方面,在产教融合的基础上,通过产学研合作,应用型高校能够从企业聘请具有丰富实践经验的专业技术人才到学校任教,提升学校的师资水平和人才培养水平。应用型高校要紧紧围绕"产教融合、校企合作"这条主线,不断调整专业设置、重构课程体系,提升教师的"双师双能"素质。

五是注重应用研究。应用型高校与研究型高校在科研性质上存在差异,应用型高校的科研任务主要是技术转化产品工作,而不是新知识创造工作。[①] 相比于研究型高校,应用型高校要解决的更多是理论、科学原理或是新技术如何在现实中应用并加以改进的问题,同时,应用型高校科学研究的主要目的在很大程度上也是服务于提高教育教学质量并围绕着应用型创新人才的培养展开的。[②] 因此,应用型高校应采取实践导向的知识生产模式,以实际应用研究进行知识生产,紧盯应用技术前沿问题,发展应用型科学研究。"对于应用型的地方本科院校,应该高举应用研究的大旗,立足地方、立足行业企业,从实际问题出发,让地方、行业和企业需要你。"[③] 对于不同的学科,应用研究的开展也应有不同的内容和形式。理工科方面的应用研究主要是帮助企业解决技术难题,开发新产品,提高生产效率等;人文社会学科主要以文化服务、对策研究、参政议政、为地方社会发展献计献策等为主。

---

① 吴重涵:《向应用型本科高校转型:知识劳动的性质与内涵建设》,《社会科学战线》2015 年第 10 期。

② 潘懋元、车如山:《略论应用型本科院校的定位》,《高等教育研究》2009 年第 5 期。

③ 黄达人:《转型不能脱离"内涵建设"》,http://www.rmzxb.com.cn/c/2015-08-05/546955.shtml,2015 年 8 月 5 日。

(二) 应用型高校的办学定位

办学层次定位方面，作为一种新的教育类型，应用型高校介于研究型高校和高职高专院校之间，属于大职业教育的本科层次。办学规模定位方面，应用型高校应充分考虑到自身的办学实力，既不能贪大求全、盲目扩建，也不能为了获取学费等办学资源无限制扩招。应用型高校应充分考虑学校经营质量因素，根据地方经济社会发展需求，合理控制学校办学规模，形成学校规模经济、效率和质量的有机统一。办学特色定位方面，应用型高校扎根于地方，多元地域文化特色、自然资源特色、经济特色及地缘优势赋予其发展的自然条件。在与社会需求的长期博弈积淀中，应用型高校往往会形成你无我有、你弱我强的特色办学资源和优势学科专业。潘懋元先生曾指出，"每所大学能够生存，能够发展，能够出名，依靠的主要是特色"[1]。故此，应用型高校要突出办学特色，利用地域文化特色加强学科建设，利用区域自然资源特色形成特色学科，利用地域经济特色提高学科建设水平，以特色提高办学竞争力，赢得生存空间。办学模式定位方面，德国学者 Lackner 教授等认为"国际化视野、地方性根植、跨学科专业设置、应用性为导向的教学、与实践紧密结合的研发、紧凑学习安排、小班教学原则"七个特征是应用技术大学办学模式的关键所在。[2] 在办学模式上，应用型高校应紧跟地方经济社会发展，合理布局和整合应用学科专业，增加实践教学和实践课程比例，瞄准职业发展和岗位需求培养应用型人才。

(三) 应用型高校旨在培养高层次应用型人才

按照人才在人类社会发展中所发挥作用的性质不同，学界一般

---

[1] 潘懋元：《中国高等教育的定位、特色和质量》，《中国大学教学》2005 年第 12 期。

[2] Hendrik Lackner、徐刚、陈颖：《德国应用科学大学体制——对中国也是一种成功模式》，《应用型高等教育研究》2016 年第 1 期。

将高校培养的人才划分为学术型（研究型）人才和应用型人才两大类。[1] 学术型人才倾向于揭示事物的本质及其规律、探究科学原理，而应用型人才倾向于将科学原理转化为现实生产技术，并直接应用于社会生产实践。工程型人才、技术型人才和技能型人才都属于应用型人才的范畴。社会对人才的需求是多样的，既需要研究高深学问和尖端问题的学术型人才，更需要大批高层次、高素质的应用型人才。应用型人才与学术型人才只是类型上的不同，并不存在层次上的差异，二者都是人类社会发展中不可或缺的，都服务于经济社会建设。其实，对社会发展与大众生活而言，产生直接影响的是将理论知识、科学原理转化为工艺流程和实践操作，为社会谋取直接福利的应用型人才。

应用型高校以培养本科以上高层次应用型人才为主，本科层面应用型人才是应用型高校培养的主体，部分学科优势明显的应用型高校可培养专业学位研究生。高层次应用型人才能够将理论知识转化为实际生产技术，具有较高的综合素质和较强的专业性、技术性，能直接为社会创造综合效益。与高职高专教育相比，本科层面应用型人才不但层次更高，而且更注重于应用技术。[2] 高层次应用型人才培养要按照厚基础、强应用、重实践的培养模式。一方面，应用型高校培养的人才要具有深厚的专业理论知识，绝不能因为突出应用而过于收窄专业知识面，削弱基础理论教学；另一方面，应特别注重学生实践能力的培养和训练，把应用性培养环节渗透到应用型人才培养的全过程。[3] 应用型高校应注重人才培养的应用性。应用性是人的一种能力特征，是具体专业技能和专业知识的抽象，区别于单

---

[1] 华小洋、蒋胜永：《应用型人才培养相关问题研究》，《高等工程教育研究》2012 年第 1 期。

[2] 邵建东：《我国应用技术大学建设：挑战与推进策略》，《教育研究》2018 年第 2 期。

[3] 庄严：《地方应用型大学发展研究》，黑龙江大学出版社 2010 年版，第 35—36 页。

纯的理论认知，强调人运用知识解决实际问题的能力及理论联系实际的特性。[1] 应用型人才最突出的特点就是应用性，应用型人才培养贵在其应用性，应用型高校应注重加强学生的应用性培养，使其具备解决社会实际问题的能力。

三 应用型高校教师的角色定位

要造工匠之才，必有工匠之师。如果应用型高校教师不是应用型人才，又怎么可能培养出应用型的学生？没有实际工作经验，对行业企业环境不熟悉，这样的教师很难培养出高素质的应用型人才。正如陶行知先生所言，"天下未有无生利经验之人而能教人者"，"无生利之经验则以书生教书生，虽冒职业教师之名，非吾之所谓职业教师也"[2]。因此，要培养具有"生利"技能的学生，教师必须具有"生利"之经验、学识、教法。高校教师的角色定位是随着高校办学定位、人才培养目标及教师队伍建设要求的改变而不断变化的。在普通本科高校转型发展的大背景下，应用型高校教师应实现由传统的"知识传授型"教师向"双师双能型"教师身份转变。为此，应用型高校教师要转变角色定位，使自己成为具有"双师"资格、"双能"素质的实践者，具有较强专业实践能力的行动者。具体而言：

教育理念与实践经历方面。应用型高校教师承担着培养高素质应用型人才的重任，担负着"教师"和"工程师"的双重角色，应秉承面向职业、服务社会、实践育人的教育理念，具有"学"与"术"并行的实践理念，把培养面向生产、建设、管理、服务等一线岗位的应用型人才作为核心工作目标。实践经历方面，应用型高校教师应具有丰富的专业实践经历与经验。按照实用主义哲学的观点

---

[1] 张学敏：《高校少数民族应用型人才培养模式综合改革研究》，经济科学出版社2020年版，第44页。

[2] 江苏省陶行知教育思想研究会：《陶行知文集》，江苏人民出版社1981年版，第3页。

教育中真正的思想来源于问题情境的创设，每一个情境都是独特的，且只能通过实践行动的可能效果来进行经验性探究。① 因此，就应用型高校教师而言，只有充分了解地方经济社会发展现状与趋势，了解相关职业领域内的新知识、新技术、新工艺、新方法，熟悉相关职业领域内的生产一线、工作现场、工作流程及岗位职责、技能要求、用人标准，具备丰富的实践经历与经验，才能将行业知识、能力和态度融于课堂教学中，才能够在实验、实训、实习中有效指导学生。

专业知识方面。应用型高校在人才培养过程中强调知识结构的综合性、适应性，这就要求教师把所教授的专业理论知识与对应的行业实践性、应用性、操作性有机结合起来。② 因此，应用型高校教师要具备良好的专业知识结构，不仅要掌握专业理论知识，也要有与专业领域相关的跨学科知识，还要具备开展实践教学、应用研究的实践性知识。应用型高校教师应把专业理论知识与行业性实践知识有机融合起来，形成开放性的知识结构。教师知识有多种来源，既包括实践经历，也包括以往的正式学校教育，即最初的教师教育或不断的专业培训。③ 应用型人才宽广、先进、复合的知识定位，决定了应用型高校教师自身还应懂得行业企业的生产方式、工艺流程、发展动态、管理规律，了解行业企业用人标准和岗位职责。

专业能力方面。互联网时代推进各项技术加速融合，职业岗位由单一型向综合型转变，集理论与实践于一身、能够解决复杂问题的复合应用型人才应运而生。④ 应用型人才复合性、实践性的培养要

---

① ［美］奥兹门、克莱威尔：《教育的哲学基础》，石中英、邓敏娜等译，中国轻工业出版社2006年版，第132页。
② 施晓莉：《地方本科院校教师专业发展的特点与趋势》，《集美大学学报》（教育科学版）2015年第6期。
③ ［荷兰］尼克·温鲁普、简·范德瑞尔、鲍琳·梅尔：《教师知识和教学的知识基础》，《北京大学教育评论》2008年第1期。
④ 侯佛钢、张学敏：《地方高校跨学科复合应用型人才培养的学科集群探究》，《清华大学教育研究》2018年第3期。

求，决定了应用型高校教师应具备解决与专业领域相关的社会复杂问题的专项应用能力；具有丰富的社会实践经验，具备应用专业理论知识解决社会实际问题的能力；具有较强的实践教学能力，能够围绕一线生产实际和用人标准开展实践教学，将行业知识、能力和态度融于实践教学过程，能够承担实验、实训等实践教学任务，并在教学过程中向学生演示相关操作；具有较强的应用研究能力，把服务于地方经济社会发展的应用性、开发性课题作为研究的重点，在科技成果推广、技术转让与社会服务中取得显著经济效益。同时，应用型高校教师应具有较强的自我发展能力、实践创新能力与社会适应能力，善于接受新知识、新技术、新方法、新观念，不断提升自己的专业素养，主动适应行业企业的发展新动态和技术革新对人才培养的新要求。为此，应用型高校教师要经常深入产业一线，了解行业前沿需求，拓展行业前沿视野，掌握行业前沿技术，不断提升自身专业实践能力。

就本质而言，应用型高校教师属于"学术人"范畴。学术人是指以探究、传播、应用知识为己任，以发展学术、追求真理、服务社会为目的一类群体。[①]"学术人"是一个上位概念，是对教师、研究人员、科技工作者、学者等特殊群体的统称。一般而言，"学术人"可分为"专业学术人"与"教学学术人"。从知识的本质来说，"专业学术人"以知识的发现和创新为职业使命，重在研究高深学问；"教学学术人"以知识和技能的传播与创新为职业使命，重在知识的转化与应用。[②] 在角色定位与选择上，研究型高校教师倾向于专业学术人，应用型高校教师则倾向于"教学学术人"。当前应用型高校的教师评价机制，使得教师更多地关注论文、科研项目、著作等学术成果，教师"教学学术人"的角色产生了一定偏离甚至异化，

[①] 董立平、周水庭：《学术人：高等教育管理的人性基础》，《江苏高教》2011年第2期。

[②] 杨超：《"专业学术人"抑或"教学学术人"——大学青年教师职业角色的选择取向及重构》，《江苏高教》2018年第6期。

存在偏向"专业学术人"的倾向。

第二节 应用型高校教师角色定位的实践意蕴

地方本科高校转型发展的教育变革实践使应用型高校产生新的办学理念，对应用型高校教师专业素质能力提出有别于普通本科高校教师的新的更高要求，从而产生"双师双能型"的教师角色定位。应用型高校教师角色定位的实践要义在于强化教师的"双师双能"素质，增强教师专业实践能力。知识分类、知识劳动性质的知识观分析，以及布迪厄实践逻辑理论的透视，能够为应用型高校教师角色定位提供理论上的支撑和解释。

一 应用型高校教师角色定位的知识观

（一）知识的分类与应用型高校教师角色定位

现代认知心理学家普遍将知识分为陈述性知识（declarative knoweledge）与程序性知识（procedural knowledge）两大类。陈述性知识是用来描述"是什么"或解释"为什么"之类的知识，包括"具体的知识、处理具体事物的方式方法的知识和学科原理中的普遍原理、抽象概念、规则的知识"[①] 等方面，主要解决"知"方面的问题，具有静态性质。程序性知识是关于怎样完成某项活动的知识，也就是关于"如何做"的规则性知识，主要解决"行"方面的问题，其获得更多地体现在理解知识应用条件与操作过程的联系，具有相对的动态性。程序性知识的来源有两个维度：教育系统职业教

[①] 韦洪涛、艾振刚主编：《学习心理学》，江苏人民出版社2004年版，第88页。

育特性的强弱、企业实践能力培养参与程度的高低。[①] 教师的角色定位是由其自身的知识结构及其所培养学生的知识结构决定的，不同的知识结构下，教师的角色定位有所不同。转型前，地方本科高校以培养学术型人才为主，教师拥有的知识及学生获得的知识主要是陈述性知识，这种知识主要是外界倡导的理论知识。地方普通本科高校向应用型转型发展，要求教师走出"照本宣科"的桎梏，更加注重人才培养的实践性与应用性。由此，作为高素质应用型人才培养者，应用型高校教师既要具有陈述性知识，又要具备程序性知识，成为真正的"双师双能型"教师。教师专业实践能力是程序性知识的一种外在表现形式，应用型高校的办学定位与人才培养定位要求其教师在获得陈述性知识的同时，大量补充程序性知识，不断增强自身的专业实践能力。

（二）知识劳动的性质与应用型高校教师角色定位

应用型高校教师角色定位与其劳动特征密切相关。知识劳动可理解为依靠知识的劳动，是知识型劳动者围绕社会知识从事知识生产、知识传播、知识管理和知识应用等活动的统称。一般而言，知识劳动具有三种不同类型：知识创新，即进行科学研究，探究未知世界的规律；知识应用，即整理已有知识并转化为现实生产力；知识传播，即传授知识，提升劳动者素质。[②] 高校作为正规的社会组织，是生产、控制、传播高深知识，从事知识劳动的社会机构。高等教育在本质上是以高深知识为劳动资料的特殊劳动，可称之为"知识劳动"，其中劳动者是教师，劳动资料为高深知识。[③] 不同类型高校的职能不同，其知识劳动的性质亦不同。研究型高校以探究

---

① 吴重涵：《向应用型本科高校转型：知识劳动的性质与内涵建设》，《社会科学战线》2015年第10期。

② 宣勇、鲍健强：《现代大学的分层与管理模式的选择》，《高等教育研究》2005年第2期。

③ 吴重涵：《向应用型本科高校转型：知识劳动的性质与内涵建设》，《社会科学战线》2015年第10期。

未知世界的科学原理为己任，主要以知识创新、培养学术型人才为主；应用型高校则是将理论创造和发现转化为现实生产力，以知识应用、培养应用型人才为主。知识传播是研究型高校与应用型高校的共同属性。

按照马克思主义的观点，认识和把握知识劳动的性质，要看知识劳动中劳动者与劳动资料的结合。任何社会生产的可能实现，必须使劳动者和劳动资料相结合。在马克思看来，"无论生产的社会形式如何，劳动者和生产资料始终是生产的要素。但是二者在彼此分离的情况下，只在可能上是生产的因素。凡要进行生产，就必须使它们结合起来。"① 换言之，只有当劳动者与劳动资料结合起来，才能成为现实的生产力。从劳动的技术结合来看，劳动资料是劳动力水平的测量器。在知识劳动中，作为劳动资料的知识性质和水平，是劳动者知识和水平的标志和测量器。作为应用型高校的劳动者，教师应转变自己的角色身份，增强自身专业实践能力，这样才能更好地适应应用型高校的劳动资料和"技术形态"，把自己与应用型劳动资料结合在一起，服务于应用型人才培养。

知识社会学家弗·兹纳涅茨基（Florian Witold Znaniecki）认为知识是所有角色的先决条件，人类参与一定的社会系统通常取决于他将参与什么样的知识系统，以及如何参与。② 弗·兹纳涅茨基把"知识人"可能扮演的角色类型按照知识的谱系分为技术顾问、圣者、学者、新知识探索者（创造者）四大类型，按照其"知识人"的角色分类，每一位执行某项社会角色的知识人，都被他的社会圈子认为具有或者他自信具有正常的角色执行所必不可少的知识。"知识人"依赖在同一知识系统下，由于其参与知识的方式不同，其角色分类也就不同。换言之，知识系统决定了其所参与的社会系统，

---

① 《马克思恩格斯全集》第24卷，人民出版社1972年版，第44页。
② [波兰]弗·兹纳涅茨基：《知识人的社会角色》，郑斌祥译，译林出版社2000年版，第7页。

以及所从事的某项社会职业和执行的某项社会角色。弗·兹纳涅茨基把教师归列为"知识人",教师以知识为工作对象,其工作的内容主要是知识的创造、发现、传承、传播应用等。研究型高校教师与应用型高校教师都依赖同一知识系统,但由于研究型高校与应用型高校知识劳动的性质不一样,其教师参与知识的类型及方式亦不同,教师角色定位也就不一样。

二 应用型高校教师角色定位的实践逻辑

布迪厄（Pierre Bourdieu）实践逻辑理论主要是为了探讨处于特定场域下,实践是如何发生、按照何种方式展开、在何种社会空间里运行,并呈现出怎样的一种图式。① 在布迪厄看来,实践是复杂的发生过程,他将实践逻辑的分析模式用公示简要表述为"(惯习)(资本) + 场域 = 实践"②。可以看出,实践就是场域、资本、惯习三者之间相互作用、相互联系的结果,而非三者中任一因素的单一结果。布迪厄实践逻辑的内核是基于"关系"与"行为"的逻辑,而行为是行动者行为倾向与特定场域的结构动力之间相互作用的产物。

场域是布迪厄探讨社会实践活动行动主体与社会结构的基本分析单位,是"在各种位置之间存在的客观关系的一个网络,或一个构型"③。在布迪厄看来,整个社会世界就是一个"大场域",是由大量具有相对独立的"子场域"构成。每个场域都有其特有的逻辑、规则、符号和代码,每个场域的逻辑和规则决定了不同位置的行动者在这个场域中的运作逻辑和实践逻辑以及在这个场域中通行的属性。行动者是场域形成的核心要素,行动者一旦进入某个场域,就获得了这个场域所特有的规则、符号和代码。

---

① 朱国华:《权力的文化逻辑》,上海三联书店2004年版,第19页。
② [法]皮埃尔·布迪厄:《区分:判断力的社会批判》,刘晖译,商务印书馆2015年版,第169页。
③ [法]皮埃尔·布迪厄、[美]华康德:《实践与反思——反思社会学导引》,李猛、李康译,中央编译出版社2004年版,第133页。

在布迪厄的资本体系中，布迪厄把资本视作积累起来的劳动，将其分为经济资本、社会资本、文化资本三种类型。经济资本以货币为符号，以产权为形式；社会资本以社会声望、社会头衔为符号，以社会规约为形式；文化资本以作品、文凭、学衔为符号，以学位为形式。[①] 文化资本是高等教育场域最核心的资本，具体可分为身体化的、客观化的、制度化的三种形态。就高校教师而言，身体化的文化资本是教师经过多年研习而在身体内形成长期稳定的内化的禀性、知识、能力等智能结构，客观化的文化资本是指教师物化或对象化的科研成果、专利发明等文化财产，制度化的文化资本是高校或政府由合法化的制度所确认的各种学历认定、学术头衔、学术资格、学术水平与等级。

惯习是一种"结构形塑机制（structuring mechanism），各种既持久存在而又可变更的性情倾向系统，其运作来自行动者自身内部"。[②] 惯习本身是"历史"的产物，是一种"体现在人身上的历史"，是由积淀与个人身体内的一系列历史关系所构成，其形式是人们后天所获得的各种身心图式系统，其开放性的习性体系受个人经历支配、影响。布迪厄认为，惯习具有持久性但不具有永恒性[③]，其自身具有一种能动性，即不断创造自己的新本质的特性，所以它具有生成性、建构性、动态性，甚至带来某种意义上的创造性能力。可以说，惯习"既是行动者主观心态的向外结构化的客观过程，又是历史的及现实的客观环境向内被结构化的主观过程"[④]；惯习既是一种源于场域外的社会化了的主观性，一种与特定场域相联系的主

[①] 朱伟珏：《"资本"的一种非经济学解读——布迪厄"文化资本"概念》，《社会科学》2005年第6期。

[②] ［法］皮埃尔·布迪厄、［美］华康德：《实践与反思——反思社会学导引》，李猛、李康译，中央编译出版社2004年版，第19页。

[③] Pierre Bourdieu and Loïc J. D. Wacquant, *An Invitation to Reflexive Sociology*, Chicago: Chicago University Press, 1992, p. 133.

[④] 宫留记：《布迪厄的社会实践理论》，河南大学出版社2009年版，第150页。

观性，也是一种源于场域内位置和资本的产物。在场域中占据不同的位置、掌握不同的资本及资本赋予行动者对应性情倾向，慢慢会影响到惯习。① 惯习受场域客观关系的制约、形塑，同时又在实践中不断对抗场域中限制其发展的力量，惯习的后天习得性、动态性特征使得行动者的行为可以通过规则加以引导、塑造。

作为一种由地方本科高校转型发展而来的新型高校类型，应用型高校在办学理念、发展定位、人才培养目标、教师队伍建设等方面有其特定逻辑和制度规则。作为高等教育场域的子场域，在应用型高校重构中占主导性地位的特定逻辑为"应用逻辑"，以培养高素质应用型人才为目标，强调实践教学，侧重应用研究，注重"双师双能型"教师队伍建设。"要构建特有资本的形式，就必须知晓场域的特定逻辑。"② 文化资本是高校教师的核心资本，在新的场域下，应用型高校教师文化资本中的身体化的文化资本应由理论素养、学术修养向基于一定理论基础的实践理念、实践素养转向；客观化的文化资本应由转型前注重论文、论著、纵向课题等科研成果向注重专利、技术、横向合作项目等文化财产转向；制度化的文化资本应由学历认定、学术头衔、学术资格与水平等转向职业资格、专业技能资质及"双师双能型"教师资格。

在应用型高校场域下教师新惯习主要体现为教师的行为与身心图示，如"双师双能"素质的情感、理念、认知、心智、价值取向及其行为等。场域的转换使得惯习与场域之间出现"不合拍"现象，失衡的场域结构对行动者的惯习形塑形成误识③，这时应用型高校教师的已有惯习不能适应"应用逻辑"场域结构的变化和文化资本的

---

① 刘少杰主编：《西方空间社会学理论评析》，中国人民大学出版社2020年版，第180页。
② [法]皮埃尔·布迪厄、[美]华康德：《实践与反思——反思社会学导引》，李猛、李康译，中央编译出版社2004年版，第147页。
③ 赵冬梅：《场域理论下教师专业发展机制研究》，博士学位论文，上海师范大学，2017年，第43页。

要求，这对应用型高校教师专业发展造成较大的"斜向拉力"，使其专业发展方向偏离"双师双能导向"而向"学术导向"倾斜。这就要求应用型高校教师消解那些不适应新场域的教师专业发展惯习，重建适应应用型高校场域的新惯习，产生新的文化资本，不断提升自身的"双师双能"素质。概言之，应用型高校"双师双能型"教师角色定位是地方本科高校转型发展背景下场域转换对教师文化资本、行为习惯的一种新要求，本质上是场域、惯习与组织制度共同作用的结果。

三 应用型高校教师角色定位的实践要义

应用型高校办学定位与应用型人才培养目标的确立，对教师的专业素质能力提出了新的标准，要求其教师既能够了解企业对人才的质量需求，又可以将鲜活的教学案例、先进的工艺、最新的材料带回课堂，保持教育与生产一线不脱节，同时还能实现研究成果的社会转化。换言之，应用型高校教师需要具有理论与实践并重的知识结构、学术科研与技术技能兼备的能力结构、教师与工程师等身份兼具的双重素养[①]，成为真正的"双师双能型"教师，具备"双师双能素质"。可以说，"双师双能型"教师队伍建设是应用型高校办学定位的基本要求，是应用型人才培养的必然选择，是确保地方本科高校转型发展的关键因素。

在相关研究中，冯旭芳等认为"双师双能型"教师应具有教师和工程师等"双师"资格，具有胜任专业理论教学与专业实践教学的"双能"素质[②]；也有学者指出，"双师双能型"教师是"专业理论知识和专业实践能力应呈现整合的'一'"[③]。教育部有关部门负

---

① 周卫东：《新建地方本科院校教师转型发展研究》，《江苏高教》2018年第4期。

② 冯旭芳、张桂春：《"转型"试点高校"双师双能型"教师队伍建设探究》，《高等工程教育研究》2017年第1期。

③ 祝成林：《高职院校教师的身份及其文化建构》，《教师教育研究》2017年第5期。

责人认为"双师双能型"教师应兼具教师、工程师资格，兼备教学能力与工程实践能力。① 2019年2月国务院印发的《国家职业教育改革实施方案》指出，"双师型"教师为同时具备理论教学和实践教学能力的教师。目前，学界普遍认为，"双师双能型"教师应兼有"双师"资格和"双能"素质："双师"资格即教师、工程师等资格，对于这一点，学界的认识是较为统一的；然而在"双能"素质上，目前尚存在专业实践能力、工程实践能力、实践教学能力等方面的争论。实践教学能力属于教师专业实践能力，是专业实践能力的核心；而工程实践能力主要是工程人才面向工程实践，从事与工程相关工作所必须具备的能力，是面向工程实践活动时所具有的潜能和适应性，从广义教师群体来看，其也可划归到教师专业实践能力当中。因此，"双师双能型"教师应兼具"双师"资格，兼备专业理论教学能力和专业实践能力的"双能"素质。无论"双师"资格还是"双能"素质，专业实践能力都是"双师双能型"教师队伍建设的关键与核心。应用型高校教师角色定位的实践要义在于强化教师的"双师双能素质"，增强教师专业实践能力。

四 应用型高校教师专业实践能力的表征

教师专业实践能力是应用型高校教师核心专业素质能力之一，是教师"双师双能"素质的核心要义，从某种程度上说，应用型高校"双师双能型"教师角色定位的核心在于加强教师专业实践能力建设。在"双师双能型"教师角色定位下，教师专业实践能力的表征如下。

第一，实践性、经验性乃教师专业实践能力的价值所在。实践能力是主体通过实践活动与客体相互作用的产物②，其形成必然离不

---

① 张大良：《把握"学校主体、地方主责"工作定位 积极引导部分地方本科高校转型发展》，《中国高等教育》2015年第10期。

② 程利娜：《寻路：提升大学生就业能力的职业生涯教育研究》，西北大学出版社2015年版，第37页。

开实践活动。教师专业实践能力源于实践活动，在教师教育教学活动、企业实践活动中，通过教师与行业企业、实践培养基地的相互作用得以形成和发展，并在实践活动中不断完善和提高。离开实践活动去培养教师专业实践能力是不现实的。能力是以完成一定实践活动任务所需要的知识、技能、态度、经验为基础的，理论知识和经验在能力形成过程中发挥着关键性作用。教师专业实践能力是教师在教育实践和社会实践过程中形成和发展的，是理论知识、实务经验与实践的凝结与重构，同时其建立在实践经验的基础上，是实践经验的获取、丰富与拓展。一个没有实践经验特别是行业一线实践经验的教师，很难生成专业实践能力。实践能力的经验性特征产生经验性认识，经验性认识直接来自实践活动，是对实践活动的抽象和概括，经验性认识和实践活动相结合生成的就是实践能力。[1] 正是由于实践性与经验性，应用型高校教师才能将抽象的理论知识通过已有实践经验转化成易于学生理解和掌握的经验认识、实践技能，将行业企业最新的工艺、技能通过自己的理解加工教授给学生。

第二，教师专业实践能力是一种动态、可生成的教师专业素质。经验性认识是实践活动的产物，教师在生产、教学实践活动中生成实践经验，这种经验的不断积累会形成经验性认识，经验性认识是教师专业实践能力的重要组成部分。基于实践活动，经验性认识是动态的、不断集聚发展的，可以说，教师专业实践能力乃实践经验的积累、发展与升华，乃理论知识的继承、运用与革新，具有动态性、连续性，是不断生成的一种能力。因此，教师要持续不断地到行业企业接受培训、挂职工作或实践锻炼，持续关注相关职业领域的生产一线、工作现场及工作流程，在一次次解决实际问题的经验积累中逐步提升和发展。教师专业实践能力的生成并非知识、技能的简单综合，而是一个复杂的渐进过程，需要将理论知识与实践融

---

[1] 周祯祥主编：《创新思维理论与方法》，辽宁大学出版社 2005 年版，第 74 页。

会贯通，融合在教师专业实践活动中，使能力要素在教师专业实践活动中综合化、整体化、目标化。然而，教师专业实践能力达到一定水平后又具有相对的稳定性，达到一个新的高度是较为困难的，鉴于此，教师要不断关注一线产业发展的新知识、新技术、新工艺、新方法，接续提升自身的专业实践能力。

第三，实践培训是提升教师专业实践能力的重要方式。应用型本科教育强调"应用性"的特征，决定了程序性知识在应用型人才培养中占有非常重要的位置。而程序性知识的获得具有行动导向、任务引领、多元情境、自主构建、知识融合的特征[①]，需要在蕴含问题的真实情境中展开。教师专业实践能力以"实践问题解决"为核心特征，主要通过产学研合作、企业挂职锻炼、项目学习、生产实习等形式获得。在职前培养阶段，教师普遍获得了扎实的技术理论知识，在此基础上，教师专业实践能力的获得需要广大教师通过实践操作、项目学习、生产实践等方式，在专业实践问题解决过程中，在对行业一线新知识、新技能、新工艺进行选择、加工和重组过程中，将不断积累的经验性认识与理论知识、实践活动相结合，最终实现教师实践认知体系的重构，生成教师专业实践能力。因此，打破纯粹课堂理论教学的状态，引导教师走出学校、走进行业企业一线，到企业接受培训、挂职工作和实践锻炼，是教师专业实践能力获得的重要方式。

第四，教师专业实践能力建设是应用型高校教师专业发展的核心内容之一，受学校管理制度影响大，与教师专业发展紧密结合在一起。应用型高校以培养学以致用的高素质应用型人才为使命，同时兼顾区域经济社会发展的应用研究与技术研发服务，由此，应用型高校教师的专业素质有别于研究型高校，更加注重专业发展的职业性、实践性。然而现阶段应用型高校教师专业发展面临的最突出

---

① 柯梦琳：《职业教育课程与教学论中的程序性知识和程序性学习任务》，《温州职业技术学院学报》2017年第4期。

问题在于实践性专业素质能力不足，教师专业实践能力水平一般。保障教师专业发展，提升教师专业实践能力，必须注重教师专业发展的相关制度激励、引导。教师专业素质既取决于教师教育的质量，也在很大程度上依赖于与教师相关的学校管理制度。[①] 教师专业实践能力作为应用型高校教师关键的核心素质能力之一，其职前生成主要受学校培养影响，而职后培养需要良好的机制氛围、有效的激励引导，受学校教师管理制度影响大。可以说，学校制度建设能够保障教师专业实践能力提升的连续性、可行性，使教师专业实践能力提升得以制度化、规范化、常态化。

第三节　应用型高校教师角色定位的制度保障

地方本科高校转型发展使得应用型高校教师角色定位发生转变，而与教师专业素质能力相关联的教师管理制度也应进行相应的改革，以保障"双师双能型"教师队伍建设的稳步推进。

一　教师角色定位与制度的关系

教师角色定位的实现，很大程度与教师的行为选择有关。不同的行为选择，产生不同的实践行为和实践结果，影响教师角色定位的实现程度。制度对行为选择而言非常重要，它通过为参与人提供博弈规则、影响他们的策略集合与收益矩阵来对角色行为施加影响，在一定程度上决定着人们的思想观念和行为准则，并通过角色行为选择影响角色定位的实现程度。激励与约束是制度的两项重要功能。一方面，通过制度激励，教师能获取与其付出相等的收益，这就对

---

① 潘裕民：《教师专业发展有赖于制度化》，《中国教育报》2013年3月4日第11版。

其提供一种持续的激励,影响高校教师行为选择的偏好;另一方面,制度约束能为教师的行为选择提供一个基本的框架,从而划定高校教师行为选择的边界。制度在限制一个人某方面自由的同时也为其划定出一个可供其自由发展的、有保障的空间。同时,制度包含着固定的价值取向,能为人们清楚地预测未来的收益和风险,提供一个具有可操作性的价值标准,从而改变人的偏好,影响人的选择,激发人的能力。通过有效的制度界定和对行动者选择的限制,制度能够减少教师与学校交易活动中的不确定性,抑制教师的机会主义倾向,从而降低交易成本。因此可以说,高校教师职业行为选择是制度的函数[①],不同的学校制度为教师提供不同的行为选择空间与条件。

教师作为学校管理制度的相关人,其业务能力、行为模式、专业发展方向直接受制度的引导、激励、约束。学校制度为教师的行为活动提供了规则、标准和模式,能够划定教师角色行为选择的边界,决定着教师的思想观念。制度通过提倡什么、反对什么、鼓励什么、限制什么,告诉教师能够做什么、应当做什么、不能做什么、禁止做什么。按照学校的办学定位与职能目标,制度将教师的教育教学活动导入可合理预期的轨道,有效地规范教师的行为方向和活动空间,不断重塑教师的实践偏好和价值取向,影响教师的实践行为选择。"虽然在大体相同的条件下,完全可以寻找出'同样的制度不同的人'这样庄严的命题,而一旦把'条件'视为最基本的制度因素外,那么就一定还会得出'有什么样的制度就有什么样的人'这样一个更庄严的命题。"[②] 教师的行为选择受个人认知因素的影响,但根源在于其自身对学校制度中激励与约束机制的理性认知。

二 应用型高校教师的角色定位需要制度保障

应用型高校转型前后教师角色定位的变化集中体现了地方本科

---

① 林艳、吴玲:《高校教师职业行为选择的制度创新》,《黑龙江高教研究》2004年第4期。

② 苏东斌:《人与制度》,中国经济出版社2006年版,第421页。

高校向应用型转变过程中的各种制约因素和矛盾，这些冲突矛盾从教师角色这一个点上反映出高校转型发展中的广泛结构特征。"坚持角色只有与规则联系起来才能得到分析，强调这一点的必要性不是要把角色规定看作是既定的或者共识性的，因为角色规定可能包含着各种矛盾，可能集中了各种冲突，这些矛盾和冲突表现了社会广泛的结构性特征。"① 应用型高校转型实践客观要求教师转变已有角色身份，成为"双师双能型"教师，具备较强的专业实践能力。教师角色身份的变迁需要相关制度与之相适应，从制度和观念上推动应用型高校教师转型，带来新的教师角色定位，生成新的教师角色行为，树立新的角色身份。这时，应用型高校的学校管理制度不应再"仿照""套用"研究型高校的管理制度标准，或"沿用"转型前的学校管理制度，否则，会陷入一种认知上的错误或演绎上的谬误。

角色定位的转变需要通过两个极为重要的社会化过程——"制度化"和"内在化"——得以产生一种个体角色的倾向性转变。从组织的视角来看，所谓"制度化"，就是从社会劳动的整体性出发，用组织规范和组织形式外在地对劳动角色进行约束，使之将某种行为模式、行为规范内在化、规范化、习惯化，是一套行政权力与组织权力共同构成的矩阵管理制度。② 制度化是人类行为普遍被制度规约并逐渐模式化、规范化的过程，一方面能够促使人们认定某种行为的合理性，另一方面使人们的社会行动具有可期望性。③ 而"内在化"就是将组织所倡导的发展理念、定位要求、职工角色标准等内化于角色，产生与组织要求相一致的行为模式、行为规范，就高

---

① ［英］安东尼·吉登斯：《社会理论的核心问题：社会分析中的行动、结构与矛盾》，郭忠华、徐法寅译，上海译文出版社2015年版，第129页。
② 吴重涵：《向应用型本科高校转型：知识劳动的性质与内涵建设》，《社会科学战线》2015年第10期。
③ 吴增基、吴鹏森、苏振芳主编：《现代社会学》（第五版），上海人民出版社2014年版，第264页。

校而言，就是学校的办学理念、定位、人才培养目标、教师队伍建设标准等内化于教师，产生与教师角色定位相契合的教育教学行为。其实，这种教师角色的"内在化"往往也是通过"制度化"的管理制度得以实现的。

应用型高校教师知识结构的转变与知识劳动性质重心的调整，使得教师的角色定位发生相应的转变，而与教师专业素质能力相关联的学校管理制度也应进行相应的改革，以保障"双师双能型"教师队伍建设的实施，提升教师专业实践能力。通过"制度化"和"内在化"，从"角色规定"走向"身份认同"，教师专业角色才能实现从被动要求到主动突破的转变。新的教师角色定位离不开学校制度的保障。高校管理制度，尤其是教师管理制度，明确了教师在教育教学体系内的行为规范、标准，标明了教师的角色行为界限。通过制度保障，教师才能明确自己的角色身份，产生与学校要求相契合的角色行为。当应用型高校的办学职能发展转变，而原有的管理制度不能有效地、全面地满足应用型高校师资队伍建设需要时，制度改革就会产生，以一套新的行政权力和学术权力构成的教师管理制度，才能满足应用型高校办学职能和人才培养对"双师双能型"教师的需求。因此，当地方本科高校向应用型转变，高等教育内部的学校类型发生重大变革的时候，高等教育及高校内部的相关制度也必然会随之改革，这是成功实现地方本科高校转型发展、教师转型发展的有效保障。制度作为形塑个体行为的规则集合体，其变化必然导致个体对于制度所建立起来的约束和激励做出理性的反映和选择。

而从实践逻辑来看，随着应用型高校建设的深入推进，教师角色的重新定位，必然要求教师消解那些不适应新环境的旧教学、科研惯习，重新构建适应应用型高校新场域的新惯习，产生新的文化资本。制度或规则在新惯习的形塑过程中发挥着关键作用，要破除应用型高校教师学术惯习的藩篱，消除"旧惯习"，需要通过制度变革，从制度上打破制度，通过制度生成新的惯习，生成一整套新的教师性情倾向，使教师教育教学行为发生新的转变。

应用型高校场域下教师新惯习主要体现为教师的行为与身心图示，如"双师双能"素质的情感、理念、认知、心智、价值取向及其行为等。每个场域都有自己的规则，应用型高校需要建立新的游戏规则，通过创新制度等措施，重新塑造与新场域"双师双能"素质相匹配的新的角色定位、新惯习。游戏规则的建立过程也是场域主体权利运用的过程。规则和制度是政府及高校人为制定的带有强制性的行为规范，能形成整体的力量，对人的行为具有规范、引导和激励的作用，其执行的过程也就是引导重塑角色定位、培养新惯习的过程。当新制度的内涵被广大教师接受并自觉遵守时，就会形成一种自觉和习惯，这时制度也就成了一种新的集体精神，形成规范教师教育教学行为的新的价值取向，形成对新角色定位下教师行为目标的高度认同，潜移默化地影响教师的行为选择。在新的应用型高校场域下，学校资本及教师的文化资本、社会资本等也要随着应用型高校的办学职能与定位、人才培养目标发生转换，在资本的作用下产生与"双师双能"教师队伍建设相一致的新的惯习。故此，应用型高校应通过建立和完善新的激励机制、规则制度等手段，培养与应用型高校场域相匹配的教师专业素质能力。

第二章

应用型高校教师专业实践能力的现状分析

提升应用型高校教师专业实践能力的前提是对当前教师专业实践能力现状有一个整体的理解和感知。本章通过对我国应用型高校的教师专业实践能力进行调查，在统计分析的基础上，客观分析我国应用型高校教师专业实践能力的整体现状，并基于调研资料对影响应用型高校教师专业实践能力的因素进行分析。

第一节 问卷的编制与实施

在对应用型高校教师专业实践能力进行文献梳理、研究设计和理念分析的基础上，本书编制了《应用型高校教师专业实践能力调查问卷（教师问卷）》和《应用型高校教师专业实践能力调查问卷（管理者问卷）》两份问卷，以期从实证的角度反映出应用型高校教师专业实践能力现状及其影响因素。

一 问卷编制

（一）问卷的编制过程

目前，在已有研究中，尚未有关于应用型高校教师专业实践能力的成熟量表，本书主要遵循辛金（Hinkin）提出的量表开发程序①，采用质性研究的方法对其进行探索。第一，本书在对国内外有关教师专业实践能力研究进行文献梳理及分析的基础上，借鉴已有相关研究成果，并参考了部分学者有关教师专业实践能力②③④的调查问卷项目，根据本书的需要修改已有问卷中的部分题项与表述，形成调查问卷的测试题库。第二，借鉴部分应用型高校"关于加强教师实践能力培养的实施办法"，及部分应用型高校关于"'双师双能型'教师的认定及培养办法"中有关教师专业实践能力培养的实施举措，进一步充实、完善调查问卷测试题库。第三，根据实际调研中对专任教师与管理者的深度访谈结果，结合应用型高校及其专业教师的实际情况，对量表的测试题目进行适当的调整和修正，形成本书调查问卷的初稿。第四，为进一步提高量表的科学性、针对性和适用性，笔者邀请了5名教育领域的专家，12名不同专业的应用型高校教师、8名应用型高校管理人员，就初步编制的调查问卷的整体结构及量表项目的整体结构、维度划分、完整性及各测试题目可能存在的歧义、语言表达的准确性等进行评价，并依据评价建议对问卷与量表项目进行修改，对可能遗漏的内容进行补充完善，完成对调查问卷初稿的修订，形成"应用型高校教师专业实践能力调查"量表预测问卷。

（二）问卷的主要内容

"应用型高校教师专业实践能力调查"量表预测问卷包含样本背景信息、量表题目和开放性题目三部分。为了更加准确、客观地反

---

① Timothy R. Hinkin, "A Brief Tutorial on the Development of Measures for Use in Survey Questionnaires", *Organizational Research Methods*, No. 1, January 1998, pp. 104 – 121.
② 孟虹娟：《挑战与变革：地方高校转型中的教师专业能力研究》，硕士学位论文，天津职业技术师范大学，2015年，第44—46页。
③ 余晓：《面向产业需求的工程实践能力开发研究》，博士学位论文，浙江大学，2012年，第235—242页。
④ 武琳：《幼儿教师专业实践能力的结构及特点研究》，硕士学位论文，沈阳师范大学，2013年，第25—26页。

映出应用型高校教师专业实践能力的强弱，本书从教师和学校管理者两个层面实施调查，在具体实施中，本书使用了两份问卷，即"应用型高校教师专业实践能力调查教师问卷"（简称"教师问卷"）和"应用型高校教师专业实践能力调查管理者问卷"（简称"管理者问卷"）。两份问卷除样本背景信息部分有一些差别外，量表题目与主观题完全一样。教师问卷的量表题目是教师结合自身专业实践能力的实际情况进行评价，而管理者问卷则是管理者站在旁观者的视角，针对教师专业实践能力的实际情况进行评价。样本背景信息部分，教师问卷的背景信息涵盖了性别、学历、年龄、教龄、职称、入职前行业企业工作时间、所属学科类别、税前月基本工资、是否双肩挑教师等题目，管理者问卷背景信息涵盖了性别、学历、年龄、入职工作时间、入职前行业企业工作时间、所属学科类别、是否双肩挑等题目。量表题目部分是根据问卷主要维度编制的 37 道测试题目，采用 Likert 五级计分法，其中，"完全不符合"计为 1 分，"比较不符合"计为 2 分，"一般符合"计为 3 分，"比较符合"计为 4 分，"完全符合"计为 5 分。主观题部分含有 1 个主观题，以了解影响应用型高校教师专业实践能力的主要因素。

（三）问卷的预调研与修正

在进行大范围的问卷测试之前，笔者在我国东部、中部、西部各选一所应用型高校，每所高校发放纸质问卷 65 份，其中教师问卷 50 份，管理者问卷 15 份，共发放问卷 195 份，回收 162 份，回收有效问卷 156 份，有效问卷回收率为 80%。对回收的有效问卷，笔者运用 SPSS23.0 对试测数据进行项目分析和信效度检验，依据预分析结果进一步修订问卷，判断项目是否需要删除或调增，并对专业术语进行解释和修正。分析结果表明，量表绝大多数题目具有良好的区分度。效度分析结果显示，KMO 统计量值为 0.871，表明适合进行因素分析，但并未达到 0.90 以上，尚未达到极适合进行因素分析的阶段。

一是在进行项目分析时，少数几个题目的鉴别度不明显，未能通过项目分析检验，例如"实践动机"维度中的"赴企事业单位实践锻炼既艰苦又与自身切身利益关系不大"、"实践经验"维度中的"熟悉行业企业相关管理制度和企业文化"、"实践教学能力"维度中的"能够将行业知识、能力和态度融于实践教学过程"等测试题目，综合考虑后，本书将这些测试题目予以删除。还有极个别测试题目的 t 值与整体水平相比较小，例如"实践经验"维度的"入职后曾多次到企事业单位接受培训、挂职工作或实践锻炼"等，但考虑到试测问卷样本量较小、测试题目表述不够准确等因素，在咨询相关专家的基础上，这几个题目暂时保留。

二是在进行探索性因子分析时，本书量表题目预设的实践动机、实践经验、实践操作能力、实践教学能力、应用研究能力五个维度中，"实践操作能力"这一维度的因素结构并不太明显，但考虑到预调研问卷不够完善、测试题目表述不够准确、样本量较小等因素，在咨询相关专家之后，本书对该维度测试题目重新进行表述，暂时保留了该维度及其测试题目。此外，还有几个测试题目的维度划分与预设维度应包含的题目存在不一致，本书对少数几个题目进行维度的重新划分和调整，极个别题目予以删除。

三是问卷中反向计分题目效果不明显。从统计结果来看，在作答过程中作答者并没有将这些题当作反向题对待，使得作答者反向意见与题目反转后结果的意义不一定完全一致，进而影响到整个问卷或维度的内部一致性信度，笔者对这些题目予以删除，最终保留 31 个量表题目。

四是对少数几个表述不够清晰、过于专业化的测试题目进行重新表述、修正。例如，为方便被调查对象理解和作答，本书将部分测试题目中的"行业企业"修改为"企事业单位"；再如，将"实践动机"维度中的"赴行业企业实践锻炼往往是被动参与"重新表述为"赴企事业单位实践锻炼主要是基于满足学校相关要求的考虑"等。

对调整后的调查问卷，笔者再次邀请 5 名应用型高校教师和 2

名学校管理者对问卷结构及项目提出修改建议，根据他们的建议和反馈信息，对个别项目表述进行了微调，最终形成五个维度、31 个题项的量表。

二　问卷调查的实施

（一）应用型高校的选取

本书的研究问卷在实际发放中首先考虑区域的代表性与均衡性，在区域选择上考虑到我国东部、中部、西部三个不同区域的应用型高校，在具体高校内部选取调查对象时采取随机抽样的方法，先后在辽宁、内蒙古、天津、河北、山西、山东、河南、湖北、安徽、江西、浙江、广东、广西、云南、贵州、重庆、四川、陕西、宁夏、甘肃、新疆等省（直辖市/自治区）的 30 多所应用型高校实施调研，调查对象主要为应用型高校中的专任教师和管理人员。在院校的选择上，调研高校既有公办应用型高校，也有民办应用型高校；既有各省、直辖市、自治区确定的转型试点院校，也有各省级及全国应用型本科高校联盟单位院校；既有以理工科背景优势和行业背景为依托的应用型高校，也有师范、财经政法等以人文社会学科为主体的应用型高校，具有一定的代表性和普适性。

（二）问卷的发放与回收

本书的调查通过实地发放、纸质邮件、问卷星等形式，共回收问卷 1154 份，剔除平行作答、漏答错答、答案高度雷同等无效问卷，回收有效问卷 1083 份。通过实地发放、纸质邮件等形式合计发放纸质问卷 750 份，回收 633 份，回收率为 84.4%，其中教师问卷 600 份，回收 517 份，回收率为 86.17%，管理者问卷发放 150 份，回收 116 份，回收率为 77.33%；通过问卷星的形式回收问卷 521 份，剔除无效问卷，共回收有效问卷 508 份，其中教师问卷 394 份，管理者问卷 114 份。从表 2-1 问卷发放与回收情况来看，由于被调查院校分布广泛，调查面比较广，加上高校松散联合的组织特征，及研究者的精力、人脉资源有限，笔者不能深入调查现场，讲解调查要求并督促填写，这导致纸质问卷的回收率不是非常高，且存在一定量的无效问卷，但总体上能够满足本书研究的需要。

表2-1　　　　　　　　调查问卷发放与回收的基本情况

发放类型	院校	发放问卷（份）	回收问卷 份数	回收问卷 回收率（%）	有效问卷 份数	有效问卷 有效率（%）
纸质问卷	东部院校	200	162	81.00	149	91.98
	中部院校	250	213	85.20	195	91.55
	西部院校	300	258	86.00	231	89.53
问卷星	全国		521		508	97.50
	总调查样本		1154		1083	93.85

（三）调查对象的分布

本书在量表问卷的第一部分设置了被调查对象的基本信息。从参与调查的教师特征统计来看（见表2-2），被调查教师中，女性多于男性。学历结构方面，多数教师学历以硕士为主，博士教师配置偏低，基本上反映了目前应用型高校教师学历结构现状。从年龄结构和教龄结构来看，年轻教师比例过大，其中35岁以下的青年教师占比为45.7%，教龄不足8年的教师占比为53.9%，总体上符合应用型高校教师队伍的实际情况。从工作经历来看，多数教师实践工作经历严重不足，66.1%的教师入职前在企事业单位没有工作过。在职称结构上，讲师职称比例较高，教授职称比重偏小，这也基本上与应用型高校教师职称总体结构特点相吻合。教师类型方面，60.3%的教师属于教学科研并重型教师，这类教师是应用型高校教师的主体，基本符合当前应用型高校教师从事教学、科研的总体情况。从教师学科类别看，理工科教师居多，占比为60.2%，较符合应用型高校学科发展与分布特点；专职教师占比为75.7%，双肩挑教师占比达到24.3%，总体上说明应用型高校师资较为紧缺，约四分之一的教师在从事教学、科研工作的同时，还要从事一定的行政管理工作。

参与调查的应用型高校管理者主要包括人事处、教务处、科研处、法规处等学校行政管理人员，其个体基本特征如表2-3所示。经统计发现，被调查学校管理者中，男性多于女性，符合高校管理者队伍的基本特征。学历方面，具有硕士学位的管理者是学校管理者的主体，占比为69.6%，与应用型高校管理者的学历特征吻合。年龄结构方面，45岁以下的中青年管理者居多，占比为82.1%；工作时间方面，大多数管理者入职前缺乏工作经验；学科类别方面，文科出身的管理者占比为67.8%，基本上与应用型高校管理者学科来源相吻合。44.3%的学校管理者为双肩挑身份，这也从侧面反映出当前应用型高校在师资总体不足的情况下，为满足教学要求，部分管理者兼有一定的教学任务。

表2-2　　　　参与调查的教师特征统计（N=853）

类别	基本特征	样本数	百分比		基本特征	样本数	百分比
性别	男	361	42.3	入职前企事业单位工作时间	没有工作过	564	66.1
	女	492	57.7		0—1年（含1年）	97	11.4
学历	本科	129	15.1		1—2年（含2年）	46	5.4
	硕士	568	66.6		2—3年（含3年）	40	4.7
	博士	156	18.3		3—5年（含5年）	35	4.1
年龄	≤35岁	390	45.7		>5年	71	8.3
	36—45岁	328	38.5	职称	助教	213	25.0
	46—55岁	127	14.9		讲师	388	45.5
	≥56岁	8	0.9		副教授	214	25.1
教龄	≤3年	278	32.6		教授	38	4.5
	4—8年	182	21.3	教师类型	教学为主型	323	37.9
	9—14年	182	21.3		科研为主型	16	1.9
	15—20年	110	12.9		教学科研并重型	514	60.3
	>20年	101	11.8	学科类别	文科	339	39.7
是否双肩挑教师	专职教师	646	75.7		理科	279	32.7
	双肩挑教师	207	24.3		工科	235	27.5

表2-3　　　　　参与调查的管理者特征统计（N=230）

类别	基本特征	样本数	百分比		基本特征	样本数	百分比
性别	男	127	55.2	入职前企事业单位工作时间	没有工作过	154	67.0
	女	103	44.8		0—1年（含1年）	20	8.7
学历	本科	44	19.1		1—2年（含2年）	10	4.3
	硕士	160	69.6		2—3年（含3年）	15	6.5
	博士	26	11.3		3—5年（含5年）	9	3.9
年龄	≤35岁	90	39.1		>5年	22	9.6
	36—45岁	99	43.0	学科类别	文科	156	67.8
	46—55岁	39	17.0		理科	41	17.8
	≥56岁	2	0.9		工科	33	14.3
工作时间	≤3年	47	20.4	是否双肩挑	专职	128	55.7
	4—8年	56	24.3		双肩挑	102	44.3
	9—14年	59	25.7				
	15—20年	34	14.8				
	>20年	34	14.8				

第二节　量表的效度和信度检验

一　项目分析

在试测的基础上，本书对正式测得的数据再次进行项目分析，对试测阶段暂时保留的测试题目再次进行检查。项目分析的主要目的在于检验编制的量表或测验个别题项的适切与可靠程度。项目分析的检验就是探究高低分的受试者在每个题项的差异或进行题项间同质性检验，项目分析的结果可作为个别题项筛选或修改的依据。[①]由于教师问卷与管理者问卷的量表测试题目完全一样，因此，本书将两份问卷的量表题目数据合在一起进行项目分析。在进行项目分

---

① 吴明隆：《问卷统计分析实务——SPSS操作与应用》，重庆大学出版社2010年版，第158页。

析时，本书按照临界分数值进行分组，采用求临界比率方法对高分组（量表总得分在前 27% 处的人数）和低分组（量表总得分在后 27% 处的人数）进行独立样本 t 检验，以进行差异性检验。独立样本的 t 检验即检验高分组、低分组在每个题项中测量值的平均数的差异值是否达到显著（$p<0.05$）。差异显著的题项意味着测试题目区分度好，可以保留，反之删除。经过项目分析，A5 题的 t 值显著性水平为 $0.658>0.1$，表明 A5 题区分度不明显，未能通过项目分析检验，将 A5 题删除。此外，A6、A21 题的 t 值与整体水平相比较小，虽然其 t 值显著性水平为 $0.000<0.001$，具有显著性，但在区分度方面表现不佳，综合考虑之后将其删除。删除 A5、A6、A21 三个测试题目之后，量表其余 28 题的 t 值均较高（见表 2-4），且显著性水平为 $0.000<0.001$，具有显著性，说明这些题目具有良好的区分度。

表 2-4　　被测试群体高分组与低分组的独立样本检验

		莱文方差等同性检验		平均值等同性 t 检验						
		F	Sig.	t	自由度	Sig.（双尾）	平均值差值	标准误差值	差值95%的置信区间	
									下限	上限
A1	假定等方差	65.089	0.000	10.434	608	0.000	0.959	0.092	0.778	1.139
	不假定等方差			10.360	525.744	0.000	0.959	0.093	0.777	1.141
A2	假定等方差	29.382	0.000	15.232	608	0.000	1.269	0.083	1.105	1.432
	不假定等方差			15.143	546.003	0.000	1.269	0.084	1.104	1.433
A3	假定等方差	2.283	0.131	16.260	608	0.000	1.501	0.092	1.320	1.683
	不假定等方差			16.237	600.575	0.000	1.501	0.092	1.320	1.683
A4	假定等方差	2.444	0.118	9.100	608	0.000	0.842	0.093	0.660	1.024
	不假定等方差			9.083	597.397	0.000	0.842	0.093	0.660	1.024
A5	假定等方差	3.818	0.051	-0.443	608	0.658	-0.054	0.121	-0.291	0.184
	不假定等方差			-0.443	602.036	0.658	-0.054	0.121	-0.291	0.184

续表

		莱文方差等同性检验		平均值等同性 t 检验						
		F	Sig.	t	自由度	Sig.（双尾）	平均值差值	标准误差值	差值95%的置信区间	
									下限	上限
A6	假定等方差	20.847	0.000	5.211	608	0.000	1.615	0.089	1.441	1.790
	不假定等方差			5.362	530.211	0.000	1.615	0.088	1.443	1.788
A7	假定等方差	9.293	0.002	26.330	608	0.000	2.033	0.077	1.881	2.184
	不假定等方差			26.429	594.455	0.000	2.033	0.077	1.882	2.184
A8	假定等方差	6.650	0.010	28.810	608	0.000	1.946	0.068	1.814	2.079
	不假定等方差			28.741	592.911	0.000	1.946	0.068	1.813	2.079
A9	假定等方差	1.599	0.207	28.091	608	0.000	1.868	0.066	1.737	1.999
	不假定等方差			28.037	596.764	0.000	1.868	0.067	1.737	1.999
A10	假定等方差	23.323	0.000	25.265	608	0.000	1.743	0.069	1.608	1.878
	不假定等方差			25.177	581.160	0.000	1.743	0.069	1.607	1.879
A11	假定等方差	5.485	0.020	26.591	608	0.000	1.908	0.072	1.767	2.048
	不假定等方差			26.560	602.160	0.000	1.908	0.072	1.766	2.049
A12	假定等方差	62.191	0.000	18.297	608	0.000	1.409	0.077	1.257	1.560
	不假定等方差			18.155	512.411	0.000	1.409	0.078	1.256	1.561
A13	假定等方差	18.975	0.000	26.923	608	0.000	1.911	0.071	1.771	2.050
	不假定等方差			26.851	589.793	0.000	1.911	0.071	1.771	2.051
A14	假定等方差	45.897	0.000	24.139	608	0.000	1.735	0.072	1.594	1.876
	不假定等方差			23.998	546.565	0.000	1.735	0.072	1.593	1.877
A15	假定等方差	41.327	0.000	20.511	608	0.000	1.677	0.082	1.516	1.838
	不假定等方差			20.644	559.987	0.000	1.677	0.081	1.517	1.837
A16	假定等方差	7.964	0.005	18.732	608	0.000	1.627	0.087	1.456	1.797
	不假定等方差			18.767	606.025	0.000	1.627	0.087	1.456	1.797
A17	假定等方差	48.778	0.000	21.997	608	0.000	1.502	0.068	1.368	1.637
	不假定等方差			21.824	510.805	0.000	1.502	0.069	1.367	1.638
A18	假定等方差	54.276	0.000	23.567	608	0.000	1.556	0.066	1.426	1.685
	不假定等方差			23.421	540.728	0.000	1.556	0.066	1.425	1.686

续表

		莱文方差等同性检验		平均值等同性 t 检验						
		F	Sig.	t	自由度	Sig.（双尾）	平均值差值	标准误差值	差值95%的置信区间	
									下限	上限
A19	假定等方差	31.185	0.000	21.314	608	0.000	1.443	0.068	1.310	1.576
	不假定等方差			21.173	533.681	0.000	1.443	0.068	1.309	1.577
A20	假定等方差	36.428	0.000	23.675	608	0.000	1.587	0.067	1.455	1.719
	不假定等方差			23.577	572.229	0.000	1.587	0.067	1.455	1.719
A21	假定等方差	19.602	0.000	4.941	608	0.000	0.458	0.093	0.276	0.640
	不假定等方差			4.962	589.975	0.000	0.458	0.092	0.277	0.639
A22	假定等方差	4.810	0.029	16.055	608	0.000	1.094	0.068	0.960	1.228
	不假定等方差			15.978	563.183	0.000	1.094	0.068	0.959	1.228
A23	假定等方差	36.270	0.000	17.724	608	0.000	1.307	0.074	1.162	1.452
	不假定等方差			17.563	487.224	0.000	1.307	0.074	1.161	1.453
A24	假定等方差	38.347	0.000	19.630	608	0.000	1.418	0.072	1.276	1.559
	不假定等方差			19.472	506.808	0.000	1.418	0.073	1.274	1.561
A25	假定等方差	47.095	0.000	25.985	608	0.000	1.661	0.064	1.535	1.786
	不假定等方差			25.859	562.401	0.000	1.661	0.064	1.534	1.787
A26	假定等方差	6.360	0.012	28.743	608	0.000	1.907	0.066	1.776	2.037
	不假定等方差			28.663	588.750	0.000	1.907	0.067	1.776	2.037
A27	假定等方差	0.878	0.349	29.147	608	0.000	1.953	0.067	1.821	2.085
	不假定等方差			29.174	607.963	0.000	1.953	0.067	1.821	2.084
A28	假定等方差	1.175	0.279	28.502	608	0.000	1.883	0.066	1.753	2.012
	不假定等方差			28.518	607.929	0.000	1.883	0.066	1.753	2.012
A29	假定等方差	35.467	0.000	24.119	608	0.000	1.844	0.076	1.694	1.995
	不假定等方差			24.276	559.947	0.000	1.844	0.076	1.695	1.994
A30	假定等方差	99.234	0.000	19.644	608	0.000	1.546	0.079	1.391	1.700
	不假定等方差			19.876	462.041	0.000	1.546	0.078	1.393	1.698
A31	假定等方差	203.795	0.000	19.163	608	0.000	1.478	0.077	1.326	1.629
	不假定等方差			19.426	422.178	0.000	1.478	0.076	1.328	1.627

二 量表的效度检验

项目分析完成后，为检验量表的效度，应对项目分析完成后的题目进行因素分析。效度一般包括内容效度、校标关联效度和建构效度三种，在效度分析中，建构效度是一种最为理想、最严谨的效度检验方法。在社会科学研究领域中，检验建构效度最常用的方法为因素分析[1]，因素分析可分为探索性因素分析和验证性因素分析，前者分析的目的在于确认量表因素结构，后者分析的主要目的在于探究量表的因素结构模型是否与实际搜集的数据契合，指标变量是否可以有效作为因素构成的测量变量。

（一）探索性因素分析

由于教师问卷与管理者问卷量表题目部分完全相同，在对量表测试题目进行效度与信度检验时，本书将两份问卷量表题目数据合在一起进行分析，从整体上把握量表的结构。经项目分析后，将剩余题目纳入探索性因素分析程序。本书对合并后的数据进行探索性因素分析，结果显示（见表2-5），KMO值为0.934，巴特利特球形度检验值为19470.655（自由度为351），显著性为0.000<0.001，达到极其显著的水平，KMO值与巴特利特球形度检验结果表明量表题项极其适合进行因子分析。

表2-5　　　　　　　　KMO和巴特利特球形度检验

KMO取样适切性量数		0.934
巴特利特球形度检验	近似卡方	19470.655
	自由度	351
	显著性	0.000

---

[1] 吴明隆：《问卷统计分析实务——SPSS操作与应用》，重庆大学出版社2010年版，第196页。

经过项目分析初步筛选测试题目后,还需要通过探索性因素分析进一步筛选题项,以获得适切性高、符合潜在构念、能合理解释和命名的共同因素。按照吴明隆的观点①,在进行探索性因素分析时,使用者可以文献探究与理论基础分析结果作为依据,如果相关理论显示共同因素层面间是彼此独立且没有关系存在,则应当采取直交转轴法;假设各维度之间存在相关关系,因素层面彼此间相关并非独立,则应采取斜交转轴法。本书依据之前的理论探究,发现因素层面存在一定的相关性,因此采用主成分分析法,选取 Kaiser 正态化最优斜交法旋转方法,提取因子。经探索性因素分析,测试题目 A25 的因子载荷量小于 0.5,表明该题目与其他题目相关性比较低,故将其删除,原有的 28 个题目最终变成 27 个。在探索性因素分析过程中,试测阶段暂时保留的"实践操作能力"这一维度的因素结构还是不明显,因此,本书在提取因子时命令 SPSS 按固定数目 4 个提取因子,经过多次探索性因素分析后,获得了相对稳定的因素结构。本书将量表的因素最终聚类为四个因子,分别为实践动机、实践经验、实践教学能力、应用研究能力,最终得到的探索型因子分析结果如表 2 - 6 所示,各题项的因子载荷值都大于 0.5,测试题目最高因素负荷值为 0.871,最低为 0.549。指标分析表明,应用型高校教师专业实践能力量表的建构效度较为理想。

表 2 - 6　应用型高校教师专业实践能力量表的因素结构（N = 1083）

题目	因素 1	因素 2	因素 3	因素 4
A19 在教学过程中能够实现理论知识和实践技能的综合运用	0.843			
A17 能够根据职业岗位需求设计教学目标,设置教学情境	0.826			

---

① 吴明隆:《问卷统计分析实务——SPSS 操作与应用》,重庆大学出版社 2010 年版,第 196 页。

续表

题目	因素1	因素2	因素3	因素4
A18 能够将教学过程与行业需求对接、与职业标准衔接	0.822			
A20 能够运用讲练结合、工学结合等多种理论与实践相结合的教学方式	0.780			
A22 能够不断更新教学内容、方法并及时将行业最新知识引入教学之中	0.749			
A24 能够参与到整个实训、实习过程中，指导学生技术技能训练	0.729			
A14 能够通过现场操作或演示等手段使学生获得相应的操作能力	0.708			
A23 能够承担学生的实验、实训等实践教学任务	0.704			
A12 掌握所教专业涉及的职业资格及职业技能标准	0.669			
A9 了解相关职业领域内的成熟技术和管理规范		0.871		
A11 熟悉相应仪器设备的操作标准与动作流程		0.862		
A8 了解相关职业领域内的新知识、新技术、新工艺、新方法		0.852		
A10 熟悉相关职业领域内的岗位职责、技能要求、用人标准		0.821		
A13 具备相应仪器设备的操作与演示技能，实践动作标准流畅		0.795		
A7 熟悉相关职业领域内的生产一线、工作现场及工作流程		0.762		
A31 在科技成果推广、成果转让、技术服务中取得显著经济效益			0.837	
A30 专利发明或专业咨询报告等多次被有关部门采纳			0.828	
A29 曾主持或参与完成横向课题研究，成果通过鉴定，效益显著			0.816	
A27 能够承接行业企业项目或参与行业企业技术开发、技术服务等工作			0.763	
A28 能够围绕行业企业生产实践中遇到的现实问题展开研究			0.730	
A26 能够主动与企事业单位协作交流，并保持良好合作关系			0.668	
A15 自己曾多次参加实践技能竞赛并获奖			0.640	
A16 曾多次指导学生参加实践技能竞赛并获奖			0.577	
A2 能够积极申报学校组织的教师赴企事业单位实践项目				0.855
A1 愿意主动到企事业单位接受培训、挂职或实践锻炼				0.805
A3 能够利用私人关系签订实践单位，进行实践锻炼				0.617

续表

题目	因素1	因素2	因素3	因素4
A4 赴企事业单位实践锻炼主要是基于满足学校相关要求的考虑				0.549

在反复进行探索性因素分析过程中，原五个维度中的第三个维度"实践操作能力"的 A11、A13 测试题归入"实践经验"因素，因其属于实践经验中的实践操作经验内容，如此归类较为合理。原"实践操作能力"的 A15、A16 测试题归入"应用研究能力"因素，因为教师参加技能竞赛或指导学生参加技能竞赛，能够提高教师的技术应用能力、科研能力与实践创新能力，促进竞赛资源成果的转化与应用，提升教师的应用研究能力，将这两个题目归入"应用研究能力"因素也较为合理。而原"实践操作能力"的 A12、A14 题归入"实践教学能力"因素，A12 题考察教师掌握所教专业职业资格与职业技能标准的程度，A14 题考察教师实践教学中的现场操作或演示能力，这些都属于实践教学能力的范畴，将其划在"实践教学能力"这一维度也较为合理。

综上所述，经过探索性因素分析，应用型高校教师专业实践能力量表包含四个因素（见表 2-7），因素 1 为"实践动机"，主要考察教师赴企事业单位实践锻炼，提升专业实践能力的动机、意愿；因素 2 为"实践经验"，主要考察教师在行业企业工作、培训、锻炼过程中获得的实践性、操作性的经历经验；因素 3 为"实践教学能力"，主要考察教师理论联系实际，开展理论教学、实践教学的能力；因素 4 为"应用研究能力"，主要考察教师将专业知识应用于社会实践，解决社会实际问题，开展应用研究的能力。应用型高校教师专业实践能力的这四个因素是相互促进、相辅相成的有机整体，构成了教师专业实践能力的理论模型。

从表 2-8 可以看出，四个因子对总方差解释度达到了 62.033%，表明这些因子的贡献度较高。

表2-7 应用型高校教师专业实践能力因素命名表（N=1083）

问卷名称	因素	题项	
教师专业实践能力考察量表（教师问卷）	因素1	A1、A2、A3、A4	实践动机
	因素2	A7、A8、A9、A10、A11、A13	实践经验
	因素3	A12、A14、A17、A18、A19、A20、A22、A23、A24	实践教学能力
	因素4	A15、A16、A26、A27、A28、A29、A30、A31	应用研究能力

表2-8 教师专业实践能力结构指标体系因子分析方差解释

因素	初始特征值			提取载荷平方和			旋转载荷平方和
	总计	方差百分比	累积（%）	总计	方差百分比	累积（%）	总计
1	11.015	40.796	40.796	11.015	40.796	40.796	8.655
2	2.473	9.160	49.956	2.473	9.160	49.956	8.564
3	1.692	6.269	56.233	1.692	6.267	56.223	7.179
4	1.569	5.811	62.033	1.569	5.811	62.033	4.583
5	1.175	4.352	66.385				

在探索性因素分析的基础上，本书认为应用型高校教师专业实践能力可分为实践动机、实践经验、实践教学能力、应用研究能力四个维度。具体而言：

实践动机是引起、维持和指引应用型高校教师提升专业实践能力的内在倾向性。实践动机能够推动并指导教师实践行为方式的选择朝着有利于实践能力提升、应用型人才培养目标的方向前进。就应用型高校而言，实践动机主要体现在教师提升专业实践能力的意愿和主动性方面，具体表现在教师是否愿意主动到企事业单位接受培训、挂职或实践锻炼，是否愿意主动提升自身专业实践能力。

实践经验主要指教师在行业企业工作、培训、锻炼过程中获得的一线生产性、技术性、操作性、职业性的经历经验。操作经验是实践经验的重要组成部分，是在职前或职后生产实践、实践锻炼过程中按照一定的规范、程序、要求，运用技术、工具或手段等完成生产一线任务所获得的经验。应用型高校教师专业实践能力不断提升的过程，也是实践经验不断积累与丰富的过程。从这个意义上说，教师在行业企业获得的实践经验属于教师专业实践能力，是教师专业实践能力的重要组成部分。

实践教学能力，顾名思义，是关于实践的教学能力。狭义的实践教学仅仅停留在实验、实训、实习等环节，其目的和功能也常常定位于学生的技术技能训练上。其实教学本身就是一种实践活动，"所谓的理论教学只是实践教学的一部分，是为实践教学做准备的"[1]。实践性是实践教学的主要特征和核心内容，因此，本书涉及的实践教学一方面是指狭义层面的实践教学，即教师能够承担学生的实验、实训等实践教学任务，并参与到学生的实训、实习过程中，指导学生的技术技能训练；另一方面是更广义层面的实践教学，即教师将理论与行业实际相联系开展教学的能力，这种能力不仅体现在实验、实训等教学环节，也体现在理论教学过程中，使教学设计、教学内容、教学方式方法等整个教学过程充满"实践性"。

应用研究能力是指教师将学科专业理论知识应用于社会实践，解决各种具体的现实问题的能力。一方面，教师通过调查研究等途径了解不断出现的新现象或新问题，针对新产品、新发明、新创造的技术环节做出探索，解决行业企业遇到的实际问题，在生产实践中发现研究课题、开展应用性研究；另一方面，教师本人参加或指导学生参加学科专业技能竞赛有利于提高教师的技术应用和实践创新能力，促进成果的转化，这也是应用研究能力的重要组成部分。具备应用研究能力能够促使应用型高校教师成为本专业的技术专家。

应用型高校教师专业实践能力的四个维度之间是彼此联系的有机整体，实践动机是获得实践经验的基础和前提，而实践动机、实践经验是形成实践教学能力和应用研究能力的重要条件；反之，实践教学能力与应用研究能力的提升有助于实践经验的获得，并增强

---

[1] 魏明、郝理想：《"实践教学能力建设"概念透析》，《职教论坛》2010年第15期。

教师的实践动机，应用型高校教师专业实践能力主要通过教师实践教学能力、应用研究能力来体现。实践教学能力与应用研究能力之间相辅相成、相互促进，特别是应用研究能力的增强有助于反哺实践教学，进一步提升教师的实践教学能力，可以说，实践教学能力是教师专业实践能力的中心。

（二）验证性因素分析

在现有理论模式和文献分析的基础上，通过前期探索性因素分析，本书初步构建了应用型高校教师专业实践能力的初始结构模型，该模型为一阶四因素，其中 F1 表示实践动机，F2 表示实践经验，F3 表示实践教学能力，F4 表示应用研究能力。为进一步验证应用型高校教师专业实践能力的结构，本书运用 AMOS22.0 统计软件进行验证性因素分析，检验通过探索性因素分析所获得的结构模型与观察数据的拟合程度，判断结构模型的适切性与正确性。Anderson 等认为，在理论发展过程中首先利用探索性因子分析建立模型，然后为了保证量表所测特质的稳定性、确定性和可靠性，再用验证性因子分析检验模型是必要的。[1] 学界一般认为"假设模型与观测数据是否吻合的适配度指标应该包括卡方自由度比值、RMSEA 值、ECVI 值、GFI 值、AGFI 值、PGFI、NFI、CFI 等指标"[2]，各项指标的判断标准如表 2-9 所示。经检验，X2/df 为 4.281，小于 5。在实际研究中，X2/df 越接近 1，表示模型拟合较好，但是由于 X2/df 易受样本量大小影响，有的学者认为，样本量较大时，5 左右也可以接受。基于此种观点，检验的模型中其他各项指数均达到了判断标准。综合各项检验指标结果，该模型的拟合程度较好（见图 2-1）。

---

[1] Anderson N and Lievens F and Van Dam K and Ryan A M., "Future Perspectives on Employees Selection: Key Directions for Future Research and Practice", *Applied Psychology*, Vol. 53, No. 4, 2004, pp. 487–501.

[2] 吴明隆：《结构方程模型——AMOS 的操作与应用》，重庆大学出版社 2010 年版，第 52—53 页。

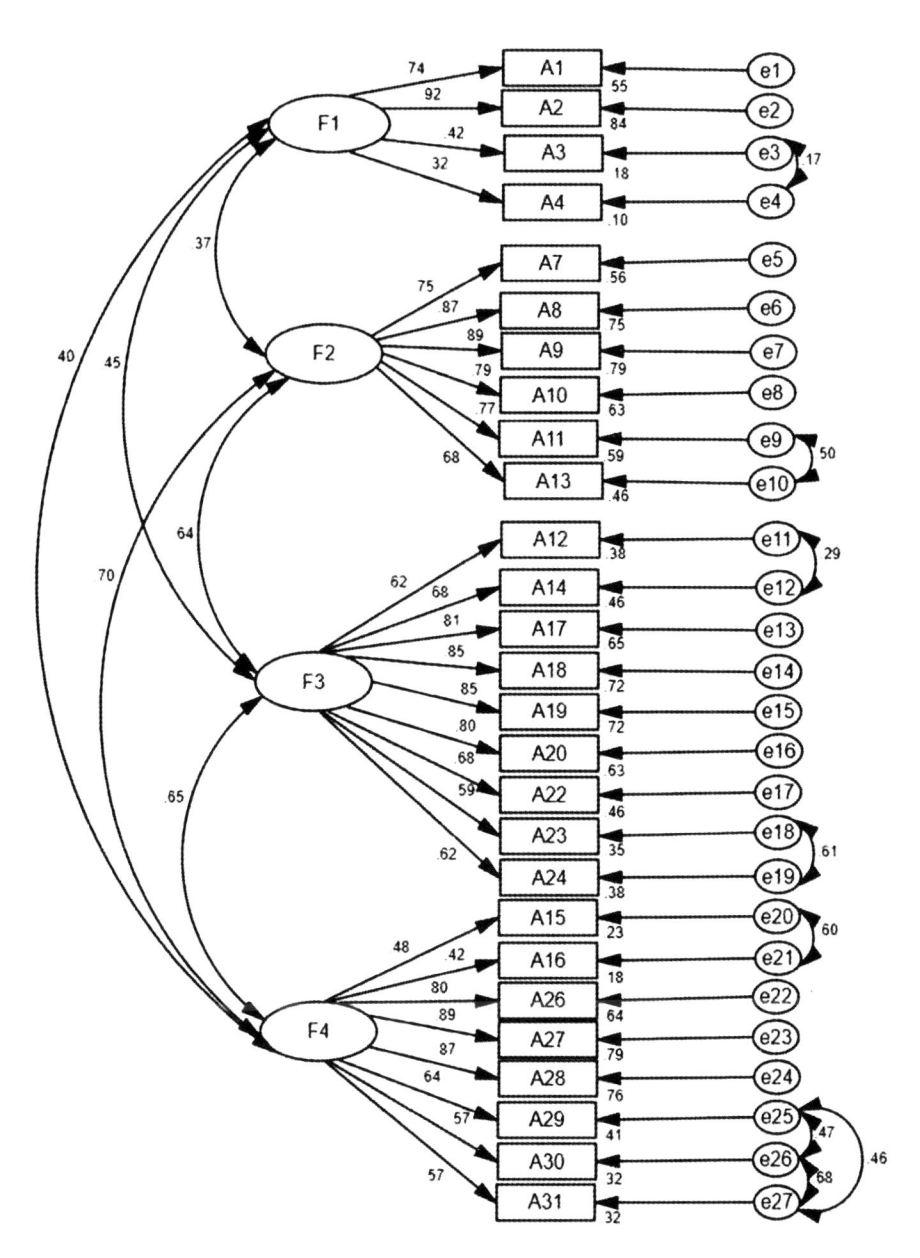

图 2-1　应用型高校教师专业实践能力量表的验证性因素分析模型

表 2 – 9　　应用型高校教师专业实践能力模型适配度检验结果

统计检验量	X2/df	RMSEA	GFI	AGFI	PGFI	NFI	RFI	IFI	TLI	CFI	ECVI
判断标准	<5	<0.08	>0.8	>0.8	>0.5	>0.9	>0.9	>0.9	>0.9	>0.9	越小越好
拟合指数	4.281	0.060	0.900	0.876	0.742	0.918	0.905	0.932	0.921	0.932	1.632
模型适配判断	通过	通过	通过	通过	通过	通过	通过	通过	通过	通过	通过

从模型的内在质量验证结果来看，应用型高校教师专业实践能力构成的四因素模型绝大多数估计的参数值达显著或极其显著差异，测试题项的因素负荷值基本在 0.42—0.92 之间，大部分在 0.6 以上。从整体上看，四因素模型的内在质量较佳。从模型的外在质量验证结果看，应用型高校教师专业实践能力结构模型的主要适配指标均达标，表示假设模型与实际数据基本契合，应用型高校教师专业实践能力结构模型外在质量尚可。从验证性因素分析的结果看，应用型高校教师专业实践能力结构模型较好地反映了各测量题项，并且能够与数据较好契合，结果表明该模型具有较好的构想效度。

三　量表的信度检验

因素分析完成后，需要对量表各层面与总量表进行信度检验，以检验量表的可靠性与有效性。常用检验信度的方法是再测信度、折半信度和 Cronbach 所创的 Cronbach 信度，本书选用 Cronbach 信度这一指标，以 Cronbach's α 系数来检验有关变量的信度，这也是目前检验信度常用的统计量。吴明隆综合了国内外学者的观点，从使用者的观点出发，认为在一般的态度或心理知觉量表中，总量表的信度系数最好在 0.80 以上，如果在 0.70 至 0.80 之间，也算是可以接受的范围；如果是分量表，其信度系数最好在 0.70 以上，如果在 0.60 至 0.70 之间，也可以接受使用；如果分量表的内部一致性 α 系数在 0.60 以下或总量表的信度系数在 0.80 以下，应该考虑重新修订量表或增删题项。[①]

按照吴明隆的观点，在社会科学研究领域，如果量表属于包含分层面（维度）的量表，使用者除提供总量表的信度系数外，也应提供各维度的信度系数。本书通过SPSS23.0分析软件首先对应用型高校教师专业实践能力量表进行信度检验，总量表的信度系数为0.939，表明整个量表内部一致性非常理想，各维度的信度检验结果如表2-10所示，从表中数据可以看出，实践动机Cronbach's α系数为0.686，接近0.7，表示该维度题项的内部一致性尚佳，可以接受使用，其余各维度的Cronbach's α系数均大于0.8，其中实践经验与实践教学能力的Cronbach's α系数大于0.9，表明这两个维度的内部一致性极佳。

表2-10　　应用型高校教师专业实践能力量表信度检验（N=1083）

	保留题项	删除项后的标度平均值	删除项后的标度方差	修正后的项与总计相关性	删除项后的Cronbach's α	Cronbach's α
实践动机	A1	80.40	319.092	0.341	0.940	0.686
	A2	80.58	314.583	0.464	0.939	
	A3	81.08	313.032	0.445	0.939	
	A4	80.78	322.583	0.263	0.941	
实践经验	A7	81.32	304.942	0.635	0.937	0.911
	A8	81.07	305.987	0.698	0.936	
	A9	81.09	306.924	0.697	0.936	
	A10	80.91	308.736	0.657	0.936	
	A11	81.09	306.421	0.677	0.936	
	A13	80.93	306.090	0.694	0.936	

[①] 吴明隆：《问卷统计分析实务——SPSS操作与应用》，重庆大学出版社2010年版，第244页。

续表

	保留题项	删除项后的标度平均值	删除项后的标度方差	修正后的项与总计相关性	删除项后的Cronbach's α	Cronbach's α
实践教学能力	A12	80.61	311.958	0.581	0.937	0.912
	A14	80.70	307.913	0.678	0.936	
	A17	80.61	311.449	0.643	0.937	
	A18	80.72	310.395	0.690	0.936	
	A19	80.59	311.775	0.646	0.937	
	A20	80.70	310.221	0.671	0.936	
	A22	80.49	316.472	0.548	0.938	
	A23	80.47	313.425	0.574	0.937	
应用研究能力	A24	80.54	312.300	0.597	0.937	0.885
	A15	81.52	310.357	0.541	0.938	
	A16	81.28	311.390	0.500	0.938	
	A26	81.05	307.265	0.688	0.936	
	A27	81.23	305.897	0.706	0.936	
	A28	81.17	306.911	0.713	0.936	
	A29	81.61	308.799	0.583	0.937	
	A30	82.01	313.271	0.503	0.938	
	A31	82.07	313.766	0.505	0.938	

在对应用型高校教师专业实践能力调查问卷进行整体的信度分析后，本书在利用探索性因子分析进行建构效度检验时，利用主成分分析法和最优斜交法提取出4个因子，分别将这4个因子保存为新的变量，并依据理论模型为其分别命名，之后对四个维度之间的相关性进行分析。从表2-11可以看出，问卷四个维度之间均在0.001的水平上呈现显著性相关，这也验证了之前探索性因素分析时提出的各维度之间存在相关的假设。

表 2-11　　　　　　　问卷各维度间的相关性（N=1083）

		实践教学能力合并因子	实践经验合并因子	应用研究能力合并因子	实践动机合并因子
实践教学能力合并因子	Pearson 相关性	1	0.585**	0.443**	0.439**
	显著性（双尾）		0.000	0.000	0.000
	个案数	1083	1083	1083	1083
实践经验合并因子	Pearson 相关性	0.585**	1	0.552**	0.402**
	显著性（双尾）	0.000		0.000	0.000
	个案数	1083	1083	1083	1083
应用研究能力合并因子	Pearson 相关性	0.443**	0.552**	1	0.340**
	显著性（双尾）	0.000	0.000		0.000
	个案数	1083	1083	1083	1083
实践动机合并因子	Pearson 相关性	0.439**	0.402**	0.340**	1
	显著性（双尾）	0.000	0.000	0.000	
	个案数	1083	1083	1083	1083

**. 在0.01级别（双尾），相关性显著。

第三节　应用型高校教师专业实践能力调查结果分析

本书对我国东部、中部、西部近20个省（直辖市/自治区）30多所应用型高校的教师和学校管理者进行问卷调查，借助SPSS统计分析方法，从教师和管理者两个视角客观呈现样本高校教师专业实践能力的现状。透过量化数据分析，本书从总体上对应用型高校教师专业实践能力进行整体感知和认识，整体上把握应用型高校教师专业实践能力水平的基本现状。

一　应用型高校教师专业实践能力的总体现状
（一）应用型高校教师专业实践能力总体水平一般
由表2-12、2-13可以看出，教师问卷测得的教师专业实践能力各维度均值在 2.51—3.49，总体均值为 3.08；管理者问卷测得的教师专业实践能力各维度均值在 2.95—3.43，总体均值为 3.21。教师问卷测得的总体均值、各维度上的均值与管理者问卷得分较为接近，且在总体均值上稍低于管理者问卷。同时，数据显示，不管是教师问卷还是管理者问卷，各维度上的均值总体而言较为均衡，实践教学能力在四个维度中的均值相对较高，分别为 3.49 和 3.43，应用研究能力得分则相对较低，分别为 2.51 和 2.95，实践动机、实践经验则与总体均值较为接近。综上可知，现阶段应用型高校教师专业实践能力总体处于"一般"水平，还有较大的提升空间。

从分析结果来看，管理者问卷测得的总体及其各维度均值要略高于教师问卷。教师问卷属于教师自评，得分相对客观、真实，而高校管理者往往站在"旁观者"甚至学校利益的高度评价教师，多少会有一些主观成分的介入，但不管是总体均值还是各维度上的均值，二者的差距并不大，各维度的标准误差也极小，总体上还是能够真实反映出应用型高校教师专业实践能力的现状，尤其是从管理者的视角来反映教师的专业实践能力，使得本书的结论更加客观、真实。

表 2-12　　　　　　　被调查教师总体描述统计量（N=853）

项目	全距	极小值	极大值	均值		标准差	方差
	统计量	统计量	统计量	统计量	标准误	统计量	统计量
实践动机	4	1	5	3.39	0.029	0.86693	0.752
实践经验	4	1	5	3.00	0.033	0.97576	0.952
实践教学能力	4	1	5	3.49	0.026	0.76943	0.592
应用研究能力	4	1	5	2.51	0.028	0.84632	0.716
总体	4	1	5	3.08	0.023	0.69452	0.482

表 2-13　　　　　被调查管理者总体描述统计量（N=230）

项目	全距	极小值	极大值	均值		标准差	方差
	统计量	统计量	统计量	统计量	标准误	统计量	统计量
实践动机	4	1	5	3.36	0.046	0.70538	0.498
实践经验	4	1	5	3.12	0.051	0.77920	0.607
实践教学能力	4	1	5	3.43	0.044	0.67778	0.459
应用研究能力	4	1	5	2.95	0.048	0.72797	0.530
总体	4	1	5	3.21	0.039	0.60078	0.361

（二）应用型高校教师专业实践能力在各维度上相对均衡

应用型高校教师专业实践能力总体处于"一般"水平，教师问卷测得的各维度均值总体稍低于管理者问卷各维度均值，且不同维度得分参差不齐。总体来看，不管是教师问卷还是管理者问卷，实践教学能力得分不高，实践动机的评分总体略低于实践教学能力，实践经验的得分与总体均值相近，应用研究能力评分较低。

1. 教师实践教学能力得分不高

教师实践教学能力层面，教师问卷测得的教师实践教学能力均值为3.49，管理者问卷测得的均值为3.43，略低于教师所测均值，但均高于总体平均值，且在四个维度均值中相对较高。教师问卷中该维度各测试题目均值总体处于3.38—3.62（见表2-14），管理者问卷中该维度各测试题目均值总体处于3.28—3.67（见表2-15），说明教师和管理者群体在理解和把握教师实践教学能力层面相对均衡。然而相对于最高分5分而言，3.49与3.43的均值处于一般水平与较高水平之间，但偏向一般水平，表明教师实践教学能力水平不高。该维度的测试题目中，A23、A24的均值相对较高，说明在学校相关要求下，多数教师能够参与到学生的实训、实习指导当中，特别是学生的实习指导工作，然而这对教师而言更多的是完成一项任务，指导效果很难测量；而测试题目A14、A18、A20在教师问卷和管理者问卷中所测分值均低于所在维度的平均值，从这些测试题目的内容表达及均值来看，教师专业实践技能缺乏、教学过程与生产过程对接不够、工学结合等理论与实践相结合的教学方式运用较少。这也从侧面反映出现阶段应用型高校教师实践培训平台有限，教师赴行业企业实践培训、挂职锻炼的机会少。

表 2 – 14　　　教师实践教学能力及各题项的描述统计量

（教师问卷　N = 853）

项目	全距	极小值	极大值	均值		标准差	方差
	统计量	统计量	统计量	统计量	标准误	统计量	统计量
A12	4	1	5	3.42	0.037	1.074	1.154
A14	4	1	5	3.38	0.038	1.101	1.212
A17	4	1	5	3.52	0.034	0.982	0.964
A18	4	1	5	3.41	0.033	0.960	0.921
A19	4	1	5	3.55	0.033	0.965	0.931
A20	4	1	5	3.43	0.035	1.018	1.036
A22	4	1	5	3.55	0.030	0.890	0.793
A23	4	1	5	3.62	0.035	1.029	1.059
A24	4	1	5	3.56	0.035	1.035	1.070
实践教学能力	4	1	5	3.49	0.026	0.769	0.592

表 2 – 15　　　教师实践教学能力及各题项的描述统计量

（管理者问卷　N = 230）

项目	全距	极小值	极大值	均值		标准差	方差
	统计量	统计量	统计量	统计量	标准误	统计量	统计量
A12	4	1	5	3.40	0.059	0.900	0.810
A14	4	1	5	3.46	0.061	0.918	0.843
A17	4	1	5	3.39	0.060	0.918	0.842
A18	4	1	5	3.28	0.060	0.911	0.831
A19	4	1	5	3.39	0.059	0.893	0.797
A20	4	1	5	3.32	0.055	0.835	0.698
A22	4	1	5	3.43	0.054	0.816	0.666

续表

项目	全距 统计量	极小值 统计量	极大值 统计量	均值 统计量	均值 标准误	标准差 统计量	方差 统计量
A23	4	1	5	3.67	0.053	0.802	0.643
A24	4	1	5	3.55	0.057	0.859	0.737
实践教学能力	4	1	5	3.43	0.044	0.677	0.459

2. 实践动机的评分总体略低于实践教学能力

在实践动机层面，教师问卷与管理者问卷测得的教师实践动机均值分别为3.39和3.36，均略低于实践教学能力得分，虽然稍微高于总体均值，但仍处于较低水平，表明教师的实践意愿不够强。教师问卷中各测试题目均值波动相对较大（见表2-16），其中测试题目A1、A2在这一维度中均值相对较高；管理者问卷各测试题目均值总体处于3.28—3.42（见表2-17），虽相对均衡，但测试题目A1、A2的均值在该维度中相对较高。这反映出多数教师较愿意主动到企事业单位接受培训、挂职或实践锻炼，能够较为积极申报学校组织的教师赴企事业单位实践项目，提升自身专业实践能力的积极性较高。然而数据显示教师实践动机总体水平不高，说明受学校层面其他因素的影响，如管理制度制约、实践平台较少等，教师的实践意愿并没有有效转化为实践行为。

表2-16　实践动机及各题项的描述统计量（教师问卷　N=853）

项目	全距 统计量	极小值 统计量	极大值 统计量	均值 统计量	均值 标准误	标准差 统计量	方差 统计量
A1	4	1	5	3.78	0.040	1.166	1.360
A2	4	1	5	3.56	0.040	1.165	1.357
A3	4	1	5	2.92	0.044	1.293	1.671
A4	4	1	5	3.33	0.038	1.124	1.264
实践动机	4	1	5	3.39	0.029	0.866	0.752

表2-17　实践动机及各题项的描述统计量（管理者问卷　N=230）

项目	全距	极小值	极大值	均值		标准差	方差
	统计量	统计量	统计量	统计量	标准误	统计量	统计量
A1	4	1	5	3.42	0.068	1.032	1.065
A2	4	1	5	3.40	0.063	0.956	0.914
A3	4	1	5	3.37	0.068	1.030	1.061
A4	4	1	5	3.28	0.072	1.098	1.206
实践动机	4	1	5	3.36	0.046	0.705	0.498

3. 实践经验的得分与总体均值相近

实践经验方面，通过表2-18、2-19可以看出，教师问卷与管理者问卷测得的教师实践经验均值分别为3.01和3.12，得分分别与教师问卷和管理者问卷的总体均值较为接近，总体处于教师专业实践能力"C"等中间位置。这表明应用型高校教师缺乏基层和生产一线实践锻炼，行业企业实践经历有限，对相关职业领域的工作现场与流程不够熟悉，对相关职业领域新知识、新技术、新工艺、新方法不够了解，企事业单位实践经验相对不足；同时也从侧面反映出入职后应用型高校教师赴行业企业接受培训、挂职工作、实践锻炼的机会不多、次数较少。在这一维度，教师问卷各测试题目均值处于2.78—3.19，管理者问卷各项题目得分在2.76—3.37，总体上相对均衡，对总体的代表性较高。

表2-18　实践经验及各题项的描述统计量（教师问卷　N=853）

项目	全距	极小值	极大值	均值		标准差	方差
	统计量	统计量	统计量	统计量	标准误	统计量	统计量
A7	4	1	5	2.78	0.045	1.138	1.738
A8	4	1	5	3.02	0.039	1.154	1.331
A9	4	1	5	2.98	0.038	1.117	1.247
A10	4	1	5	3.19	0.037	1.092	1.193
A11	4	1	5	2.94	0.040	1.170	1.370

续表

项目	全距	极小值	极大值	均值		标准差	方差
	统计量	统计量	统计量	统计量	标准误	统计量	统计量
A13	4	1	5	3.12	0.039	1.150	1.322
实践经验	4	1	5	3.01	0.033	0.975	0.952

表2-19　实践经验及各题项的描述统计量（管理者问卷　N=230）

项目	全距	极小值	极大值	均值		标准差	方差
	统计量	统计量	统计量	统计量	标准误	统计量	统计量
A7	4	1	5	2.76	0.066	1.003	1.006
A8	4	1	5	3.08	0.062	0.945	0.893
A9	4	1	5	3.10	0.060	0.913	0.833
A10	4	1	5	3.18	0.062	0.945	0.892
A11	4	1	5	3.27	0.060	0.908	0.825
A13	4	1	5	3.37	0.063	0.951	0.905
实践经验	4	1	5	3.12	0.051	0.779	0.607

4. 应用研究能力评分较低

应用研究能力层面，由表2-20、2-21可以看出，教师问卷与管理者问卷测得的教师应用研究能力数据均值分别为2.51和2.95，在四个维度中得分最低，处于较低水平。这表明应用型高校运用专业知识解决社会实际问题、参加学科专业竞赛、开展应用研究的能力不强，教师问卷中这一维度各测试题目均值波动相对较大，特别是测试题目A29、A30、A31得分相对较低，反映出当前应用型高校教师整体在横向项目研究、专利发明、成果推广与转化等方面的能力极其不理想。这也从侧面反映出目前应用型高校教师社会实践较少，与涉外行业企业合作不够密切，服务经济社会发展的能力较为有限，业绩成果也主要以论文、论著、纵向项目为主。

表2-20　　　教师应用研究能力及各题项的描述统计量

（教师问卷　N=853）

项目	全距 统计量	极小值 统计量	极大值 统计量	均值 统计量	均值 标准误	标准差 统计量	方差 统计量
A15	4	1	5	2.47	0.042	1.219	1.487
A16	4	1	5	2.72	0.043	1.259	1.584
A26	4	1	5	3.04	0.038	1.121	1.256
A27	4	1	5	2.82	0.039	1.146	1.313
A28	4	1	5	2.89	0.038	1.095	1.200
A29	4	1	5	2.38	0.041	1.208	1.460
A30	4	1	5	1.94	0.038	1.116	1.245
A31	4	1	5	1.88	0.037	1.067	1.139
应用研究能力	4	1	5	2.51	0.028	0.846	0.716

表2-21　　　教师应用研究能力及各题项的描述统计量

（管理者问卷　N=230）

项目	全距 统计量	极小值 统计量	极大值 统计量	均值 统计量	均值 标准误	标准差 统计量	方差 统计量
A15	4	1	5	3.00	0.063	0.951	0.904
A16	4	1	5	3.19	0.065	0.979	0.959
A26	4	1	5	3.10	0.059	0.895	0.801
A27	4	1	5	3.06	0.061	0.918	0.843
A28	4	1	5	3.09	0.058	0.874	0.765
A29	4	1	5	2.93	0.063	0.953	0.908
A30	4	1	5	2.66	0.061	0.919	0.845
A31	4	1	5	2.57	0.065	0.985	0.971
应用研究能力	4	1	5	2.95	0.048	0.727	0.530

二　应用型高校教师专业实践能力的差异性分析

通过上一节的分析，本书对应用型高校教师专业实践能力水平有了基本的了解，整体而言，目前应用型高校教师专业实践能力总体水平一般。为了能更全面地把握应用型高校教师专业实践能力的特征，本节从性别、教龄、工作经历、职称、学科类别等方面，分析这些变量背景下的教师在专业实践能力上的差异情形。

(一) 探索性因素分析

本书单独对教师问卷量表数据进行分析，由于之前在进行建构效度验证时，是将教师问卷与管理者问卷合在一起进行分析的，因此在对教师问卷进行差异性分析时，需要再次单独检验教师问卷量表的建构效度，并提取相关因子为差异性分析做准备。

分析结果显示（见表2-22），教师量表KMO值为0.931，巴特利特球形度检验值为15342.191（自由度为351），显著性为0.000 < 0.001，达到了极其显著的水平，KMO值与巴特利特球形度检验结果表明教师问卷量表题项极其适合进行因子分析。

表2-22 教师问卷KMO和巴特利特球度检验结果

KMO取样适切性量数		0.931
巴特利特球形度检验	近似卡方	15342.191
	自由度	351
	显著性	0.000

在之前的分析中，笔者将教师问卷与管理者问卷的数据合在一起进行项目分析和探索性因素分析，删除不合理的测试题目后，问卷剩下27项测试题。因此，针对教师问卷的探索性因素分析只对剩余的27项测试题目进行。依据之前的理论探究，量表问卷各因素层面存在相关性，因此采用主成分分析法，选取Kaiser正态化最优斜交法旋转方法，提取因子，并命令SPSS按固定数目4个提取因子，因子提取结果如表2-23所示。经探索性因子分析发现，教师量表的因子提取结果与将教师与管理者量表合在一起检验建构效度的探索性因子分析结果具有高度一致性，提取出的四个因素分别为实践动机、实践经验、实践教学能力、应用研究能力，四个因素对总方

差解释度达到了 62.033%（见表 2-24），表明这些因子的贡献度较高，同时表明量表具有较好的建构效度。

表 2-23　　应用型高校教师专业实践能力量表探索性因子分析结果（N=853）

题目	因素 1	因素 2	因素 3	因素 4
A17 能够根据职业岗位需求设计教学目标，设置教学情境	0.863			
A19 在教学过程中能够实现理论知识和实践技能的综合运用	0.859			
A18 能够将教学过程与行业需求对接、与职业标准衔接	0.755			
A22 能够不断更新教学内容、方法并及时将行业最新知识引入教学之中	0.744			
A24 能够参与到整个实训、实习过程中，指导学生技术技能训练	0.703			
A20 能够运用讲练结合、工学结合等多种理论与实践相结合的教学方式	0.678			
A23 能够承担学生的实验、实训等实践教学任务	0.669			
A14 能够通过现场操作或演示等手段使学生获得相应的操作能力	0.533			
A12 掌握所教专业涉及的职业资格及职业技能标准	0.533			
A11 熟悉相应仪器设备的操作标准与动作流程		0.900		
A9 了解相关职业领域内的成熟技术和管理规范		0.850		
A10 熟悉相关职业领域内的岗位职责、技能要求、用人标准		0.831		
A8 了解相关职业领域内的新知识、新技术、新工艺、新方法		0.820		
A13 具备相应仪器设备的操作与演示技能，实践动作标准流畅		0.698		
A7 熟悉相关职业领域内的生产一线、工作现场及工作流程		0.674		
A31 在科技成果推广、成果转让、技术服务中取得显著经济效益			0.889	
A30 专利发明或专业咨询报告等多次被有关部门采纳			0.857	
A29 曾主持或参与完成横向课题研究，成果通过鉴定，效益显著			0.790	
A15 自己曾多次参加实践技能竞赛并获奖			0.598	

续表

题目	因素1	因素2	因素3	因素4
A27 能够承接行业企业项目或参与行业企业技术开发、技术服务等工作			0.551	
A16 曾多次指导学生参加实践技能竞赛并获奖			0.549	
A28 能够围绕行业企业生产实践中遇到的现实问题展开研究			0.486	
A26 能够主动与企事业单位协作交流，并保持良好合作关系			0.450	
A1 愿意主动到企事业单位接受培训、挂职或实践锻炼				0.871
A2 能够积极申报学校组织的教师赴企事业单位实践项目				0.849
A3 能够利用私人关系签订实践单位，进行实践锻炼				0.595
A4 赴企事业单位实践锻炼主要是基于满足学校相关要求的考虑				0.585

表2-24 教师专业实践能力结构指标体系因子分析方差解释（N=853）

成分	初始特征值			提取载荷平方和			旋转载荷平方和
	总计	方差百分比	累积%	总计	方差百分比	累积%	总计
1	10.979	40.663	40.663	10.979	40.663	40.663	8.576
2	2.453	9.085	49.747	2.453	9.085	49.747	8.498
3	1.718	6.362	56.109	1.718	6.362	56.109	7.009
4	1.559	5.773	61.882	1.559	5.773	62.882	4.676
5	1.168	4.325	66.207				

（二）男女教师专业实践能力水平差异分析

从表2-26可以看出，男女教师在实践动机、实践经验、实践教学能力、应用研究能力四个维度上的差异达到显著水平，男女教师在四个维度上的Sig.值均大于0.05，说明四个维度上的方差是齐性的，因此，四个维度需要查验假设方差相等行的P值。四个维度双侧t检验的Sig.值均小于0.05，达到显著性水平，因此判定男女教师在实践动机、实践经验、实践教学能力、应用研究能力四个维度上均存在显著性差异。再从表2-25平均值的具体数值可以看出，四个维度中男教师的均值都比女教师的均值更高,进一步说明男教师专业实践能力整体上显著高于女教师。

从调查样本来看,女教师的人数要多于男教师,而男教师的专业实践能力要明显高于女教师。究其原因,教师专业实践能力的提升主要通过行业企业实践锻炼获得,而受家庭因素、外出实践的方便程度等因素影响,男教师在外出实践锻炼的时间、精力、动机等方面都要明显高于女教师,在提升专业实践能力方面具有天然的优势,因此,其专业实践能力也明显高于女教师。

表 2-25　　不同性别教师专业实践能力均值比较（N=853）

	性别	个案数	平均值	标准差	均值标准误
实践教学能力	男	361	0.1168709	1.00564087	0.05292847
	女	492	-0.0857529	0.98809445	0.04454674
实践经验	男	361	0.1932484	1.02252977	0.05381736
	女	492	-0.1417940	0.95969953	0.04326660
应用研究能力	男	361	0.2231027	1.00013321	0.05263859
	女	492	-0.1636994	0.96870692	0.04367268
实践动机	男	361	0.1000641	1.02603168	0.05400167
	女	492	-0.0734210	0.97498908	0.04395590

表 2-26　　不同性别教师专业实践能力独立样本 t 检验

		莱文方差等同性检验		平均值等同性 t 检验					
		F	Sig.	t	自由度	Sig.（双尾）	平均值差值	标准误差差值	差值95%置信区间	
									下限	上限
实践教学能力因子	假定等方差	0.082	0.775	2.937	851	0.003	0.202	0.068	0.067	0.338
	不假定等方差			2.929	768.081	0.004	0.202	0.069	0.066	0.338

续表

		莱文方差等同性检验		平均值等同性 t 检验						
		F	Sig.	t	自由度	Sig.（双尾）	平均值差值	标准误差差值	差值95%置信区间	
									下限	上限
实践经验因子	假定等方差	1.091	0.296	4.899	851	0.000	0.335	0.068	0.200	0.469
	不假定等方差			4.852	746.964	0.000	0.335	0.069	0.199	0.470
应用研究能力因子	假定等方差	0.287	0.592	5.683	851	0.000	0.386	0.068	0.253	0.520
	不假定等方差			5.655	761.604	0.000	0.386	0.068	0.252	0.521
实践动机因子	假定等方差	1.152	0.284	2.511	851	0.012	0.173	0.069	0.037	0.309
	不假定等方差			2.492	752.782	0.013	0.173	0.069	0.036	0.310

（三）不同教龄教师群体间专业实践能力水平差异分析

SPSS 多重比较采取的是以某一个水平为参照而逐一与各水平进行平均数的差异比较，因而在进行多重差异比较时，主要查看"平均值差值（I-J）"列中的数值为正数且加注（*）符号者即可，至于没有加注（*）或负数有加注（*）符号的可不用理会。因此为避免分组变量较多带来的烦琐，不存在显著相关的变量及系数，笔者将不予列出。

本书采用最小显著差异法（least significant difference，简称 LSD 法）的多重比较。从表 2-27 可以看出，"实践教学能力"方面，教龄在"4—8 年""15—20 年"">20 年"的教师显著高于教龄"≤3 年"的教师，但与教龄在"9—14 年"的教师不存在显著差异，教龄">20 年"的教师显著高于"9—14 年"的教师，这表明刚入职的青年教师实践教学能力最低,而随着教龄的增长有增强的趋势。"实践经验"方面,教龄"≤3年"的教师显著高于教龄在"9—14年""15—20年"">20年"的教师,但与教龄在"4—8年"的教师不存在显著差异,教龄在"4—8年"的教师显著高于教龄在"9—14年"的教师,总体上表明应用型高校青年教师的实践经验最高,也从侧面反映出教龄在9年以上的教学科研骨干教师增强专业实践能力的积极性普遍不高。"应用研究能力"方面,教龄在"4—8年"的教师显著高于教龄在"≤3年""9—14年"">20年"的组群体,但与教龄在"15—20年"的教师不存在显著性差异,表明处于职业发展关键期和黄金期的青年教师与中年教师实践应用型能力最强。"实践动机"方面,教龄在"≤3年""4—8年"的教师显著高于教龄">20年"的教师,但与教龄在"4—8年""9—14年""15—20年"的教师不存在显著差异,表明应用型高校中青年教师在增强专业实践能力的实践动机方面存在趋同性。总体而言,虽然在实践教学能力上呈现出随着教龄增长而增强的趋势,但在其他维度上并不存在这种趋势,反而呈现出青年教师专业实践能力高于中年以上教师的态势。这也能从侧面反映出目前应用型高校教师整体专业实践能力不高的现状。

表2–27　　　　　　　教师教龄差异多重比较（N=853）

因变量			平均值差值（I-J）	标准误差	显著性	95%置信区间	
						下限	上限
实践教学能力	4—8年	≤3年	0.20665290*	0.09451496	0.029	0.0211422	0.3921636
	15—20年	≤3年	0.23687574*	0.11165466	0.034	0.0177238	0.4560276
	>20年	≤3年	0.43881347*	0.11516387	0.000	0.2127738	0.6648531
		9—14年	0.41709012*	0.12299191	0.001	0.1756858	0.6584944

续表

因变量			平均值差值 （I-J）	标准误差	显著性	95%置信区间	
						下限	上限
实践经验	≤3年	9—14年	0.41041979*	0.09428538	0.000	0.2253597	0.5954799
		15—20年	0.29164746*	0.11138344	0.009	0.0730279	0.5102670
		>20年	0.34046908*	0.11488413	0.003	0.1149785	0.5659597
	4—8年	9—14年	0.27518734*	0.10365800	0.008	0.0717310	0.4786437
应用研究能力	4—8年	≤3年	0.20655925*	0.09513580	0.030	0.0198300	0.3932885
		9—14年	0.26088606*	0.10459297	0.013	0.0555946	0.4661775
		>20年	0.24939411*	0.12379982	0.044	0.0064041	0.4923841
实践动机	≤3年	>20年	0.23867737*	0.11599526	0.040	0.0110059	0.4663489
	4—8年	>20年	0.31118571*	0.12387982	0.012	0.0680387	0.5543327

*．平均值差值的显著性水平为0.05。

（四）不同职前工作经历教师群体间专业实践能力水平差异分析

从表2-28可以看出，不同职前工作经历教师群体间专业实践能力水平存在差异。"实践教学能力"方面，入职前具有"2—3年"工作经历的教师显著高于"没有工作经历""0—1年"工作经历的教师，但与"1—2年""3—5年"及">5年"的教师没有显著性差异；具有">5年"工作经历的教师显著高于"没有工作经历"及具有"0—1年""1—2年"工作经历的教师，与具有"2—3年""3—5年"工作经历的教师没有显著性差异；具有"1—2年"工作经历的教师显著高于"没有工作过"的教师，但与其他工作时间段的组群体没有显著性差异。整体表明，入职前在企事业单位具有1年以上工作经历教师的实践教学能力明显高于没有工作过或只具有一年以内工作经历的教师。"实践经验"与"应用研究能力"方面，入职前具有"1—2年""2—3年""3—5年"及">5年"工作经历的教师显著高于"没有工作过"或具有"0—1年"工作经历教师，但与其他工作时间段的组群体没有显著性差异，表明具有1年以上工作经历的教师,其"实践经验"和"应用研究能力"显著高于没有工作过或只具有一年以内工作经历的教师。"实践动机"方面,入职前具有"2—3年""3—5年"及">5年"工作经历的教师显著高于"没有工作过"或具有"0—1年"工作经历的教师,具有">5年"工作经历的教师显著高于具有"1—2年"工作经历的教师,表明入职前具有2年以上工作经历的教师,其"实践动机"显著高于"没有工作过"和具有"0—1年"工作经历的教师,总体呈现入职前工作时间越长实践动机越高的趋势。总体而言,入职前具有1年以上工作经历的教师,其专业实践能力显著高于没有工作过或只有1年以内工作经历的教师,可见,入职前工作经历与经验是提升教师专业实践能力的关键环节之一。

表2-28 教师入职前在企事业单位工作时间多重比较(N=853)

因变量			平均值差值(I—J)	标准误差	显著性	95%置信区间	
						下限	上限
实践教学能力	2—3年	没有工作过	0.32782907*	0.16212075	0.043	0.0096235	0.6460346
		0—1年	0.38965150*	0.18618046	0.037	0.0242223	0.7550807
	>5年	没有工作过	0.47323341*	0.12476932	0.000	0.2283401	0.7181267
		0—1年	0.53505584*	0.15474951	0.001	0.2313184	0.8387933
		1—2年	0.40014368*	0.18753162	0.033	0.0320625	0.7682249
实践经验	1—2年	没有工作过	0.42824101*	0.14878522	0.004	0.1362100	0.7202720
	2—3年	没有工作过	0.67903083*	0.15876775	0.000	0.3674065	0.9906552
		0—1年	0.53748146*	0.18232985	0.003	0.1796101	0.8953528
	3—5年	没有工作过	0.44071928*	0.16902588	0.009	0.1089606	0.7724780
	>5年	没有工作过	0.73293286*	0.12218883	0.000	0.4931045	0.9727613
		0—1年	0.59138349*	0.15154896	0.000	0.2939279	0.8888390
应用研究能力	1—2年	没有工作过	0.34463116*	0.15042395	0.022	0.0493837	0.6398786
		0—1年	0.37283836*	0.17561992	0.034	0.0281371	0.7175396
	2—3年	没有工作过	0.41994812*	0.16051642	0.009	0.1048915	0.7350047
		0—1年	0.44815532*	0.18433804	0.015	0.0863424	0.8099683

续表

因变量			平均值差值（I—J）	标准误差	显著性	95%置信区间	
						下限	上限
应用研究能力	3—5年	没有工作过	0.36260217*	0.17088753	0.034	0.0271895	0.6980149
		0—1年	0.39080937*	0.19343614	0.044	0.0111390	0.7704798
	>5年	没有工作过	0.63584253*	0.12353462	0.000	0.3933727	0.8783124
		0—1年	0.66404974*	0.15321812	0.000	0.3633180	0.9647815
实践动机	2—3年	没有工作过	0.47048444*	0.16081817	0.004	0.1548356	0.7861333
		0—1年	0.45339217*	0.18468457	0.014	0.0908991	0.8158853
	3—5年	没有工作过	0.55004480*	0.17120878	0.001	0.2140016	0.8860880
		0—1年	0.53295254*	0.19379978	0.006	0.1525684	0.9133367
	>5年	没有工作过	0.55315125*	0.12376685	0.000	0.3102255	0.7960769
		0—1年	0.53605898*	0.15350615	0.001	0.2347619	0.8373561
		1—2年	0.36622803*	0.18602488	0.049	0.0011042	0.7313518

*. 平均值差值的显著性水平为0.05。

（五）不同职称教师群体间专业实践能力水平差异分析

从表2-29可以发现，"实践教学能力"方面，具有"讲师""副教授""教授"职称的教师显著高于"助教"，但三者之间不存在显著差异性，表明除"助教"之外，具有"讲师""副教授""教授"职称的教师在实践教学能力方面存在趋同性，普遍较低；"应用研究能力"方面，具有副教授和教授职称的教师显著高于助教、讲师，但副教授与教授之间不存在显著差异性，表明应用研究能力对应用型高校教师的副教授与教授职务影响不大。总体看来，虽然"讲师""副教授""教授"三个职称段教师在实践教学能力、应用研究能力方面显著高于助教或讲师，但这三者之间或"副教授""教授"之间并不存在显著差异，研究发现，不同教师的职称在"实践动机"和"实践经验"方面不存在显著差异，因此，在教师专业实践能力总体偏弱的情况下，应用型高校"讲师""副教授""教授"之间差异性并不明显，特别是"副教授"与

"教授"之间在教师专业实践能力方面并不存在显著差异。总体而言，不同职称教师群体间专业实践能力水平不存在显著差异，这也从侧面反映出现阶段应用型高校教师职称评定与其教师专业实践能力关系不大。

表2-29　　　　　教师职称多重比较（N=853）

因变量			平均值差值（I—J）	标准误差	显著性	95%置信区间	
						下限	上限
实践教学能力	讲师	助教	0.20129631*	0.08473122	0.018	0.0349891	0.3676035
	副教授	助教	0.25902723*	0.09631307	0.007	0.0699876	0.4480669
	教授	助教	0.45460908*	0.17517397	0.010	0.1107842	0.7984339
应用研究能力	副教授	助教	0.30898271*	0.09580414	0.001	0.1209420	0.4970234
		讲师	0.25946559*	0.08441091	0.002	0.0937871	0.4251441
	教授	助教	0.56604910*	0.17424832	0.001	0.2240411	0.9080571
		讲师	0.51653198*	0.16825352	0.002	0.1862904	0.8467736

＊．平均值差值的显著性水平为0.05。

（六）不同学科类别教师群体间专业实践能力水平差异分析

从表2-30可以看出，"实践经验"方面，理科教师显著高于文科教师，工科教师显著高于文科和理科教师，表明工科教师的实践经验最高，其次是理科，文科教师实践经验最低。"应用研究能力"和"实践动机"方面，工科教师显著高于文科和理科教师，但文科和理科教师之间不存在显著性差异，表明工科教师的"应用研究能力"最高，"实践动机"最强。研究发现，不同学科类别教师群体间在实践教学能力方面不存在显著性差异。总体而言，应用型高校工科教师的应用研究能力显著高于文科和理科教师，文科与理科教师在专业实践能力方面的差异性较小。工科强调实践，突出应用，工科教师的专业实践能力较强属于合理现象，但文科教师与理科教师之间专业实践能力总体上不存在显著差异，特别是不同学科类别教师群体间在核心的实践教学能力方面不存在显著性差异，说明不同学科类别教师群体间专业实践能力显著差异并不明显，这也从侧面反映出应用型高校教师专业实践能力整体较低的现状。

表2-30　　　教师所属学科类别多重比较（N=853）

因变量			平均值差值（I—J）	标准误差	显著性	95%置信区间	
						下限	上限
实践经验	理科	文科	0.29024812*	0.07993457	0.000	0.1333558	0.4471404
	工科	文科	0.48887261*	0.08595489	0.000	0.3201639	0.6575813
		理科	0.19862449*	0.09693776	0.041	0.0083591	0.3888899
应用研究能力	工科	文科	0.31884572*	0.08707272	0.000	0.1479430	0.4897485
		理科	0.21517841*	0.09819842	0.029	0.0224386	0.4079182
实践动机	工科	文科	0.21578547*	0.08734957	0.014	0.0443393	0.3872316
		理科	0.25669968*	0.09851065	0.009	0.0633470	0.4500523

*. 平均值差值的显著性水平为0.05。

第四节　应用型高校教师专业实践能力的影响因素分析

基于上述分析，现阶段我国应用型高校教师专业实践能力总体水平一般，还有较大提升空间。为进一步提升应用型教师专业实践能力，本书根据调查问卷的主观题作答以及深度访谈所得资料，通过质性研究，探寻入职后影响教师专业实践能力的主要因素。

一　资料分析过程

本书的资料分析主要采用扎根理论研究方法。扎根理论由哥伦比亚大学的格拉斯（Ansele Strauss）和芝加哥大学的斯特劳（Barney Glaser）两位学者发展而来，其分析思路是在对搜集到的质性资料进行深入分析的基础上，通过资料与资料之间的持续比较，自下而上对资料不断进行归纳分析和逻辑推演，将大量不同的词项、观点、概念进行浓缩、整合，提炼出有关的类属及其属性，最终生成一个整体。扎根理论以编码作为其基本分析工具，对资料进行编码化数据处理是扎根理论最重要的环节，操作程序由一级编码、二级编码、三级编码组成。[①] 一级编码又称开放式编码，是扎根理论的基础，其主要任务是通过逐字逐句挖掘原始资料，从资料中发现概念类属并对其命名，对研究资料进行概念化和类属化处理。在一级编码过程中，研究者需要尽量"悬置"个人"偏见"，以一种开放的心态处理原始访谈资料。二级编码又称主轴式编码，其主要任务是在一级编码的基础上，发现和建立主要概念类属与次要概念类属之间的各种联结和关系，围绕着类属寻找相关关系，确定研究的主范畴。三级编码又称选择式编码，其主要任务是对已发现的概念类属进行系统分析，发展核心类目，生成"核心类属概念"。

应用型高校教师专业实践能力现状归因的采集资料包含两部分：一是回收纸质问卷上的有效主观题作答，二是对应用型高校教师与管理者深度访谈获得的资料。在回收的 633 份纸质问卷中，共有 403 份问卷的主观题作答有效，经整理形成 403 份教师、学校管理者对教师专业实践能力影响因素的作答。考虑到被调查对象的作答习惯，问卷的主观题主要设计在纸质问卷上，并未在问卷星上呈现。笔者在我国东部、中部、西部地区各选择 2 所应用型高校，对 6 所高校的 28 名专任教师、14 名学校管理者进行"半结构型访谈"，共形成了 42 份访谈记录，并将访谈记录中关于"影响教师专业实践能力因素"这一访谈问题的作答摘录出来，形成 42 份教师、学校管理者对教师专业实践能力影响因素的访谈作答。两种采集资料加起来共形

[①] 陈向明：《扎根理论的思路与方法》，《教育研究与实验》1999 年第 4 期。

成 445 份关于影响教师专业实践能力因素的原始资料。需要注意的是，问卷上作答者呈现的主观题作答信息相对简洁，言简意赅，而访谈所得信息较为详细，略显冗长，但二者的核心信息量相差不多。

本书将纸质问卷上主观题部分的有效作答与深度访谈获得的资料有效梳理后，进行编码分析，依据扎根原则，自下而上进行手动编码 922 项。在一级编码过程中，按照调查者使用的"本土概念"进行意义提取，从原始资料中发现相同或相近的类型，形成 34 个码号（自由节点）、922 个参考点；在二级编码过程中将 34 个码号按照一定的关系进行类属分析，将具有相同属性的码号归入同一类别，并重新命名，整合形成 6 个类属概念；在三级编码过程中进一步归纳出具有高度概括性和统整性的核心类属。从表 2-31 可以看出，学校管理制度、政策举措，特别是与教师管理相关的制度、措施成为影响教师专业实践能力的最主要因素，在 445 份质性资料获得的 922 个参考点中，共有 534 个参考点涉及该因素，占比为 57.9%。除此之外，"学校的重视程度""学校的强制性或硬性要求""教师实践锻炼、培训或与行业企业交流、参观学习的机会""教师的实践经历与经验""教师个人的实践意愿、思想观念"等码号虽然没有出现与制度或政策等直接相关的词汇，却间接地与学校的制度性因素有关，受制度因素影响。例如，教师教学科研任务繁重，很大程度上受学校教师管理制度的影响；教师招聘条件中对应聘者实践经历或经验的制度规定，直接影响着学校能否把相关教师招聘进来；教师赴企业实践锻炼的次数与时间长短，也主要与教师培训制度有关。其实，只要学校管理制度跟得上，思想观念等教师个人因素自然会转变。由此可见，现阶段，学校教师管理制度、政策举措成为影响教师专业实践能力的最主要因素。

表 2-31　　影响教师专业实践能力因素的编码表

一级编码	二级编码	三级编码
1.1 学校管理制度、政策举措（154） 1.2 教师实践培训制度或实践培训体制机制不健全（100） 1.3 学校对教师的考核评价标准（80） 1.4 教师赴企业实践培训、挂职锻炼、合作交流（57） 1.5 职称评审或晋升条件（40） 1.6 学校对教师的激励机制、奖惩制度（25） 1.7 教师招聘（聘用）条件、教师准入机制、人才引进标准、企业技术人才兼职教师制度（34） 1.8 教师职业资格的要求（6） 1.9 学校薪酬制度（2）	学校管理制度（政策）影响（534）	学校相关制度及教师个人、学校管理者、校企合作、政府等因素影响（922）
2.1 学校重视程度（39） 2.2 学校的办学经费、物质基础条件等资源保障（38） 2.3 学校的强制性或硬性要求（8） 2.4 办学定位（3） 2.5 学校管理者的思想观念（3）	学校的重视程度与资源保障力度（91）	
3.1 教师教学科研任务繁重（72） 3.2 教师个人的实践意愿、思想观念（59） 3.3 教师的实践经历与经验（48） 3.4 教师薪资待遇（10） 3.5 教师的学科专业背景、知识结构（10） 3.6 教师的人脉与社会资源（5） 3.7 教师的年龄、教龄（6） 3.8 家庭因素、身体状况（7） 3.9 教师个人职业规划（3）	教师个人因素（220）	
4.1 校企合作的广度、深度、畅通性（36） 4.2 教师赴企业实践培训的次数及实践时间的长短（15） 4.3 企业接纳教师实践锻炼、实践培训的积极性（8） 4.4 工学矛盾（3）	校企合作因素（62）	

续表

一级编码	二级编码	三级编码
5.1 国家顶层制度设计、教育体制（5） 5.2 国家对学校的评价评估（1） 5.3 政府部门对校企合作的支持力度（1）	政府层面因素（7）	学校相关制度及教师个人、学校管理者、校企合作、政府等因素影响（922）
6.1 课程设置（6） 6.2 学科专业设置（2）	课程与学科专业因素（8）	

二 主题词分析

词频是统计文件中同一字词出现的次数，透过词频能够找出被调查对象关注的影响教师专业实践能力的重点因素和主要内容。本书的词频分析主要是通过质性分析软件 Nvivo11 对 445 份原始资料进行高频词汇检索而得。其主要过程是将 445 份有效主观题作答文本按编码顺序依次导入到质性分析软件 Nvivo11 "内部资料"中，将字符设置为 2 个字符，显示字词设置为 1000 字数，并通过筛减一些与本书不相关的词，如方面、包括、投入、提供、方式、联系等词汇，得出的统计结果如图 2-2 所示。从图可知，Nvivo11 软件中的词频功能表示特定词汇在文本中出现的频数，并可以运用"词汇云"这一功能直观地展现出来。"词汇云"中主题词字号越大，表示该词词频越高，出现的次数越多，反之表示出现的词频数越低。根据统计分析，排在前十的高频词依次是实践、制度、学校、教师、培训、考核、机会、企业、政策、评价，排在第十一到第二十的关键词还有管理、职称等核心主题词（见表 2-32），这些主题词主要指向学校的教师管理制度。其中"制度"出现的频次为 174 次，其相近词"政策"出现的频次为 71 次，二者相加共出现 245 次，仅次于"实践"的词频 253 次。"实践"一词虽然出现的频次最高，但主要由于研究主题涉及实践，且与"实践"一词搭配的词组较多，如实践机会、实践培训、实践锻炼等。因此,高校层面的制度性因素尤其是与教师相关的管理制度、政策举措,如考核评价、实践培训、职称等,是影响应用型高校教师专业实践能力的主要因素。

图 2-2　影响应用型高校教师专业实践能力的主题词统计

表 2-32　影响应用型高校教师专业实践能力的高频主题词统计

序号	关键词	频次	加权%	序号	关键词	频次	加权%
1	实践	253	7.23	26	支持	27	0.77
2	制度	174	4.97	27	激励	27	0.77
3	学校	167	4.77	28	导向	24	0.69
4	教师	154	4.40	29	工作	24	0.69
5	培训	121	3.46	30	科研	23	0.66
6	考核	79	2.26	31	标准	21	0.60
7	机会	77	2.20	32	经历	21	0.60
8	企业	71	2.03	33	单位	21	0.60
9	政策	71	2.03	34	企事业	19	0.54
10	评价	65	1.86	35	保障	18	0.51
11	锻炼	57	1.63	36	繁重	18	0.51

续表

序号	关键词	频次	加权%	序号	关键词	频次	加权%
12	要求	44	1.26	37	体系	17	0.49
13	合作	43	1.23	38	经历	17	0.49
14	相关	43	1.23	39	能力	17	0.49
15	时间	42	1.20	40	行业	17	0.49
16	管理	41	1.17	41	挂职	15	0.43
17	职称	39	1.11	42	高校	15	0.43
18	重视	37	1.06	43	体制	14	0.40
19	个人	36	1.03	44	招聘	14	0.40
20	平台	36	1.03	45	完善	14	0.40
21	任务	31	0.89	46	引导	13	0.37
22	条件	31	0.89	47	参加	12	0.34
23	意愿	30	0.86	48	评审	12	0.34
24	经验	29	0.83	49	健全	11	0.31
25	机制	28	0.80	50	积极性	11	0.31

三 研究发现

通过以上分析发现，应用型高校教师专业实践能力受学校管理制度、学校的重视程度与资源保障力度、教师个人因素、校企合作、政府（外部环境）等因素影响。在众多因素中，各因素所发挥的作用并非等量齐观、价值统一，而是一些因素起着举足轻重的作用。学校相关制度特别是与教师专业发展密切相关的教师聘任、教师培训、职称评审、考核评价等教师管理制度，是影响应用型高校教师专业实践能力的最主要因素。其他因素如教师个人因素等，受学校管理制度影响也或多或少影响教师专业实践能力，但并非主要影响因素。因此，在职后培养阶段，应用型高校应以教师管理制度建设为抓手，通过相关制度，加强"双师双能型"教师队伍建设，增强教师提升专业实践能力的积极性、主动性。

第五节 应用型高校教师专业实践能力调查的基本结论

通过调研发现,现阶段应用型高校教师专业实践能力总体水平一般,且不同群体教师的专业实践能力存在一定差异,制度性因素特别是教师管理制度是影响应用型高校教师专业实践能力的最主要因素。教师资格制度、教师聘任制度、教师培训制度、职称评审制度、考核评价制度等制度安排,体现了教师专业发展中的"选、聘、育、升、评"等重要环节,是提升应用型高校教师专业实践能力的核心制度安排。

一 应用型高校教师专业实践能力总体水平一般

本书从教师和管理者两方面来考察应用型高校教师专业实践能力,在梳理分析相关文献、借鉴相关研究成果的基础上,编制《应用型高校教师专业实践能力调查问卷》(教师问卷)和《应用型高校教师专业实践能力调查问卷》(管理者问卷),并结合前期预调研的结果进一步修订、完善问卷。之后,笔者对全国30多所应用型高校的教师和学校管理者进行问卷调查和访谈,并采用SPSS 23.0分析数据,提出了应用型高校教师专业实践能力的模型、构成维度,从整体上呈现应用型高校教师专业实践能力的现状。研究发现,现阶段,应用型高校教师专业实践能力的总体水平一般;应用型高校教师专业实践能力在各维度上相对均衡,实践教学能力得分不高,实践动机的评分略低于实践教学能力评分,实践经验的得分与总体均值相近,实践应用能力评分较低。在转型发展背景下,应用型高校在教师队伍建设过程中不同程度地采取了一定举措,然而从整体上看,受学校管理制度等因素影响,应用型高校教师专业实践能力普遍不强,还有较大的提升空间。

二 不同群体教师的专业实践能力存在一定差异

通过不同群体教师专业实践能力水平差异分析发现：(1) 男教师的教师专业实践能力显著高于女教师。(2) 随着教师教龄的增长，教师实践教学能力呈增强趋势，但在实践动机、实践经验及应用研究能力三个维度上，青年教师专业实践能力较强。(3) 入职前具有实践工作经历的教师，其专业实践能力显著高于入职前没有工作过或实践工作经历不足 1 年的教师。由此发现，职前实践工作经历对增强应用型高校教师专业实践能力至关重要，而在教师专业发展过程中，能否把具有丰富工作经验与经历的教师引入应用型高校，主要通过高校教师资格制度、教师聘任制度体现出来。(4) 应用型高校不同职称教师在教师专业实践能力方面不存在显著差异性。这也反映出应用型高校并没有把教师专业实践能力列入职称评审标准，或在职称评审标准中不太注重教师专业实践能力。(5) 不同学科教师总体上在教师专业实践能力方面差异不显著。虽然工科教师的专业实践能力总体上高于文科教师和理科教师，但文科教师和理科教师之间并没有显著性差异，这说明整体上文科教师与理科教师的专业实践能力都较为一般。加之文科、理科、工科教师在实践教学能力方面不存在显著性差异，也进一步说明应用型高校不同学科教师专业实践能力的差异性并不明显。

三 制度性因素是影响教师专业实践能力的主要因素

"转型发展的关键是制度创新和机制改革"[①]，师资建设作为制约地方高校尤其是新建本科院校向应用型成功转型的瓶颈，其突破的关键同样在于制度创新。教师专业实践能力属于应用型高校教师的核心专业素质，新修正的《中华人民共和国教育法》规定："国

[①] 陈锋：《关于部分普通本科高校转型发展的若干问题思考》，《中国高等教育》2014 年第 12 期。

家实行教师资格、职务、聘任制度,通过考核、奖励、培养和培训,提高教师素质,加强教师队伍建设。"2015年,教育部等三部委联合印发的《关于引导部分地方普通本科高校向应用型转变的指导意见》明确提出,通过教师聘任、职称评聘、考核评价等制度改革,增强教师提高实践能力的主动性、积极性。由此可见,制度因素既是应用型高校教师专业实践能力提升的掣肘,也是破解这一难题的关键着力点。

高校教师管理制度是高校规约、引导、激励教师专业发展和教师角色行为而制定、实施的一种规则体系,是若干相关制度安排的组合。它明确了教师在教育教学体系内的行为规范和标准,划定了教师行为选择的边界,并通过为教师提供博弈规则对教师行为施加影响,对教师专业素质的影响最为直接。从上节的"主题词分析"也可以看出,宏观层面的学校管理制度,微观层面的培训、企业实践、考核评价、职称、招聘等主题词及其相关主题词,都是影响应用型高校教师专业实践能力的高频词。目前应用型高校教师专业实践能力普遍不高,这一问题与高校教师管理制度息息相关。已有研究发现,教师选聘、职务晋升等学校管理制度是影响教师行为选择最主要的、最突出的因素。[①] 应用型高校教师"双师双能"素质能否得到有效增强,教师的专业实践能力能否实现有效提升,关键在于其"选人""育人""用人""评人"制度是否合理,关键在于这些制度能否充分增强教师提升专业实践能力的积极性、主动性。

教师管理制度一般包括教师资格制度、教师聘任制度、教师培训制度、教师职称制度、考核评价制度等制度安排,具体来看:教师资格制度是教师入职之处的专业素质达标制度,该制度从教师队伍的建设入手,为教师任职奠定了基础,属于"门槛性"制度;教

[①] 刘献君、张俊超、吴洪富:《大学教师对于教学与科研关系的认识和处理调查研究》,《高等工程教育研究》2010年第2期。

师聘任制度是教师专业素质的筛选制度，能够为高校选拔适职教师，规范教师入职之处的任用标准，保证教师队伍的整体质量，属于"选拔性"制度；教师培训制度属于教师专业素质的提升制度，能够为高校教师提供专业训练和专业发展机会，提高教师整体业务水平，属于"支持性"制度；教师职称制度是教师专业素质的导向制度，对增强教师专业素质具有重要导向功能，属于"发展性"制度；教师考核评价制度是教师专业素质的激励制度，对引导教师专业发展具有"指挥棒"的作用，考核的结果一般作为续聘、解聘、职务变动和奖惩的依据，属于"评价性"制度。这五个子制度是高校对教师进行管理的五个重要环节，在教师专业发展的不同阶段对教师管理发挥着选拔性、导向性、激励性、评价性等作用，从时间维度上构成了应用型高校对教师管理的"五驾马车"，较好地体现了人力资源管理中"选、聘、育、升、评"等重要环节，是其提升教师专业实践能力的核心制度安排。因此，应用型高校教师专业实践能力提升的关键在于加强教师管理制度建设。

第三章

应用型高校教师专业实践能力提升的制度供需分析

教师资格、教师聘任、教师培训、职称评审、考核评价等教师管理制度在教师专业素质提升方面发挥着激励、约束、引导、管理等重要功能，是提升教师专业实践能力的核心制度安排。改革开放40年来，在宏观层面上教师管理制度的变迁反映出政府的高校管理职能与管理方式不断转变、政府与高校的关系不断调整的过程，为应用型高校教师管理制度的改革提供了依据。现阶段，应用型高校教师管理制度学术导向、学术考量倾向明显，与应用型高校的制度需求不一致、不匹配，总体处于制度非均衡状态，这成为教师专业实践能力提升的掣肘。

第一节 教师专业实践能力提升的制度识别

制度因素是提升应用型高校教师专业实践能力的关键性因素，教师资格、教师聘任、教师培训、职称（职务）评审、考核评价等核心教师管理制度在教师专业素质提升方面发挥着关键作用。提升应用型高校教师专业实践能力，应着重从教师管理制度入手。

一 高校教师资格制度

教师资格制度又称"教师资格证书制度"或"教师资格认证制度"，是国家对教师实行的一种特定的职业资格认定制度，"是一项有关教师资格鉴定和教师证书发放的制度，它授权证书持有者在教育系统内从事专业活动的权力"[1]。该制度是在一定历史条件下，国家对从事高等教育职业的教育教学人员应具备能力与身份的一种强制性规定，是国家对高校教师实行的一种法定的职业资格准入制度，是对准备进入高校教师队伍、专门从事高等教育教学工作人员的基本要求[2]，它规定了高校教师从事教育教学工作的基本条件和要求。作为一种国家职业资格许可制度，高校教师资格制度是高校教师获得高等教育教学资格的法定前提，能够规范高校教师的专业素养和任用标准，强化教师专业素质能力，提高高校的人才培养质量。只有具备高校教师资格条件、依法取得高校教师资格的人员，才能依照法定聘任程序被高校聘为教师，从事教育教学工作，以此才能够保障高校教师队伍的基本专业素质。

管理功能与筛选功能是高校教师资格制度的两项基本功能。高校教师资格制度是我国实现高校教师管理法制化、规范化的重大举措。国家实施高校教师资格制度，通过在"入口处"严控高校教师任职资格条件，严把高校教师队伍的"入口关"，有效限制了"不合格者"进入高校任教，体现了高校教师职业的专业性与严格性，为高校教师任用走上专业化、规范化和法治化轨道奠定了坚实的基础。取得高校教师资格需要具备相应的学历、教育教学能力、岗前培训等申报认定条件，这些为获得高校教师资格证书设置的门槛对

---

[1] 陈永明：《现代教师论》，上海教育出版社1999年版，第199页。
[2] 阮莉洪：《我国教师资格证书制度改革研究》，硕士学位论文，福建师范大学，2007年，第14页。

高校教师起到很好的筛选功能，促使那些还未达到教师资格标准的教师，努力提高自己的专业素质能力。同时，高校教师资格制度拓宽了高校教师的来源渠道，能够满足不同类型高校对不同学历、不同学科专业、不同实践背景、不同年龄段教师的选择，有利于吸引符合高校教师资格标准的行业企业优秀人才到高校任教，从而有效改善和优化高校教师队伍的学历、从业经历、地区分布等方面的结构，提高高校教师队伍的整体质量。

二 高校教师聘任制度

高校教师聘任制度又称高校教师聘任制或高校教师聘用制度，是高校与教师在平等自愿、双向选择的基础上，通过签订聘任合同，聘请具有高校教师资格人员担任相应教师职务的一项教师管理制度。在高校教师聘任制中，高校根据自身教学、人才培养、科学工作的需要，自主确定招聘岗位与人才招聘条件，拥有充分自主聘任权；教师根据自己的专业知识、业务能力选择适合自己的岗位工作，具有自主选择权。在聘期间，高校有权对受聘教师的工作业绩、专业素质进行考核，作为薪酬分配、教师奖惩及是否续聘的依据。教师聘任制依据其聘任主体实施行为的不同可分为招聘、续聘、解聘等形式。招聘即高校依据基本招聘条件，面向社会公开、择优选拔应聘人员的一种聘任形式；续聘即聘任到期后，高校按照原定聘用条件与教师继续签订聘任合同；解聘即高校因不符合原定聘用条件等原因，在聘期内终止聘任合同，这种情况一般较少发生。

人才遴选功能与激励功能是高校教师聘任制的两项主要功能。一是教师聘任制能够为高校遴选适合自身发展定位的优秀师资。教师是高校实现办学职能、人才培养定位的关键，一所大学招聘什么样的教师直接影响到其开展什么样的研究活动、培养什么样的人才、向社会提供什么样的服务，以及从社会吸引怎样的资源。从这个意义上说，高校教师聘任制度通过公开招聘、双向选择、竞聘上岗，遴选出符合高校办学要求所需要的人才，保证了教师的专业素质能力与水平，保障了教育教学质量。二是对教师产生利益激励和危机激励。作为一项教师管理制度，教师聘任制以聘用合同的形式在学校和教师之间建立起责任、权力、利益明确的聘任关系，形成两种激励：通过强调薪酬与工作动机的匹配，对教师产生利益激励；通过引入竞争机制，对教师产生危机激励。[①] 一方面，高校教师聘任制度能够在教师中间营造良好的竞争机制，使符合学校办学定位、人才培养目标和价值标准的教师得到优秀的发展平台和价值认可；另一方面，学校通过明确的教师聘期考核目标、绩效产出标准，将不认真履行岗位职责，完成不了工作任务的教师低聘或者解聘。同时，高校通过教师聘任制对相互的责任和义务进行规定，以契约的形式把教师和高校紧密有效结合起来，对教师的行为活动进行规范和约束。

三 高校教师培训制度

高校教师培训制度是按照高校教师管理的具体要求，由高等院校、教育行政部门、行业企业等培训主体实施的，旨在加强高校教师培训和管理工作，提高高校教师教育教学能力，提升教师综合素质的一项教师管理制度。该制度是高校教师培养、培训工作走上制度化、规范化的重要管理举措。为了完成教师培训工作，所有与培训相关的人员和机构都要共同遵守教师培训的规则及程序。从内涵上看，教师培训制度包含了教师培训的原则、目标、方式、对象、内容、程序以及完成培训的具体实施和保障举措。从外延上看，高校培训制度从属于高校教师管理制度，是高校教师管理制度的重要组成部分。

高校教师培训制度在提升教师专业素质、提高教师整体质量方面发挥着重要作用。通过制度化、系统化的教师培训，该制度能够使教师培训进入常态化、规范化，提高教师增强自身专业素质的积极性和主动性；通过开展形式多样、内容丰富的高校教师培训，该

---

① 董克用：《中国教师聘任制》，中国人事出版社2008年版，第4页。

制度能够加强广大教师对新知识、新技术、新方法的学习，及时更新广大教师的教育观念、知识结构与能力结构，提高高校教师的教育教学能力水平，提高教师履行岗位职责的专业能力和水平，从而提高高校人才培养的整体水平。同时高校教师培训制度能够使校本培训工作更加科学化、规范化、系统化。

四 高校教师职称评审制度

职称是指专业技术（或学识）水平、能力以及成就的等级称号，是反映专业技术人员学术、技术水平和工作能力的重要标志。高校教师职称是指由同行专家所评定的用于区分高校教师学术水平、专业素质能力、工作成就高低的学术资格及称号。对高校教师来说，职称也是其获取工资福利、职位升迁与聘任专业技术职务的基本依据。[①] "职称评审"是指依照有关教师的申请，由教育行政主管部门或高校按照职称评审的条件，组织教师职称评审委员会对其进行评审，对符合条件的教师授予一定职称的行为。[②] 高校教师职称评审制度是高校对教师管理的一项基本制度，是评价教师学术、技术水平，工作业绩，专业素质能力，及其能否胜任一定教师职务能力的一项重要制度，是影响教师学术价值取向和行为选择的核心制度安排。新时代高校教师职称制度的改革，就是要进一步强化其评价功能，建立符合不同类型高校教师队伍建设要求的教师评价制度，激励和引导不同类型高校教师开展满足学校办学定位与人才培养要求的教学科研活动。

高校教师职称评审制度作为高校教师管理的核心制度安排，承载着提升教师专业素质能力、激励和引导教师行为选择等多项功能。一是提升教师专业素质能力。高校教师职称评审制度的基本功能之

[①] 刘尧：《高等学校教师职称制度变革透视——从〈高校教师职称评审监管暂行办法〉谈起》，《高校教育管理》2018年第3期。

[②] 叶芬梅：《当代中国高校教师职称制度改革研究》，中国社会科学出版社2009年版，第50页。

一便是通过对高校教师的学术水平、业务技术能力、工作业绩等进行鉴定分级，形成差级分布式的职称阶梯和教师职务结构，激励教师不断提升自身的专业素质能力。通过该项制度，教师的岗位职责、职业角色、地位待遇等各方面会相应地呈现层级分布。这在认可和奖励优秀教师的同时，对其他教师也形成一种鞭策和激励，能够有效激发教师工作的动机，增强教师提升自身能力、水平和工作业绩的积极性、主动性。二是导向功能。高校教师职称评审制度对教师的行为选择及工作重点发挥着重要的导向功能，向教师传递着"拥有怎样的身份""扮演怎样的角色""具备怎样的教学方式与业绩成果"能够在职称晋升中占有优势，获得认可。无论是科研、教学、社会服务抑或其他指标，这些条件中的某一项或多项在教师职称评聘中发挥至关重要的作用时，高校教师必将在那方面倾注更多的时间和精力，必然会依照职称制度的要求不断调整自己的角色定位、行为规范与工作方式，形成职称制度所需的价值取向和行为特征。因此，高校教师管理者往往通过调整教师职称评审标准和规则来引导教师朝着有利于办学定位和人才培养的方向发展。三是激励功能。高校教师职称评审制度是一项收益激励制度，能够给教师带来包括荣誉、地位和财富在内的各种利益，并通过利益的供给和教师职务的配置，对教师产生强大的驱动力和吸引力，对教师的行为动机和行为选择产生巨大的激励作用。教师只有实施与职称评审条件要求相一致的行为，达到一定的评审标准，才能够获得职务晋升的机会。

五 高校教师考核评价制度

教师考核评价制度是指依据教师的工作目标、考评标准，采用一定的考评方法，评定教师工作任务的完成情况、教育教学任务的履行程度，并将评定结果反馈给员工的一种制度。高校教师考核评价主要有年度考核和岗位聘期考核两类，两类考核主要是基于教师的工作业绩，其考核结果往往作为高校教师选聘、任用、奖惩、晋升、薪酬等人事管理的基础和依据。教师考评制度本身也是高校办学理念的重要组成部分，体现了一所高校办学定位、办学职能、教师管理水平。科学有效的教师考核评价制度，直接关系到教师对教学、科研与社会服务的价值取向，在对教师的现实工作及潜在价值作出判断的同时，能够有效促进教师专业发展与角色使命履行，体现高校办学定位与教育价值的达成，并引导教师专业素质朝着满足学校办学定位和人才培养要求的方向发展。同时教师考评体系能够根据不同岗位教师的工作职责分类设置考评内容的指标体系与权重，发挥考核评价对教师的导向、激励和约束作用。

导向功能与激励功能是高校教师考核评价制度的两项基本功能。高校考核评价制度作为高校教师发展的重要基础和核心依据，是调动教师工作积极性、主动性的"指挥棒"。一方面，科学、合理的高校教师考评制度能够较为准确地判断教师的工作业绩与能力水平，为选聘、任用、薪酬、奖惩等教师管理提供依据，有助于促进教师教学、科研水平和工作效率的提高，同时也能够使教师明确专业发展的方向和专业素质提升的目标，促进教师队伍整体专业素质能力的提升。另一方面，高校教师考核评价制度影响着教师专业发展的动力、方向、阶段和水平，并通过制度环境的营造为教师专业发展构筑外在保障和内在激励机制。只有当高校教师考核评价制度契合教师专业发展的现实需求，指引教师专业发展的努力方向，激发教师专业发展的自主意识，激活教师专业发展的内生动力，才能更好地提升教师专业素质，促进教师专业成长。因此，高校对教师考核评价的过程实质上起着激励、引导、监督教师的教学、科研和社会服务，并协调教师"教什么""研究什么""服务什么"以及"怎样教""怎样研究""怎样服务"的教师专业活动。在这个过程中，教师的价值观念、行为动机和实践方式将受到不同程度的规约和形塑。

制度的影响主要通过奖励或惩罚人们的行为而得以实现，其所蕴含的价值体系也是在制度的奖励推动及惩罚的规制约束下展开的。在上述高校教师管理制度安排的诸多功能中，激励引导功能是最为核心的。高校教师管理制度最主要的目的在于激发教师探索未知世界、增进知识积累与转化的积极性和创造性，引导教师不断提升教育教学水平和社会服务效能。从某种意义上说，高校教师管理制度的有效性就在于它在多大程度上能起到激励教师的作用，以及这种激励引导在多大程度上有助于办学职能、师资队伍建设及人才培养目标的实现。

第二节 改革开放 40 多年来我国高校教师管理制度的变迁

对国家层面教师管理制度变迁的梳理，能够从总体上把握我国高校教师管理制度改革的导向和动向，为应用型高校教师管理制度改革提供参考依据和政策支撑。从国家层面来看，改革开放 40 多年来，我国高校教师管理制度总体上经历了恢复与重建（1978—1984年）、展开与探索（1985—1999 年）、调整与持续（2000—2009年）、深化与发展（2010 年至今）四个阶段。

一 高校教师管理制度的恢复与重建（1978—1984 年）

改革开放以来，国家逐步认识到高校教师队伍建设的重要性，把教师队伍建设放到高等教育中的关键地位。然而改革开放初期，由于国家教育制度的不完善，高校教师资格制度还在酝酿过程中，对高校教师的工作安排还是以"任命制"为主。相比之下，这一时期，高校教师培训、教师职称和教师考评等制度建设取得一定成效，高校教师管理制度整体处于恢复和重建阶段。

教师培训制度。"文化大革命"期间，大多数教师荒废了"专业业务"，我国高校教师队伍遭到巨大破坏，难以适应改革开放初期高等教育发展的需要。为快速提升高校教师队伍的专业素质能力，提高高校教师的教育教学水平，1980 年的《全国重点高等学校接受进修教师工作暂行办法》要求，全国重点高校接受进修教师，由教育部会同学校主要管理部门统筹安排，对中青年骨干教师和急需开课的教师进行培训，培训期限在一年以内。这一举措极大促进了高校教师在职进修工作的开展，在它的影响下，助教进修班、访问学者等教师培训形式逐渐开展。整体来看，这一时期建立起来的高校教师培训是计划经济体制下以政府为主导、举办学校实施的一种补偿式培训，其主要目的在于提升高校教师的教学素养，满足高层次人才培养的基本需要。然而受客观条件的限制，当时能够参加培训的教师数量有限。

教师职称评审制度。为解决"文化大革命"期间的职称遗留问题，1978年3月，国务院批转教育部《关于高等学校恢复和提升职务问题的请示报告》，国家及省级教育行政部门依照"文化大革命"前的相关文件，纷纷成立职称评审委员会，恢复高校职称评审工作，此后几年里多数高校教师的职称得到恢复和晋升。1982年，国家教委印发《关于当前执行〈国务院关于高等学校教师职务名称及其确定与提升办法的暂行规定〉的实施意见》，进一步明确了高校教师职称评审的思想政治条件与业务条件，教师职称评审条件趋于合理，业务条件中更加重视对科研能力的考核。该文件的颁布标志着改革开放以来我国高校教师职称评审已步入正常化、规范化轨道，职称评审也成为这一时期高校教师职称工作的主要方式。由于"文化大革命"期间长期积压的教师职称问题较多，这一阶段教师职称评审工作中的盲目性和过度膨胀问题日益突出。鉴于这种情况，1983—1985年，高校教师职称评审工作暂缓。

教师考核评价制度。改革开放之前，我国高校的教师考评主要以定性考评为主，"文化大革命"爆发后则完全变成从政治角度进行定性评价。[1]"文化大革命"结束后，伴随着国家工作重心的转移，

---

[1] 黄泰岩、程斯辉：《关于我国高校教师考核评价的几个基本问题》，《武汉大学学报》（哲学社会科学版）2008年第1期。

我国的高等教育也发生了深刻变化，高校教师考评由以往定性评价为主转入重视定性与定量评价相结合的阶段。1979年国家教委颁布《关于高等学校教师职责及考核的暂行规定》，明确提出从政治表现、业务水平、工作业绩三方面对不同职称教师进行学年或学期考核，其中业务水平主要看教师教学、科研、创新方面的业绩，而工作成绩主要看教师在教学、科研等方面的贡献。[①] 1981年国家教委下发《关于试行高等学校教师工作量制度的通知》，对各级教师提出教学、科研、实验工作量定额要求，并制定了明确的工作量计算方法。该文件的发布使得高校对教师的考评更具可操作性，是高校对教师进行量化考核的依据。在国家相关文件的指引下，各地方、高校结合自身实际，相继制定出台了校本化的教师量化考核办法、教师工作量计算办法等一系列教师考评制度，在定性考评的基础上，对教师的教学、科研等工作进行量化考核。高校对教师的考评逐渐由以定性考评为主转向以定量考评为主、定性考评与定量考评相结合的阶段。

二　高校教师管理制度的展开与探索（1985—1999年）

20世纪90年代，我国开始向社会主义市场经济体制转轨。随着社会主义市场经济体制改革和我国高等教育改革的不断推进，国家在高校教师管理制度方面展开一系列探索，以适应体制转换与社会主义市场经济规律的客观要求，满足我国高等教育快速发展的需求。

教师资格制度。1985年颁布的《中共中央关于教育体制改革的决定》提出，只有具备合格学历或者有考核合格证书的才能担任教师，[②] 这一规定为我国高校教师资格制度的确立奠定了基础。1986

[①] 中华人民共和国教育部:《关于高等学校教师职责及考核的暂行规定》，https://www.gdjyw.com/jyfg/13/law_13_1036.htm，1979年11月27日。

[②] 中华人民共和国教育部:《中共中央关于教育体制改革的决定》，http://old.moe.gov.cn/publicfiles/business/htmlfiles/moe/moe_177/200407/2482.html，1985年5月27日。

年颁布的《中华人民共和国义务教育法》第十三条规定,"国家建立教师资格考核制度,对合格教师颁发资格证书"。1993年,党的十四届三中全会通过的《中共中央关于建立社会主义市场经济体制若干问题的决定》指出,要制定各种职业资格标准,实行学历和职业资格两种证书制度,该决定为高校教师资格制度的制定奠定了基础。同年颁布的《中华人民共和国教师法》提出国家实行教师资格制度,其中对高校教师资格的标准、认定程序和形式做了具体规定,如第十一条规定了高校教师学历条件:"取得高等学校教师资格,应当具备研究生或者大学本科毕业学历"。第十三条规定了高校教师资格的认定机构:"普通高等学校的教师资格由国务院或者省、自治区、直辖市教育行政部门或者由其委托的学校认定"。《中华人民共和国教师法》的颁布标志着我国高校教师资格制度初步确立。1995年国务院颁发《教师资格条例》,对高校教师的申请条件、资格考试以及资格认定等方面做出明确而具体的规定。《教师资格条例》的颁发标志着我国高校教师资格制度的正式确立。为保证高校教师资格制度的顺利实施,1996年原国家教委颁布了《教师资格认定的过渡办法》。1998年颁布的《中华人民共和国高等教育法》以专门法律的形式对高等学校实行教师资格制度做出规定:"中国公民凡遵守宪法和法律,热爱教育事业,具有良好的思想品德,具备研究生或者大学本科毕业学历,有相应的教育教学能力,经认定合格,可以取得高等学校教师资格。不具备研究生或者大学本科毕业学历的公民,学有所长,通过国家教师资格考试,经认定合格,也可以取得高等学校教师资格。"

教师聘任制度。改革开放之初,我国高校的教师任用还是沿用"文化大革命"前的"计划调配制"。20世纪90年代,随着我国社会主义市场经济体制的逐步确立,教师聘任制开始由"计划调配制"向"市场配置制度"过渡,这一转变扩大了高校选人的自主权。1993年颁布的《中国教育改革和发展纲要》正式提出推行教师聘任制。之后,国家多部教育法律法规先后对教师聘任制做出不同程度的规定，其中1993年颁布的《中华人民共和国教师法》规定，学校和其他教育机构应当逐步实行教师聘任制；1998年颁布的《中华人民共和国高等教育法》规定高等学校实行教师聘任制，高校教师聘任应遵循双方平等自愿的原则，由高校校长与受聘教师签订聘任合同。1999年，教育部下发《教育部关于当前深化高等学校人事分配制度改革的若干意见》，明确提出按照按需设岗、公开招聘、平等竞争、择优聘任、严格考核的原则，推行高等学校教师聘任制和全员聘用合同制。[①] 高校教师聘任制的推行，实现了高校人事管理由"身份管理"向"岗位管理"的转变，而在聘任中，"以市场原则为基础进行教师资源的配置，选择性和竞争性成为主要的任用标准"[②]。在这种制度下，高校教师"学术身份"的特质成为高校招聘、续聘及聘期考核关注的焦点。

教师培训制度。1985年颁布的《中共中央关于教育体制改革的决定》提出把教师的在职培训作为发展教育事业的战略措施，以提高教师的专业素质能力、教学水平、学术水平。之后，国家在全国设立多所区域性的高校教师师资培训中心，我国高校教师师资培训体系逐步建立，"高校教师培训的重心逐步从补偿教育转到正规的学历教育"[③]。为进一步增强高校教师队伍专业素质，20世纪90年代国家相继颁布了一系列有关教师培训的规程和条例，从制度层面保证了高校教师在职培训的规范化、制度化。1996年颁布的《高等学校教师培训工作规程》提出，"高等学校教师业务素质的培训要以提高教师的基础知识和专业知识为主，全面提高教师的教育

---

① 中华人民共和国教育部：《教育部关于当前深化高等学校人事分配制度改革的若干意见》，http://www.moe.gov.cn/s78/A08/moe_734/201001/t20100129_1263.html，1999年9月15日。

② 牛风蕊、张紫薇：《地方高校教师聘任制改革30年：回顾、反思与展望》，《中国石油大学学报》（社会科学版）2017年第4期。

③ 徐琼：《恢复高考后我国高校师资培训体制的演进》，《宁波大学学报》（教育科学版）2005年第3期。

教学水平和科学研究能力"。① 1997 年颁布的《高等学校教师岗前培训暂行细则》（简称《暂行细则》）对高校教师岗前培训的对象、内容、形式、组织领导等做出明确规定。《暂行细则》明确指出，高校教师岗前培训的内容主要包括高等教育法规、高等教育学、高等教育心理学和高等学校教师职业道德基础知识等。②《暂行细则》的制定对之后高校教师岗前培训产生了重大影响，其主要条例、内容一直沿用至今。

80 年代中后期，特别是进入 90 年代以来，我国经济的快速发展对高等教育提出了更高要求。这一阶段，国家和各高校非常重视高校教师培训工作，高校接受培训的教师数量大增，教师培训形式也渐趋多元化、层次化。同时，为适应高校发展及研究生培养的需要，越来越多的高校选派教师在职定向攻读硕士、博士学位，提高在职教师的学历。从总的趋势来看，这一阶段高校教师培训的学术化倾向不断增强，学历、教学水平及学术科研能力的提升成为高校教师培训的重点。

教师职称评审制度。鉴于改革开放初期职称评审工作存在的一些问题，1986 年，国务院召开全国职称改革工作会议，提出改革过去的职称评审制度，实行专业技术职务聘任制。之后，中共中央、国务院转发《关于改革职称评定、实行专业技术职务聘任制度的报告》的通知，并发布了《关于实行专业技术职务聘任制度的规定》，提出专业技术职务必须由具备专门的业务知识和技术水平的人担任，并规定了明确的职责、任职条件和任期。同年，国家教委发布《高等学校教师职务试行条例》（简称《试行条例》）的实施意见，《试行条例》第一次对高等学校各级教师职务的职责、任职条件、聘任及任命等各方面做了明确的规定，建构起从助教到教授较为完整的

---

① 中华人民共和国教育部：《高等学校教师培训工作规程》，http：//www.moe.edu.cn/s78/A02/zfs__left/s5911/moe_621/tnull_2724.html，1996 年 4 月 8 日。

② 国家教委办公厅：《高等学校教师岗前培训暂行细则》，http：//www.china-lawedu.com/falvfagui/fg22598/36635.shtml，1997 年 1 月 31 日。

教师职务框架，并提出逐步扩大高校办学自主权，依据办学条件逐步下放高等学校教授、副教授任职资格审定权。[①]《试行条例》的颁布标志着我国高校开始正式实施教师职务聘任制度，教师职称评审制开始转向聘任制，《试行条例》中对不同职务任职条件做出的论文、著作等学术性规定，逐渐成为教师职称评审的关键。1991年国家教委等部门联合印发的《关于高等学校继续做好教师职务评聘工作的意见》提出，经批准的高等学校可试点进行教师任职资格评审和职务聘任分开（即评聘分离）工作；同时该文件还规定各高校可结合自身实际区分类型和层次，制定相应的各级职务任职条件的具体要求，以引导不同类型和层次的高校正确发展。1993—1998年，《中华人民共和国教师法》《中华人民共和国高等教育法》等法律法规相继颁布，对高校教师的职务聘任、考核等进行了原则性规定，我国高校教师管理逐渐进入法制化、规范化轨道。这一时期虽然国家引导不同类型的高校在教师职务晋升方面形成差异化格局，并向部分高校下放职称评审权，体现出从"统一规定"到"分类实施"的印记，但整体上依然体现的是"效率优先"原则，很少兼顾公平。

教师考核评价制度。进入20世纪90年代，我国高校教师考核评价进入法制化阶段，在考评内容上也更加全面。1993年颁布的《中华人民共和国教师法》明确提出对教师的政治思想、业务水平、工作态度及工作成绩进行考核，并将考核结果作为教师聘任、奖惩等方面的重要依据。1995年，人事部印发的《事业单位工作人员考核暂行规定》要求对事业单位工作人员的考核从德、能、勤、绩四个方面展开，考核结果分为优秀、合格、不合格三个等次。1999年施行的《中华人民共和国高等教育法》进一步提出，高校主要从政

[①] 中央职称改革工作领导小组：《关于〈高等学校教师职务试行条例〉的实施意见》，http://old.moe.gov.cn//publicfiles/business/htmlfiles/moe/s7077/201412/180697.html，1986年3月3日。

治表现、职业道德、业务水平和工作实绩四方面对教师进行考核，且考核结果作为教师聘任、晋升、奖励的依据。这一时期的高校教师考评更加注重对教师的全面考评及对考评结果的运用，并将考评结果同教师的个人利益联系在一起，进一步激发了教师提升业务水平和工作业绩的积极性。

三 高校教师管理制度的调整与持续（2000—2009 年）

新世纪以来，高等教育改革及高等教育管理体制改革持续向纵深推进。在前期展开和探索的基础上，高校教师管理制度体系不断完善，进入调整期，并且在效率优先的基础上，更加兼顾公平。

教师资格制度。在《中华人民共和国教师法》与《教师资格条例》的基础上，2000 年 9 月，教育部发布实施《教师资格条例》实施办法，对资格认定条件、资格认定申请、资格认定、资格证书与管理等做了明确规定，其中申请认定教师资格者应具备的基本素质和能力标准，由省级教育行政部门制定；高等学校拟聘任副教授以上教师职务或具有博士学位者申请认定高校教师资格，只需满足学历、身心素质等条件即可，对其基本教育教学素质不作要求。为保证教师资格制度的顺利实施，2001 年 5 月，教育部印发《关于首次认定教师资格工作若干问题的意见》的通知，对首次认定教师资格的范围、教师资格申请、教师资格认定程序与基本条件等作了进一步细化规定。在国家文件的基础上，各省级教育行政部门相继制定省级层面的《教师资格条例实施细则》。此后我国大规模的高校教师资格认证工作全面展开实施，到 2003 年开始面向社会人员认定高校教师资格工作。

教师聘任制度。进入新世纪，为进一步加快高校人事制度改革的步伐，满足高校扩招以来我国高等教育快速发展的要求，2000 年，教育部等三部委联合印发的《关于深化高等学校人事制度改革的实施意见》提出，把教师资格与教师职务聘任结合起来，在高校全面推行教师聘用（聘任）制度①，该文件的发布加快了高校教师由"学校人"向"社会人"的角色转变。2002年，国务院办公厅转发人事部《关于在事业单位试行人员聘用制度的意见》提出，事业单位要逐步试行人员聘用制度，全面推行公开招聘制度，并建立和完善受聘人员的年度考核和聘期考核制度。② 2006年人事部出台《事业单位岗位设置管理试行办法》，进一步提出在事业单位推行聘用制度和岗位管理制度，在岗位设置上坚持按需设岗、竞聘上岗、按岗聘用、合同管理。各高校围绕着教师管理制度改革，逐步实施教师聘任制，按照公开招聘、择优聘任的任用原则，初步确立了以学术成果、学术身份为基础的学术筛选竞争上岗机制与标准。③ 这一时期，以"身份"为基础的管理模式开始让渡于"岗位聘用"。然而政府作为聘任制改革的主要政策制定者和推动者，对高校教师聘任制度既存在制度供给不足又缺少边界控制策略，导致不同类型高校在该制度的实施过程中缺乏针对自身办学定位实际的、具体的、可操作的管理制度安排，一定程度上限制了高校教师专业发展空间。

教师培训制度。随着高校教师培训体系的逐步建立和完善，这一时期的高校教师培训逐步向校外探索，与社会接触，高校教师培训体系的外延不断拓展。2005年国务院出台《关于大力发展职业教育的决定》指出，"要建立职业教育教师到企业实践制度，专业教师每两年必须有两个月到企业或生产服务一线实践"④。2007年教育部

---

① 中组部、人事部、教育部：《关于深化高等学校人事制度改革的实施意见》，http：//www.moe.gov.cn/jyb_sjzl/moe_364/moe_369/moe_405/tnull_3943.html，2000年6月2日。

② 国务院办公厅：《国务院办公厅转发人事部关于在事业单位试行人员聘用制度意见的通知》，http：//www.gov.cn/gongbao/content/2002/content_61651.htm，2002年7月6日。

③ 牛风蕊、张紫薇：《地方高校教师聘任制改革30年：回顾、反思与展望》，《中国石油大学学报》（社会科学版）2017年第4期。

④ 国务院：《国务院关于大力发展职业教育的决定》，www.gov.cn/gongbao/content/2005/content_129495.htm，2005年10月28日。

印发的《教育部关于进一步深化本科教学改革全面提高教学质量的若干意见》中,进一步提出"要加大青年教师的培养和培训的工作力度,支持青年教师到企事业单位进行产学研合作……提高青年教师的素质和水平"。[1]

教师考核评价制度。2002 年的《关于在事业单位试行人员聘用制度的意见》明确提出,聘用单位对受聘人员的工作情况实行年度考核;必要时,还可增加聘期考核;考核的内容应结合岗位实际需求;考评结果从优秀到不合格分为 4 个等次,且考核结果作为聘用人员续聘、解聘或者岗位调整的重要依据。该文件的颁布对高校教师考评制度产生了重大影响,同时也体现了国家在高校教师管理方面改革的决心。之后随着我国分配制度改革的深入、科学量化管理思潮的盛行,高校教师的考评指标越来越细化和量化,以统一、量化为特征的成果评价机制成为高校考评教师的重点。2005 年教育部印发《关于进一步加强高等学校本科教学工作的若干意见》,提出要把教师承担教学工作的业绩和成果作为聘任(晋升)教师职务的必要条件。总体来看,这一期间的教师考核评价制度学术倾向鲜明,对教师的考评管理方式、评价指标较为单一,重量化考评、重形式考评、重短期考评的问题比较严重。

四 高校教师管理制度的深化与发展(2010 年至今)

2010 年 5 月,国务院常务会议审议并通过《国家中长期教育改革和发展规划纲要(2010—2020 年)》[简称《规划纲要(2010—2020)》]。作为我国进入 21 世纪之后的第一个教育规划,《规划纲要(2010—2020)》的发布对我国高等教育与高校教师管理产生了重大影响,其在现代学校制度建设、管理体制改革、加强教师队伍

---

[1] 中华人民共和国教育部:《教育部关于进一步深化本科教学改革全面提高教学质量的若干意见》,www.moe.gov.cn/srcsite/A08/57056/200702/t20070217_7986.html,2007 年 2 月 17 日。

建设等方面的规定为之后高校教师管理制度改革奠定了制度基础，明确了变革方向。

教师资格制度。《规划纲要（2010—2020）》明确提出完善并严格实施教师准入制度，严把教师入口关。在地方本科高校转型发展的背景下，新的办学定位与人才培养目标对应用型高校师资队伍建设提出新的要求。2017年国务院办公厅出台的《关于深化产教融合的若干意见》提出，探索符合职业教育和应用型高校特点的教师资格标准。2018年中共中央、国务院出台《关于全面深化新时代教师队伍建设改革的意见》，提出严格教师职业准入，将新入职教师岗前培训和教育实习作为认定教育教学能力、取得高校教师资格的必备条件；完善职业院校教师资格标准，探索将从业经历作为认定教育教学能力、取得专业课教师资格的必要条件。上述国家层面的有关规定为探索建立应用型高校"双师双能型"教师资格制度提供了有力的政策支持。

教师聘任制度。《规划纲要（2010—2020年）》提出创新高校教师聘用方式，完善教师聘用制度，聘用具有实践经验的专业技术人员和高技能人才担任专职、兼职教师，优化高校教师结构比例。针对部分高校在人才引进中存在的把关不严等问题，2013年教育部办公厅在出台《关于进一步加强和规范高校人才引进工作的若干意见》中要求，人才引进要按需引进、以用为本，对引进的人才要加强聘用合同管理，并改进和完善聘期考核制度。[①] 2014年，国家出台《关于进一步落实和扩大高校办学自主权 完善高校内部治理结构的意见》，提出全面落实公开招聘制度，支持高校自主选聘教职工。2017年，教育部等五部委在联合印发的《关于深化高等教育领域简政放权放管结合优化服务改革的若干意见》

[①] 教育部办公厅：《教育部办公厅关于进一步加强和规范高校人才引进工作的若干意见》，http://www.moe.gov.cn/srcsite/A04/s8132/201312/t20131224_169941.html，2013年12月24日。

中进一步提出，高校可根据自身发展、教师队伍建设需要，自主制定招聘或解聘的条件和标准，自主公开招聘人才。2018年中共中央、国务院出台《关于全面深化新时代教师队伍建设改革的意见》，明确提出完善符合各级各类教师职业特点的教师招聘制度，严把高校教师选聘入口关，支持职业院校大力引进行业企业一流人才。[①]可以看出，这一时期国家鼓励高校推行公开招聘和聘用制，进一步落实高校选聘教师的自主权，并探索不同类型高校教师招聘标准。2019年1月，国务院在印发的《国家职业教育改革实施方案》中明确提出，今后应用型高校相关专业原则上只招聘具有3年以上企业工作经历的人才，2020年起基本不再招聘高校应届毕业生。这是国家第一次明确对应用型高校教师招聘提出实践经历的要求，对于优化应用型高校教师队伍结构，加强"双师双能型"教师队伍建设具有里程碑意义。

教师培训制度。高校教师培训制度的改革主要围绕职业教育教师培训开展，并对应用型高校教师培训产生了重大影响。《规划纲要（2010—2020年）》提出，加大职业院校教师培养培训力度，加强"双师型"教师培养培训基地建设，实施职业院校教师定期到企业实践制度。2015年5月，教育部印发的《关于深入推进教育管办评分离　促进政府职能转变的若干意见》中提到，深化职业院校与行业企业合作机制，加强"双师型"教师队伍建设；建立行业企业优秀人员与职业院校骨干教师相互兼职制度。2016年，教育部在印发的《关于深化高校教师考核评价制度改革的指导意见》中就提出，落实每5年一周期的全员培训制度，鼓励青年教师到企事业单位挂职锻炼，职业院校专业课教师每5年到企业顶岗实践不少于6个月。上述多数规定虽然主要是针对职业院校教师，但对同属大职业教育的

[①] 中华人民共和国教育部：《教育部关于深入推进教育管办评分离　促进政府职能转变的若干意见》，http：//old.moe.gov.cn/publicfiles/business/htmlfiles/moe/s7049/201505/186927.html，2015年5月4日。

应用型高校产生了重要影响，之后国家相关政策文件在高校教师培训方面多次提及应用型高校，并作出具体规定。2017年国务院办公厅出台的《关于深化产教融合的若干意见》明确提出，推动应用型高校与企业合作建设"双师型"教师培养培训基地。2018年中共中央、国务院出台的《关于全面深化新时代教师队伍建设改革的意见》提出按照分层分类的原则，完善各级各类教师培训标准，并进一步提出推进职业院校教师定期到企业实践，提升实践能力。2019年国务院发布的《国家职业教育改革实施方案》正式提出，"应用型本科高校教师每年至少1个月在企业或实训基地实训，落实教师5年一周期的全员轮训制度"。[①] 这是国家层面第一次对应用型高校教师实践培训做出具体的量化规定，为应用型高校落实教师企业实践培训提供了有力的政策支撑。

职称评审制度。2010年，《规划纲要（2010—2020年）》就提出要发挥高校在教师职称评审方面的作用。2012年国务院决定将高校副教授评审权下放到省级教育行政部门。2015年5月，教育部颁发《关于深入推进教育管办评分离 促进政府职能转变的若干意见》，提出深化高校教师专业技术职务评聘制度改革，加快建立高校自主评聘、政府宏观管理监督的新机制，并扩大职业院校在教师评聘等方面的办学自主权。[②] 2017年以来，我国高校职称改革的步伐明显加快，分类评价、评审下放等职称改革导向越发明晰，国务院、教育部等部门先后出台一系列政策举措，不断深化高校职称改革。2017年1月，国务院决定将省级政府审批副教授评审权限直接下放给高校；同年1月，中共中央办公厅、国务院办公厅印发《关于深化职称制度改革的意见》（简称《职改意见》），要求分类评价专业

[①] 国务院：《国务院关于印发国家职业教育改革实施方案的通知》，http://www.gov.cn/zhengce/content/2019-02/13/content_5365341.htm，2019年1月24日。

[②] 中华人民共和国教育部：《教育部关于深入推进教育管办评分离 促进政府职能转变的若干意见》，http://old.moe.cn/publicfiles/business/htmlfiles/moe/s7049/201505/186927.html，2015年5月4日。

技术人才能力素质，注重考察其专业性、技术性、实践性，合理设置论文和科研成果等职称评审条件，并进一步下放职称评审权，实现职称评审和岗位聘用有效衔接。①《职改意见》的出台标志着我国职称制度改革进入了一个新的时期。针对高校领域的职称改革，2017年4月，教育部等五部委联合印发《关于深化高等教育领域简政放权放管结合优化服务改革的若干意见》，明确提出将高校教师职称评审权直接下放至高校，由其自主组织评审；针对不同类型教师，实施分类评价。② 这标志着在高校教师职称制度领域开始由政府主导向院校自主转变。为做好高校教师职称评审权下放后的监管工作，2017年10月，教育部等部门联合印发《高校教师职称评审监管暂行办法》，提出高校应结合学校发展目标与定位、教师队伍建设规划，制定校本教师职称评审办法和操作方案。③ 2017年国务院办公厅出台《关于深化产教融合的若干意见》，明确提出探索符合职业教育和应用型高校特点的专业技术职务（职称）评聘办法④，这也是国家首次在高校职称改革中提及应用型高校。

教师考核评价制度。2010年以来，国家逐步改变长期以来形成的以统一、量化为特征的高校教师成果考评机制，加强分类考评与管理、注重能力实绩的教师考评理念成为这一时期高校教师考评制度改革的取向。2013年，教育部印发的《教育部关于深化高等学校科技评价改革的意见》提出，针对不同类型的高校、不同类型的研

---

① 中共中央办公厅、国务院办公厅：《关于深化职称制度改革的意见》，http://www.gov.cn/xinwen/2017-01/08/content_5157911.htm#1，2017年1月8日。

② 教育部等五部门：《教育部等五部门关于深化高等教育领域简政放权放管结合优化服务改革的若干意见》，http://www.moe.gov.cn/srcsite/A02/s7049/201704/t20170405_301912.html，2017年3月31日。

③ 教育部、人力资源社会保障部：《关于印发〈高校教师职称评审监管暂行办法〉的通知》，gov.cn/srcsite/A10/s7030/201711/t20171109_318752.html，2017年10月20日。

④ 国务院办公厅：《国务院办公厅关于深化产教融合的若干意见》，http://www.gov.cn/zhengce/content/2017-12/19/content_5248564.htm，2017年12月19日。

究实施分类评价，加强分类指导和评价考核。① 2016年以来，教育部印发《关于深化高校教师考核评价制度改革的指导意见》（简称《指导意见》），要求深化高校考核评价制度改革，提出高校教师考核评价应坚持分类指导与分层考评相结合，根据不同类型高校、不同岗位教师的职责特点，实施教师分类分层管理与评价；同时，针对之前教师考评存在的唯论文、唯项目等倾向，《指导意见》还明确提出高校教师考评要注重教师能力、实绩与贡献，突出教育教学业绩，克服唯学历、唯职称、唯论文等倾向②，为教育现代化背景下高校教师考评指明了方向。

2018年7月，中共中央办公厅、国务院办公厅印发《关于深化项目评审、人才评价、机构评估改革的意见》，提出人才评价要突出品德、能力、业绩导向，克服唯论文、唯职称、唯学历、唯奖项倾向。③ 2018年9月，教育部印发的《关于加快建设高水平本科教育全面提高人才培养能力的意见》明确提出，"加强对教师育人能力和实践能力的评价与考核"④。2018年11月，教育部等部门联合发布《关于开展清理"唯论文、唯帽子、唯职称、唯学历、唯奖项"专项行动的通知》，明确强调在教师考评、职称晋升等方面，开展"唯论文、唯帽子、唯职称、唯学历、唯奖项"的"五

---

① 中华人民共和国教育部：《教育部关于深化高等学校科技评价改革的意见》，http：//www.moe.gov.cn/srcsite/A16/moe_784/201312/t20131203_160920.html，2013年12月3日。

② 中华人民共和国教育部：《教育部关于深化高校教师考核评价制度改革的指导意见》，http：//www.moe.gov.cn/srcsite/A10/s7151/201609/t20160920_281586.html，2016年8月29日。

③ 中共中央办公厅、国务院办公厅：《关于深化项目评审、人才评价、机构评估改革的意见》，http：//www.gov.cn/zhengce/2018-07/03/content_5303251.htm，2018年7月3日。

④ 中华人民共和国教育部：《教育部关于加快建设高水平本科教育 全面提高人才培养能力的意见》，http：//www.gov.cn/xinwen/2018-10/18/content_5332026.htm，2018年10月18日。

唯"清理①，遏制教师学术崇拜、急功近利的行为。2020年11月，中共中央、国务院印发的《深化新时代教育评价改革总体方案》进一步提出，"推进高校分类评价，引导不同类型高校科学定位，办出特色和水平；探索建立应用型本科评价标准，突出培养相应专业能力和实践应用能力"②。这一时期国家宏观层面的高校教师考评制度改革在强化分类考评、调整考评标准、弱化量化指标、实施分类管理等方面具有重大意义，同时也为探索实施应用型高校教师考评指明了方向。

五 改革开放40多年来高校教师管理制度变迁的反思

改革开放40多年来，我国高校教师管理制度变迁的过程也是政府的管理职能与管理方式不断转变、政府与高校的关系不断调整的过程，其演进趋势明确了应用型高校教师管理制度改革方向，为相关制度改革提供了宏观政策依据。

（一）实施分类管理的高校教师管理制度

改革开放40多年来，随着我国高校类型日益多元化，结合不同类型高校的办学定位及教师队伍建设特点，高校教师管理制度分层分类管理的价值取向、评价标准日趋鲜明。教师资格制度方面，相关国家制度对高校教师的入职资格要求越来越严，在一般性要求的基础上，针对职业院校的办学定位，提出将教育实习、实践经历等作为取得职业院校教师职业资格的必备条件；教师聘任方面，从终身制到有期的聘任制，从有期聘用到教师岗位分类实施；教师培训方面，结合不同类型、不同层次高校教师的特点，培训内容更加多元化；职称评审方面，高校教师职称评审的标准从政府主管的相对

---

① 教育部办公厅：《教育部办公厅关于开展清理"唯论文、唯帽子、唯职称、唯学历、唯奖项"专项行动的通知》，http://www.moe.gov.cn/srcsite/A16/s7062/201811/t20181113_354444.html，2018年11月8日。

② 中共中央、国务院：《深化新时代教育评价改革总体方案》，http://www.gov.cn/zhengce/2020-10/13/content_5551032.htm，2021年3月10日。

统一转变为具有高校特色差别的多样化标准；考核评价方面，根据不同类型高校及高校中不同类型教师的岗位职责和工作特点，提出分类、分层次、分学科的教师考核和评价标准。可以看出，实施分层、分类管理是新时代高校教师管理制度改革的必然趋势，应用型高校应遵从国家相关制度的价值导向，在教师资格标准、聘任条件、培训任务、职称评审、考核评价等方面充分体现自身的办学定位、人才培养目标与师资队伍建设要求，不断创新和完善校级层面教师管理制度，提高教师管理的有效性、针对性。

（二）高校办学的自主权不断扩大

改革开放40多年来，我国的教育管理体制更具活力，政府和学校之间的教育职责权限逐步理清[①]，分权、授权的理念不断明晰，高校的职责权限不断扩大，这一切为高校教师管理与教师队伍建设提供了良好的外部制度环境。从1985年《关于教育体制改革的决定》明确提出扩大高校办学自主权，到20世纪90年代后期国家尝试将教师聘任、职称评审等自主权下放高校，再到党的十八大以来国家提出全面落实高校公开自主招聘，将高校职称评审权直接下放给高校，政府对高校教师管理的重心逐渐下移，高校教师管理自主权不断扩大。改革开放初期，国家就强调政府放权，使高校具有主动适应经济社会发展需要的积极性和能力。随着我国改革的深化发展，政府进一步认识到高等教育在推动经济社会发展、实现人口红利方面的作用，积极下放高校教师管理权限，增加高校办学的灵活性，满足高校对工作效率和办学效益的追求。《国家中长期教育改革和发展规划纲要（2010—2020年）》确立建设现代大学制度，强调高校面向社会，依法自主办学，实行科学管理。为进一步理顺政府与高校的关系，国家进一步强调政府简政放权，不断扩大高校的办学自主权，增加高校办学主动性，由此高校在教师管理上获得了更大的

---

① 陈宝生：《中国教育：波澜壮阔四十年》，《人民日报》2018年12月17日第11版。

自主权和灵活性。

(三) 高校教师管理由身份管理向岗位管理转变

改革开放40多年来,我国高校教师管理逐渐由身份管理向岗位管理转变。教师聘用从重资历向重能力转变,从重资格向重实绩转变。在教师聘任中更加注重教师是否具有胜任应聘岗位的能力,做到因事因人设岗;在教师聘任中对教师实行动态管理,根据教师的实际工作业绩来决定教师聘任与否和待遇高低,使高校教师队伍具有危机意识,充分调动教师提升自身专业素质、工作的积极性,逐渐形成"岗位能上能下、人员能进能出、待遇能高能低"的岗位动态管理机制,打破终身制的铁饭碗;教师任用从分配制到实行全员聘任合同制,逐步实现了由身份管理向岗位管理的转变,建立起教师能进能出、待遇能高能低的竞争激励机制。在职称评审、考核评价等方面,高校逐渐引入竞争和激励机制,不断提高教师职业的竞争性,激发高校教师工作的积极性,以此优化高校教师队伍结构,提升教师自身专业素质。

"教育制度变革的目的在于不断地寻求规制与赋能之间的合适张力,激发教育活力。"[①] 改革开放40多年来高校教师管理制度的变迁表明,国家从传统的教育管理转向教育治理,不断寻求构建政府与高校、高校与教师的新型关系。教师管理制度改革中的分权与赋能,进一步激发高校按照自己的办学定位与人才培养目标,建设与学校职能定位相一致的相关制度安排,进一步激励教师为满足人才培养要求而不断提升自身的专业素质。未来,高校教师管理制度变革必将更加注重不同类型高校的多样需求、师资队伍建设的多元化要求,更加注重高校的内涵式发展,更加注重通过制度改革调动教师工作的积极性和主动性,优化不同类型高校教师资源的配置。

[①] 范国睿:《教育变革的制度逻辑》,《探索与争鸣》2018年第8期。

第三节 应用型高校教师管理制度供给分析

为了能够更加全面、客观地呈现我国应用型高校教师管理制度供给现状，本书分别从我国东部、中部、西部地区各选择一所应用型高校——Q高校、X高校、T高校——为制度研究案例，分析其教师管理制度供给现状。Q高校、X高校、T高校均为所在省份的首批转型试点院校，在其所在区域具有一定的典型性和代表性，能够在一定程度上反映出现阶段我国应用型高校教师管理制度供给的总体现状。

一 T高校教师管理制度分析

（一）T高校及其教师队伍概况

T高校位于西部地区G省某地级市，是一所地方政府所属的应用型本科高校。T高校前身为该地区师范高等专科学校，2006年升格为全日制普通本科院校，正式更名为"T学院"。2010年，T高校获得该省高等学校学士学位授予权单位资格，2013年，通过教育部本科教学工作合格评估，2014年，加入教育部指导的地方应用技术大学（学院）联盟。2015年，T高校成为G省首批向应用型转型发展试点高校，2016年入选国家"十三五"产教融合发展工程项目建设高校。T高校现有专任教师626人，外聘教师55人，生师比为14.02∶1。如表3-1所示，在专任教师中，具有高级职称的专任教师418人，占专任教师的比例为66.77%；具有研究生学位（硕士和博士）的专任教师455人，占专任教师的比例为72.68%；35岁及以下教师人数为211人，36—45岁的中青年教师263人，46岁及以上的教师152人，分别占专任教师总数的33.71%、42.01%和24.28%。T高校现有"双师型"教师205人，占专任教师的比例为32.75%。

表 3-1　　2019—2020 学年 T 高校教师队伍的基本构成

项目		专任教师		外聘教师	
		数量（人）	比例（%）	数量（人）	比例（%）
专任教师总数		626	/	55	/
职称	正高	105	16.77	10	18.18
	副高	313	50.00	19	34.55
	中级	172	27.48	21	38.18
	初级	18	2.88	0	0.00
学位	博士	148	23.64	4	7.22
	硕士	307	49.04	5	9.09
	其他	171	27.31	46	83.64
年龄	35 岁及以下	211	33.71	14	25.45
	36—45 岁	263	42.01	19	34.55
	46—55 岁	127	20.29	13	23.64
	56 岁及以上	25	3.99	9	16.36

资料来源：以上数据根据 T 高校《2019—2020 学年本科教学质量报告》统计而得。

（二）T 高校教师资格制度

依据《中华人民共和国教师法》《教师资格条例》和《〈教师资格条例〉实施办法》，2002 年 T 高校所在 G 省制定了《G 省面向在职教师推行教师资格制度实施细则（试行）》，该文件规定，申请认定 G 省高校教师资格者必须具备思想品德条件、《教师法》规定的有关学历条件、身体条件和教育教学条件等；对具有博士学位者申请认定高校教师资格，其教育教学基本素质、能力及普通话水平不作要求。2018 年 4 月，G 省教育厅印发《关于 2018 年 G 省高等学校教师资格认定工作有关事项的通知》，规定 2018 年 G 省高校教师资格认定范围、对象及条件如下：一是未取得高等学校教师资格的具备大学本科及以上毕业学历的在职、在编人员；二是提供所在学校教务部门核准签章的一年以上的教学任务书，副教授及以上教师职务或具有博士学位者申请认定高校教师资格，其教学任务书不作要求；三是良好的身体素质和心理素质；四是参加G省高校教师岗前培训并取得合格证书；五是普通话水平要求。从G省高校教师资格认定范围和条件要求来看，参加G省高校教师岗前培训并获得合格证书是取得教师资格的关键。

自升本以来，T高校一直执行的是省级层面教师资格认证制度，按照省级标准组织教师认定，每年教师资格认定程序、标准大体上相同。2018年T高校印发《T高校办学点关于2018年高校青年教师岗前培训有关事项的通知》，根据通知内容，2018年，T高校教师岗前培训采取自学与专家辅导相结合的学习形式，培训内容主要包括《高等教育学》《高等教育心理学》《高等学校教师职业道德修养》和《高等教育法规概论》四门课程。参加培训的教师经考核合格，由G省高校师资培训中心颁发高等学校教师岗前培训合格证书，该证书是晋升上一级专业技术职务和申请高等学校教师资格的必要条件之一。在具备相关学历、普通话水平等基本要求的基础上，T高校教师只要通过教育学、心理学方面的知识考核，获得G省"高等学校教师岗前培训合格证书"，便可获得T高校教师资格。总体来看，目前T高校教师认证重理论、轻实践，教师资格认证标准门槛较低，教师资格考核内容不实际，与应用型高校办学定位和"双师双能型"教师队伍建设要求不符。

（三）T高校教师聘任制度

近几年，T高校非常重视对博士及其以上高层次人才的引进，通过多种举措加强对具有博士学位人才引进的力度。2018年，T高校制定《T高校2018年博士学位研究生引进政策》，大幅提高博士学位研究人才引进的住房安置费、安家费和科研启动费标准：属于省级一流培育学科的博士研究生，提供住房购房补贴30万元，安家费30万元，科研启动费25万元；属于省级一流培育学科的相关学科，并愿意专门从事教育学研究的博士研究生，以及计算机、电子、自动化、通信类的博士研究生，提供住房购房补贴30万元，安家费20万元，科研启动费15万元。同年7月，T高校制定《2018博士人才引进"一事一议"优惠政策实施办法》，针对优秀博士人才在科学研究等方面的突出成果和能力进行优惠政策协商，对博士人才现有论文、科研项目、著作等突出成果给予奖励。例如在人才引进过程中，应聘者以第一作者身份发表的论文达到该校规定的C类期刊以上级别给予2万元/篇；主持完成省部级项目给予2万元/项，国家级项目给予4万元/项；二类出版社出版专著给予2万元/部，一类出版社出版专著给予4万元/部；以团队（3人及以上）形式引进的博士，每名博士安家费增加5万元，科研启动费各增加2万元等。同时，T高校决定对《T高校2018年博士学位研究生引进政策》中的住房补贴、安家费、科研启动费进行调整，将省级一流培育学科、省级一流培育学科相关学科及其他学科博士研究生引进的安家费分别上调5万元，其他优惠政策不变，按《T学院2018年博士学位研究生引进政策》《T学院2018年博士人才引进"一事一议"优惠政策实施办法》的规定执行。不难看出，T高校在教师招聘方面，强调对应聘者学历、论文、科研项目等学术科研能力的要求，缺少对其实践性、职业性方面的规定。

为提高教师素质，优化教师结构，切实加强师资队伍建设，结合学校实际，2017年8月T高校制定了《T高校关于教师聘任条件的规定》（简称《规定》）。基本条件方面，《规定》强调被聘任教师应遵守国家宪法、法律、法规和学校的各项规章制度，拥护党的领导，热爱人民的教育事业；具有良好的职业道德和敬业精神，能够教书育人、治学严谨、为人师表；具备高等学校教师资格证（不含没有学校工作经历的新进人员）。资格条件方面，T高校原则上要求应聘人员要具有博士学位或副教授职称；因工作需要，若从事的专业或学科发展与所需要的岗位相符，具有硕士学历（学位）或讲师职称人员也可以应聘，但首次应聘教师岗位必须具有硕士及以上学位；新进具有硕士学位人员被聘为教师后，在5年内必须考取博士研究生，同时签订在获得博士学位后回校工作8年以上的培养协议书。教师聘任的素质条件方面，T高校规定应聘人员要能胜任教学、科研、社会服务工作，综合素质考核达到良好以上标准。此外，被聘任到教师岗位的人员方能申请办理高等学校教师资格证，已具有高等学校教师资格证的人员，若未被聘任到教师岗位，仍不具备T高校教师资格。

（四）T高校教师培训制度

为建设一支高素质的教师队伍，不断加强教师的专业基础知识，提高教师的教育教学水平和科学研究能力，2014年，T高校向全校印发《T高校人才培养办法》，该办法提出T高校人才培养培训范围包括岗前培训、岗位培训、岗位进修、学历学位教育、应用能力培养等形式。其中，岗前培训主要针对新进人才，是按照上级教育主管部门规定参加的培训，培训合格后方可申请高校教师资格和独立承担教学科研工作；岗位培训主要针对新进教师和首次承担教学任务的教师，是他们必须接受的一对一业务指导的培训；岗位进修是指为提高教师岗位职责能力而进行的非学历教育，主要包括国内外访学、国内外合作研究、高级研修班、国内外短期进修班、单科课程进修、参加国内外有关学术会议等形式；学历学位教育是指通过进修学习取得国家承认的学历、学位证书；应用能力培养是指专业技术人员到行业企业挂职、实训。从T高校的人才培养（培训）办法可以看到，新进教师主要进行岗前和岗位培训，对在岗教师主要进行岗位进修、学历学位教育。T高校虽将应用实践能力培养当作教师培训的内容重要，但相关规定较为模糊，校级层面也缺乏具体、明确、可操作的专项政策规定，实际执行难度较大、实施效果有限。

（五）T高校教师职称评审制度

自2006年T高校升本以来，其在教师职称评审方面一直执行的是G省2006年印发的《G省高等学校中、高级教师职务任职资格申报评审条件》，并直接将省级层面职称评审条件作为本校教师专业技术职务任职资格申报评审条件。2015年，G省印发新修订的《G省高校教师系列专业技术职务任职资格申报评审条件（试行）》[简称《评审条件（试行）》]，《评审条件（试行）》适用于G省各类高等学校从事教育、教学研究的专业技术人员，之后，T高校继续执行新修订的《评审条件（试行）》。考虑到高职高专院校办学定位的特殊性，《评审条件（试行）》对高职高专院校教师任职条件、业绩成果均有一定的实践性要求，如讲师任职资格申报评审条件中，要求专业课教师每2年到企业、生产服务、学校一线进行专业实践两个月以上；副教授任职资格申报评审条件中，要求专业课教师每2年到行业企业工作实践2个月以上，撰写高质量实践总结3篇。

《评审条件（试行）》并没有结合应用型高校办学定位及教师队伍建设目标做出相应的实践性规定。通过表3-2中的副教授、教授任职资格申报评审条件可以看出，应用型高校教师与普通本科高校教师遵循同样的评审条件，参照论文、著作、科研项目、科研成果奖等同样的评审标准，并不加以区别，这使得应用型高校教师为求业务发展、职称晋升，被迫按照普通本科高校的专业发展方向去努力，这既不科学，也不合理。技能竞赛获奖虽然是重要的实践性业绩成果条件之一，但并不属于以科研、技术开发为主的教师职称评审条件。《评审条件（试行）》虽然也将专利发明、横向科研作为业绩成果条件的重要选项之一，但并非必要选项之一，因多数教师缺乏行业企业实践经验，在职称评审中，他们更青睐于完成论文、著作、科研项目等学术性指标，而相对忽略自身实践能力的培养。此外，G省的高校教师职称评审条件并没有体现分类评价、分类管理的思想，而是对所有教师施行单一化的评审标准，这使得符合应用型高校专业教师特点的教师，在晋升职称时处于不利地位，另外也不利于调动不同岗位教师专业发展的积极性。

表3-2　　G省高校教师系列高级专业技术职务资格申报评审条件

	任职条件	业绩成果
教授	满足一定的年均教学工作量要求；教学效果优秀	具备下列条件之二（以科研、技术开发为主的教师，须符合①—⑥款之二）：①获国家级或省（部）级科技进步奖、优秀教学成果奖等奖项（排名要求略）。②发表创见性论文（篇数要求略）：文科类9篇、理工类6篇，其中核心期刊3篇；以科学研究、科技开发为主的教师10篇，核心期刊4篇。③主持完成市（厅）级以上科研课题或教学质量工程项目。④在科技成果推广、社会实践及其他科技工作中作出重大贡献，近5年来新增利税300万元以上。⑤出版创见性的学术专著或教育部规划教材1部（字数要求略）。⑥发明专利（项数要求略）。⑦技能竞赛获奖（等级、排名要求略）。
副教授	满足一定的年均教学工作量要求；教学效果优秀	具备下列条件之二（以科学研究、科技开发为主的教师符合①—⑦款之二）：①获国家级或省（部）级科技进步奖、优秀教学成果奖等奖项（排名要求略）。②省（部）级优秀教师奖励。③作为主要参与者完成市（厅）级以上科研课题或教学质量工程项目。④在科技成果推广、社会实践及其他科技工作中作出较大贡献，近5年来新增利税50万元以上。⑤发明专利（项数要求略）。⑥出版较高水平专著或教材1部（字数要求略）。⑦发表较高水平的学术论文（篇数要求略）。⑧技能竞赛获奖（等级、排名要求略）。⑨高职高专院校教师实践性要求。

资料来源：根据《G省高校教师系列专业技术职务任职资格申报评审条件（试行）》中的副教授、教授任职资格申报评审条件整理而得。

（六）T高校教师考核评价制度

为健全完善学校教师管理制度，加强师资队伍建设，强化教师岗位意识和岗位管理，2017年1月，T高校印发《T高校教师岗位专业职责分类管理办法》。该管理办法按照按岗分类、重在实绩、按级奖罚的原则，将教师主要分为教学为主型、科研为主型，根据专业技术职务不同制定不同岗位的教学、科（教）研专业工作职责，以教师取得的教学、科（教）研工作成绩为考核内容，按取得的成果根据标准要求确定等级，并将考核结果合理运用于教师的管理工作中，作为教师奖惩的主要依据。T高校根据教师承担的教学、科研职责的不同，将教授、副教授、讲师按教学为主型、科研为主型进行分类，把每一类型分为A（最高）、B（良好）、C（合格）、D（不合格）四个考核等级（见表3-3），制定不同等级的教学、科（教）研工作积分任务标准及年度教学工作任务、聘期科（教）研任务。T高校主要从教学、科研两方面对教师进行考核，缺乏实践性方面的考核内容，且科研考核主要建立在论文、论著、项目、成果奖等学术性条件的基础上，每一等次的科研任务都可以用论文、科研项目、专著、奖项等替换完成，即便是对教学为主教师的考核，也都有相应的规定。此外，作为应用型高校，T高校在《分类管理办法》中并没有设立社会服务型教师类别，这样更不利于引导教师发挥专业特长，提升教师专业实践能力。

T高校坚持年度考核与聘期考核相结合、学校考核与院（系）考核相结合、数量考核与质量考核相结合的原则，考核教师教学科（教）研积分任务完成情况及教学科（教）研的具体内容和成果。为便于量化考核，T高校制定了教学工作积分和科（教）研工作积分计算办法。课堂教学积分方面，教授1课时计11分；副教授1课时计10分；讲师1课时计9分；助教、教员1课时计7分；科（教）研成果积分按照项目、论文、学术著作、专利等分类分级量化计分（见表3-4）。论文按级别可进行折算，3篇D类刊物可以折算为1篇C类文章，3篇C类刊物可以折算为1篇B类文章，3篇B类刊物可以折算为1篇A类文章。教师岗位专业职责考核等级，将作为岗位聘任、目标考核、年度考核、职称评定、晋级晋职、进修培训、学历提升、人才推荐、评优表彰等方面的主要依据。

表 3 – 3　　　　　教师岗位专业职责任务标准和等级表

教学为主型教师岗位专业职责任务标准					
岗位等级	教学任务		科（教）研任务		等次
^	聘期（3 年）教学工作总积分任务标准	年度教学工作任务	聘期（3 年）科（教）研任务	年度科（教）研积分任务标准	^
教授	4800 分	……	……	167 分	A 等
^	4800 分	……	……	100 分	B 等
^	4800 分	……	……	50 分	C 等
^	不够 C 等标准	不够 C 等标准	不够 C 等标准	不够 C 等标准	D 等
副教授	7200 分	……	……	100 分	A 等
^	7200 分	……	……	50 分	B 等
^	7200 分	……	……	34 分	C 等
^	不够 C 等标准	不够 C 等标准	不够 C 等标准	不够 C 等标准	D 等
讲师	8640 分	……	……	50 分	A 等
^	8640 分	……	……	34 分	B 等
^	8640 分	……	……	27 分	C 等
^	不够 C 等标准	不够 C 等标准	不够 C 等标准	不够 C 等标准	D 等

科研为主型教师岗位专业职责任务标准					
岗位等级	教学任务		科（教）研任务		等级
^	聘期（3 年）教学工作总积分任务标准	年度教学工作任务	聘期（3 年）科（教）研任务	年度科（教）研积分任务标准	^
教授	2400 分	……	……	267 分	A 等
^	2400 分	……	……	167 分	B 等
^	2400 分	……	……	100 分	C 等
^	不够 C 等标准	不够 C 等标准	不够 C 等标准	不够 C 等标准	D 等
副教授	3600 分	……	……	167 分	A 等
^	3600 分	……	……	100 分	B 等
^	3600 分	……	……	67 分	C 等
^	不够 C 等标准	不够 C 等标准	不够 C 等标准	不够 C 等标准	D 等

续表

<table>
<tr><td colspan="6" align="center">科研为主型教师岗位专业职责任务标准</td></tr>
<tr><td rowspan="2">岗位
等级</td><td colspan="2" align="center">教学任务</td><td colspan="2" align="center">科（教）研任务</td><td rowspan="2">等级</td></tr>
<tr><td>聘期（3年）
教学工作总积分
任务标准</td><td>年度教学
工作任务</td><td>聘期（3年）
科（教）研任务</td><td>年度科（教）
研积分任务标准</td></tr>
<tr><td rowspan="4">讲师</td><td>4320分</td><td>……</td><td>……</td><td>100分</td><td>A等</td></tr>
<tr><td>4320分</td><td>……</td><td>……</td><td>67分</td><td>B等</td></tr>
<tr><td>4320分</td><td>……</td><td>……</td><td>50分</td><td>C等</td></tr>
<tr><td>不够C等标准</td><td>不够C等标准</td><td>不够C等标准</td><td>不够C等标准</td><td>D等</td></tr>
</table>

资料来源：根据《T高校教师岗位专业职责分类管理办法》中"教师岗位专业职责任务标准和等级表"的内容整理而得。由于不同岗位等级教师的教学、科（教）研任务内容较多，在表中没有具体呈现，详细内容请到中国知网等资源库检索笔者的博士论文《应用型高校教师专业实践能力提升的制度研究》中附录Ⅲ部分。

表3-4　　　　T高校科研绩效量化积分计算

<table>
<tr><td colspan="2">科研内容</td><td colspan="5" align="center">计分</td></tr>
<tr><td rowspan="6">项目</td><td rowspan="2">立项</td><td>纵向</td><td>校级</td><td>地厅级</td><td>省级</td><td>国家级</td></tr>
<tr><td></td><td>30</td><td>80</td><td>150</td><td>300</td></tr>
<tr><td rowspan="2">横向</td><td colspan="4"></td></tr>
<tr><td>5万元及以下</td><td>5—20万
（含20万）</td><td>20—80万
（含80万）</td><td>80万以上</td></tr>
<tr><td></td><td>30</td><td>80</td><td>150</td><td>300</td></tr>
<tr><td rowspan="2">验收</td><td>校级</td><td>地厅级</td><td>省级</td><td>国家级</td></tr>
<tr><td></td><td>30</td><td>80</td><td>150</td><td>300</td></tr>
<tr><td rowspan="9">论文</td><td colspan="2">普刊</td><td colspan="4" align="center">20</td></tr>
<tr><td colspan="2" rowspan="2">国内期刊</td><td>A类</td><td>B类</td><td>C类</td><td>D类</td></tr>
<tr><td>600</td><td>300</td><td>150</td><td>60</td></tr>
<tr><td colspan="2">Science、Nature、Cell 或 IF≥3</td><td colspan="4" align="center">2000</td></tr>
<tr><td colspan="2">Nature 子刊、PNAS 或 IF≥25</td><td colspan="4" align="center">1000</td></tr>
<tr><td colspan="2" rowspan="2">SCI</td><td>1区</td><td>2区</td><td>3区</td><td>4区</td></tr>
<tr><td>600</td><td>400</td><td>250</td><td>150</td></tr>
</table>

（注：表格中还包含 SCI 5区 100、6区 40，以及 EI 源刊 150、会有收录 30）

续表

科研内容		计分			
论文	CPCI（ISTP）	30			
	SSCI	IF<1	1≤IF<3	3≤IF<6	IF≥6
		150	250	400	600
	A&HCI	150			
	CPCI-S CPCI-SSH	30			
学术著作	国家一级出版社（专著）		国家二级出版社（专著）		国家三级出版社（专著）
	25（每万字）		15（每万字）		10（每万字）
	国家一级出版社		国家二级出版社		国家三级出版社
	10（每万字）		7（每万字）		5（每万字）
专利	发明公开	授权发明		授权实用新型	授权外观设计
	80	300		80	40
获奖	国家级	申报	特等奖	一等奖	二等奖	三等奖
		150	5000	4000	3000	2000
	省级	申报	特等奖	一等奖	二等奖	三等奖
		100	1500	1200	800	500
	地级	申报	特等奖	一等奖	二等奖	三等奖
		50	500	400	300	200
	校级	申报	特等奖	一等奖	二等奖	三等奖
		20	200	150	100	50
指导学生获奖	国家一二三等奖	省部级一二三等奖	地厅级一二三等奖	只限挑战杯、创青春、数学建模、互联网+
	100、80、60	60、50、40	40、30、20	
学术荣誉	国家级（国务院特殊津贴获得者、国家杰青基金获得者、长江学者等）		省部级（G省政府津贴获得者、贵州省学术带头人、黔灵学者等）		地厅级（地级市管专家等）
	1000		400		100

数据来源：根据《T高校科研绩效量化计分办法（试行）》中相关内容整理而得。

二 X高校教师管理制度分析

（一）X高校及其教师队伍概况

X高校位于我国中部地区H省某地级市，是一所省属多科性应用型本科高等院校。2002年经教育部批准，X高校由地方师范专科学校升格为普通本科高校，2012年通过教育部本科教学工作合格评估。2013年，X高校被H省确定为首批"地方本科高校转型发展试点单位"，2015年X高校获批"H省示范性应用技术类型本科院校"，2016年入选国家"十三五"产教融合发展工程应用型本科院校建设项目。X高校现有专任教师1167人，生师比为20.36∶1。如表3-5所示，X高校专任教师中，正高级职称教师80人，副高级职称教师319人，分别占专任教师总数的6.86%和27.34%。具有博士学位教师310人，具有硕士学位教师701人，分别占专任教师总数的26.56%和60.07%。35岁及以下的青年教师313人，36—45岁的中青年教师623人，46岁及以上的教师231人，分别占专任教师总数的26.82%、53.38%和19.79%。专任教师中，"双师双能型"教师226人，占专任教师的19.37%。

表3-5　　2019—2020学年X高校教师队伍的基本构成

项目		专任教师	
		数量（人）	比例（%）
专任教师总数		1167	/
职称	正高	80	6.86
	副高	319	27.34
	中级	590	50.56
	初级及以下	178	15.25
学位	博士	310	26.56
	硕士	701	60.07
	学士及以下	156	13.37
年龄	35岁及以下	313	26.82
	36—45岁	623	53.38
	46—55岁	174	14.91
	56岁及以上	57	4.88
双师双能型教师		226	19.37

资料来源：根据X高校《2019—2020学年本科教学质量报告》相关数据整理而得。

（二）X 高校教师资格制度

根据《中华人民共和国教师法》的规定，普通高等学校的教师资格由国务院或者省、直辖市、自治区教育行政部门或者其委托的学校认定。自升格以来，X 高校教师资格认证主要由省级教育行政机关负责，执行的是省级层面的有关制度。根据《中华人民共和国教师法》《教师资格条例》和《〈教师资格条例〉实施办法》，2003 年，H 省教育厅印发《H 省实施〈教师资格条例〉细则》，规定省教育行政部门负责高等学校教师资格的认定，申请认定教师资格者应当具备以下条件：一是思想品德条件；二是学历条件，即申请认定教师资格应当具备《教师法》规定的相应学历；三是教育教学基本素质和能力条件，包括教师职业素质和教育教学技能、普通话水平等；四是身心条件。具有博士学位者申请认定高等学校教师资格只需具备本细则所规定的思想品德条件、学历条件和身心条件即可。教师资格申请方面，申请高等学校教师资格者，必须为高等学校任职或拟聘人员。2018 年 6 月，H 省教师资格管理办公室印发《关于做好 2017 年高等学校教师资格面试、直接认定报名和材料受理工作的通知》，2017 年高等学校教师资格面试人员范围为 2018 年 H 省高校教师资格笔试合格人员，及 2017 年 H 省高校教师资格笔试合格且未认定教师资格证书人员；直接认定人员范围包括全日制普招类师范生、全日制教育硕士、具有博士学位人员、具有高校教师系列副教授以上职称人员。2018 年 1 月，X 高校下发《关于 2018 年上半年高等学校教师资格考试笔试报名工作的通知》，指出高等学校教师资格考试报名考生须是各类高等学校在职或已签订聘任协议且具有本科及以上学历的专任教学人员；具有博士学位、高校教师系列副教授以上职称人员可免笔试和面试，直接进行认定。

可见，X 高校教师资格认定标准与一般普通高校并无区别，教师资格认证门槛较低，只要满足身体、年龄等客观条件，达到学历、一般教学能力等硬性标准，参加由省级教育行政机关或者受委托学校组织的培训，通过笔试、试讲，绝大多数教师都能如期获得教师资格证书，而具有博士学位、高校教师系列副教授以上职称人员甚至可以直接进行认定。其实，相比于一般普通本科高校教师，应用型高校教师需要更强的专业性、实践性，教师本人学历高、学时长并不代表其具有良好的实践教学能力。应用型高校与其他类型高校师资队伍建设标准相同，因此，省级层面普适性的高校教师资格认定标准很难适应应用型高校的办学定位与人才培养目标，很难满足"双师双能型"教师的建设要求。

（三）X高校教师聘任制度

为实施人才强校战略，2013年，X高校制定《X高校高层次人才引进管理暂行办法》。在人才引进类型及待遇方面，X高校按照人才的学术头衔与学历将引进人才分成八个层次，并根据不同层次类型提供相应的人才引进待遇（见表3-6）。协议、考核方面，该办法规定凡X高校引进的高层次人才，均须签订服务协议，服务期不低于5年；服务期内引进人才须完成协议规定的各项任务，学校按协议进行严格考核；违约者，须赔偿损失。近几年，X高校人才招聘政策均依据《X高校高层次人才引进管理暂行办法》制定，人才引进主要以博士研究生及以上高层次人才为主，人才引进的力度也在不断加大。如《X高校2018年人才招聘通告》显示，X高校教师招聘的基本要求是招聘具有博士学位（学历、学位俱全）的教授和博士后、博士研究生，招聘人员本、硕、博阶段所学专业与所招聘的专业相同或相近；人才引进待遇主要按《X高校高层次人才引进管理暂行办法》中的相应规定执行，但对于优秀博士[①]待遇面议。

[①] X高校规定符合下列条件之一并经学校学术委员会审议评定后视为优秀博士（以下论文均要求本人为独著、第一作者或通讯作者）：(1) 国家级科研项目的主要完成者（导师排名第一，本人排名第二）；(2) 文科博士应在我校认定的本学科一级权威期刊发表论文1篇以上（含被《新华文摘》全文转载、《中国社会科学文摘》全文转摘、《高等学校文科学术文摘》全文转摘的学术论文）或在本学科二级权威期刊发表论文3篇以上；(3) 理科博士应在本学科SCI一区发表论文2篇以上或在二区以上期刊发表论文3篇以上（其中应有1篇发表在一区期刊）；(4) 工科博士应在本学科SCI一区发表论文1篇以上或在二区以上期刊发表论文2篇以上；(5) 省部级以上科技成果奖的主要完成者（限前2名）。

其他博士研究生的引进待遇：急需专业博士研究生，住房补贴方面，校外购房 40 万元/人，或者免费提供面积 100 平方米左右的学校多层集资房一套；安家费方面，博士 20 万元，副教授职称 25 万元，教授职称 30 万元；科研启动费方面，博士 10 万元，副教授职称 15 万元，教授职称 20 万元；其他方面，博士津贴 4000 元/月。从目前 X 高校人才招聘标准与引进待遇来看，现有政策不利于吸引行业企业优秀人才到高校任教，具有丰富业界实践经验的人才很难补充到 X 高校教师队伍中来。

在落实岗位聘用制方面，目前 X 高校还没有正式的实施文件，从已有的《X 高校岗位聘用工作实施细则（征求意见稿）》来看，岗位聘用程序主要包括学校公布岗位信息（类型、数量、竞聘条件、职责等）、个人申报、资格审查、学校评议、公示、签订聘用合同等环节。岗位聘用时间从 2018 年 7 月 1 日开始，聘期为 3 年，所有聘用人员重新签订聘用合同，在聘用期间对教学和科研等工作进行业绩量化，依据岗位分类（教学为主、科研为主、教学科研并重）的原则，分别对应额定的教学、科研工作量，学校制定各类教师岗位每年业绩点额定量，考核教师聘期教学、科研情况。社会服务工作量虽然是教师基本工作量考核的主要指标之一，但服务范围、工时核算等方面较为模糊，可操作性不强。

表 3-6　　X 高校高层次人才引进主要对象及其引进待遇

引进人才主要对象	引进人才待遇
中国科学院或工程院院士	一次性 180 万元奖金资助（税后）、70 万元年薪（税前）、180 平方米左右住房、科研启动费 700 万元、专用轿车、配备办公室等
国家"千人计划"人选	一次性 150 万元奖金资助（税后）、50 万元年薪（税前）、180 平方米左右住房、科研启动费 500 万元、配备办公室等
国家"百千万人才工程"一、二级人选，长江学者	

续表

引进人才主要对象	引进人才待遇
H省"百人计划"人选和中原学者	一次性150万元奖金资助（税后）、年薪40万元（税前）、180平方米左右住房、科研启动费400万元、配备办公室等
H省特聘教授	一次性120万元奖金资助（税后）、年薪30万元（税前）、160平方米左右住房、科研启动费300万元、配备办公室等
优秀留学博士 博士研究生	提供购房补贴、提供安家费、提供科研启动金、享受博士津贴、高聘一级职称、海外留学博士待遇面议
特别优秀或其他急需特殊人才	暂无

（四）X高校教师培训制度

为加强教师队伍建设，2017年，X高校制定《X高校教职工进修学习暂行规定》（简称《暂行规定》）。《暂行规定》将X高校教师进修学习分为攻读博士学历学位、国内访学、单科课程进修、出国进修学习、博士后研究人员及应用型专业"双师型"教师挂职锻炼、顶岗实习六种类型。在进修学习费用分担与报销方面，除了"双师型"教师挂职锻炼、顶岗实习，《暂行规定》对其他培训类型均有不同程度的费用报销规定，如住宿费、交通费、出国人员学习费等。可以看出，X高校在教师培训方面重理论、轻实践，主要致力于教师学历、学术水平提升及学科知识更新，如教师攻读博士学位、访学、进修等，而相对忽视教师赴行业企业实践培训、挂职锻炼。学历提升、访学、课程进修等方面的培训大都是从"学校到学校"，侧重于教师理论素养、学术水平的提升，对教师专业实践能力培养有限。X高校规定，关于"双师型"教师的培训进修学习主要依据《X学院"双师型"教师认定与管理办法》执行，而X高校2017年制定的《X学院"双师型"教师认定与管理办法》对"双师型"教师认定资格、认定程序、管理规定、激励措施、组织领导等做了说明，属于对"双师型"教师的认定与管理文件，并不是对教师企业实践培训的实施文件，也没有对教师如何赴企事业单位实践锻炼做出可行性的规定。换言之，现阶段 X 高校缺乏有关教师赴企事业单位实践培训的相关文件。

（五）X 高校教师职称评审制度

2014 年，X 高校制定《X 高校教师系列专业技术职务任职资格推荐（评审）暂行办法》，按照省级专业技术职务评审条件进行评审推荐，坚持教学科研并重，讲师适当向教学业绩倾斜，副教授、教授向科研业绩倾斜，在评审办法上采取直接推荐与量化积分、专家实名推荐相结合的方式进行。2017 年 1 月，H 省人社办印发修订《H 省高等学校教师（实验人员）中、高级专业技术职务任职资格申报、评审条件（试行）》，同时废止 2009 年的《H 省高等学校教师（实验人员）中、高级专业技术职务任职资格申报、评审条件》。为适应学校转型发展需要，2017 年 11 月，X 高校根据新修订的《H 省高等学校教师（实验人员）中、高级专业技术职务任职资格申报、评审条件（试行）》，制定了《X 高校教师系列专业技术职务任职资格评审（推荐）办法（试行）》[简称《评审办法（试行）》]。《评审办法（试行）》完全遵循省级层面的职称系列，参照省级层面的评审标准，各级任职资格评审条件同省级层面评审条件并无区别。换言之，X 高校虽然出台了校级层面的职称评审文件，但仍执行的是省级层面的职称评审标准，并没有体现 X 高校办学定位与师资队伍建设要求。

修订后的《评审办法（试行）》坚持教学科研并重和分类评价、分类管理的指导思想，按照上级专业技术职务评审条件进行评审推荐，采取直接推荐与量化积分、专家实名推荐相结合的评审方式进行。申报条件包括基本条件、学历和任职年限条件，其中在学历和任职年限条件方面，申报不同职称的任职资格，根据学历不同，有不同的任职年限要求；评审条件包括讲师任职资格评审条件、副教授任职资格评审条件和教授任职资格评审条件，其中，副教授以上任职资格评审条件按照教学为主型、教学科研型和科研开发服务为主型三种类型分别设置教师教学、科教研业绩条件（见表 3-7）。

虽然 X 高校在教师职称评审中强调分类评价，但从 X 高校副教授、教授任职资格评审条件可以看出，不管是哪种类型教师，在职称晋升中都必须同时满足论文、论著条件之一与获奖、省部级科研项目等条件之一。即便是晋升教学为主型的副教授，也需要在国内核心学术期刊上发表 2 篇学术论文，或发表 1 篇学术论文，同时出版著作或译著，而晋升其他类型的副教授或晋升教授，评审条件对学术论文、论著、科研项目、奖项等要求则更高。由此可见，X 高校教师职称评审的学术科研倾向鲜明，而对教师专业实践方面的要求则较少涉及或规定相对模糊，加之多数教师本身实践经验缺乏、应用研究能力弱，他们往往会倾向于职称评审中的学术科研条件，而相对忽视自身专业实践能力的培养。

表 3-7　　X 高校教师系列高级专业技术职务任职资格评审条件

		教学业绩	科（教）研成果
副教授任职资格评审条件	教学为主型	满足一定的年均教学工作量、年度教学质量考评或教学技能竞赛要求	具备下列条件①②中的 1 条，同时具备③至⑥中的 1 条：①在核心学术期刊上发表论文 2 篇。②正式出版学术著作、译著（字数要求略），同时发表论文 1 篇。③科技奖、成果奖的主要完成人或主持人（等级、排名要求略）。④省部级以上科研项目主要完成人（排名要求略），或主持完成 1 项市、厅级科研项目。⑤省级以上教学项目或教改项目的主要完成人（排名要求略）。⑥指导的学生个人或团队在专业技能竞赛中获得省赛区一等以上奖励
	教学科研型	满足一定的年均教学工作量、年度教学质量考评或教学技能竞赛要求	具备下列条件①至③中的 1 条，同时具备④至⑦中的 1 条：①发表的论文被 SCI、EI、SSCI 收录，或被《新华文摘》等全文转载 1 篇。②在核心期刊发表论文 3 篇；或在 CSSCI 来源期刊（不含扩展版）发表论文 2 篇。③正式出版学术著作、译著（字数要求略），同时在核心期刊上发表论文 2 篇。④省部级科技奖、成果奖的主要完成人（排名要求略），或 2 项市、厅级相关成果奖一等奖的主持人。⑤省部级以上科研项目的主要完成人（排名要求略）。⑥省级以上教学项目或教改项目的主要完成人（排名要求略）。⑦获得国家发明专利授权 1 项（排名要求略）。

续表

		教学业绩	科（教）研成果
副教授任职资格评审条件	科研开发服务为主型	满足一定的年均教学工作量要求	具备下列条件①至③中的1条，同时具备④至⑦中的1条：①发表的期刊论文被SCI、EI、SSCI收录，或被《新华文摘》等全文转载2篇。②在核心期刊发表论文4篇；或在CSSCI来源期刊（不含扩展版）发表论文3篇。③正式出版学术著作、译著（字数要求略），同时在核心期刊发表论文3篇。④省部级科技奖、相关成果奖的主要完成人（排名要求略）。⑤主持或参与完成省部级以上科研项目（排名、项数要求略）。⑥获得国家发明专利1项以上，累计到账经费20万元以上。⑦主持完成横向科研项目1项以上，累计到账经费30万元以上；或决策咨询研究报告被省辖市或省级党委、政府部门采纳并推广应用2项。
教授任职资格评审条件	教学为主型	满足一定的年均教学工作量、年度教学质量考评或教学技能竞赛要求	具备下列条件①至③中的1条，同时具备④至⑦中的1条：①发表的论文被SCI、EI、SSCI，或被《新华文摘》等全文转载2篇。②在核心学术期刊上发表论文4篇；或在CSSCI来源期刊（不含扩展版）发表论文3篇。③正式出版学术著作、译著（字数要求略）；同时在核心学术期刊上发表论文3篇，或在CSSCI来源期刊（不含扩展版）发表论文2篇。④省部级相关成果奖的主要完成人（等级排名要求略）。⑤主持完成省部级科研项目1项。⑥教学项目的主要完成人或主持人（项数、排名要去略）。⑦指导的学生个人或团队在专业技能竞赛中获得国家级一等以上奖励。
	教学科研型	满足一定的年均教学工作量、年度教学质量考评或教学技能竞赛要求	具备下列条件①至③中的1条，同时具备④至⑦中的1条：①发表的期刊论文被SCI、EI、SSCI，或被《新华文摘》等全文转载3篇。②在国内核心学术期刊上发表教研或学术论文5篇；或在CSSCI来源期刊（不含扩展版）发表学术论文4篇。③独立出版学术著作、译著1部或主编、副主编省级以上统编、规划教材（字数要求略）；同时在国内核心学术期刊上发表教研或学术论文4篇，或在CSSCI来源期刊（不含扩展版）发表学术论文3篇。④省部级以上科技奖、相关成果奖的主要完成人（等级排名要求略）。⑤主持完成1项国家级或2项省部级科研项目。⑥国家级或省级教学项目的主要完成人或主持人（排名、项数要求略）。⑦获得国家发明专利授权1项，同时主持完成省部级科研项目1项。

续表

		教学业绩	科（教）研成果
教授任职资格评审条件	科研开发服务为主型	满足一定的年均教学工作量要求	具备下列条件①至③中的1条，同时具备④至⑦中的1条：①发表的期刊论文被SCI、EI、SSCI收录，或被《新华文摘》等全文转载4篇。②在核心期刊上发表论文5篇；或在CSSCI来源期刊（不含扩展版）发表学术论文5篇。②独立出版学术著作1部（字数要求略）；同时在核心期刊上发表论文4篇，或在CSSCI来源期刊（不含扩展版）发表论文4篇。④国家相关奖项二等奖以上的主要完成人或获省科技进步奖、相关成果奖一等奖（排名要求略）。⑤主持完成1项国家级科研项目。⑥获得国家发明专利授权1项以上，累计到账经费30万元以上。⑦主持完成横向科研项目1项以上，累计到账经费50万元以上；或决策咨询研究报告被省级政府采纳并推广应用2项以上。

资料来源：根据《X高校教师系列专业技术职务任职资格评审（推荐）办法》中的副教授、教授任职资格评审条件整理而得。

（六）X高校考核评价制度

现阶段，X高校教师考评的重点是对博士、教授的考评。为充分发挥高层次人才在学校管理中的引领作用，2017年6月，X高校出台《X高校博士教授考核管理办法》，对博士、教授等高层次人才实行考核管理制，一个考核期为4年，分中期考核和期末考核，上岗2年进行中期考核，上岗4年进行期末考核。教师考核等次分优秀、合格、不合格三个等次。从表3-8和表3-9可以看出，X高校博士和教授的考核内容主要强调科研业绩，将科研项目级别、科研经费数额、获奖成果的数量、排名及论文的数量、级别等作为最主要的考评指标，而几乎不涉及教学、行业企业实践等方面的考核内容。不难看出，X高校对教师的考评重科研、轻教学、轻实践，相对忽视对教师专业实践素质和能力的甄别、考量。博士、教授是高校科研的主体，强调对博士、教授的考核也从侧面反映出X高校努力增强学校的学术竞争力，在办学理念和办学层次上向综合性大学靠齐的倾向。

表3-8　　　　　　　　X高校博士、教授考核内容

	博士考核内容	教授考核内容	
1	完成岗位要求的年度工作量		备注：考核期内完成1项国家级项目，或取得省部级以上科技成果奖、人文社科成果奖、教学成果奖二等奖及以上者视为合格。
2	作为主持人以X高校为第一承担单位获批或完成（只用于一个考核期）国家级科研或教研项目1项以上（含1项）；或作为主要参与人、X高校作为主要参与单位获批的国家级科研或教研项目到账经费理工科不少于20万元，文科不少于8万元。		
3	以X高校名义独自或以第一作者身份、通讯作者在CSSCI来源期刊或SCI二区以上学术期刊上发表高水平学术论文2篇以上（其中中期考核1篇以上）。	以X高校的名义独自或以第一作者身份或通讯作者发表中文核心、CSCD核心库期刊或SCI三区以上学术论文1篇以上。	
4	作为主持人以X高校为第一承担单位获批或结项（不重复计算）省部级科研或教研项目2项以上（含2项）；或承担本科教学质量工程项目和重点学科建设项目国家级前5名、省级前3名。	作为主持人以X高校为第一承担单位获批或结项（不重复计算）省部级科研或教研项目1项以上（含1项），或教育厅项目2项以上；或承担本科教学质量工程项目和重点学科建设项目国家级前5名、省级前3名。	备注：考核期内完成1项国家级项目，或取得省部级以上科技成果奖、人文社科成果奖、教学成果奖二等奖及以上者视为合格。
5	主持完成的项目获得省部级以上科技成果奖、人文社科成果奖或教学成果奖。	获得省部级以上科技成果奖励、人文社科成果奖、教学成果奖或厅级一等奖1项（排名前两名）。	
6	出版本学科领域学术专著1部以上（排名前两名）。		
7	个人到账纵横向技术合作经费总额理工类不少于30万元，人文社科类不少于10万元。		
8	与本人专业高度相关且为第一发明人获得授权国家发明专利1项以上。		
9	成果转化或技术转让获得转让费10万元以上。		

资料来源：根据《X高校博士教授考核管理暂行办法》中的博士、教授考核指标内容整理而成。

表3-9　　　　　　　　X高校博士、教授考核办法

		优秀	合格	不合格
中期考核	等价标准	完成上述考核内容1，同时完成2—9中任意3项（教授为任意2项）以上者。	完成上述考核内容1，同时完成2—9中任意1项以上者。	没完成上述考核内容1，或没完成2—9中任意1项者。
	奖惩办法	一次性奖励2万元（教授一次性奖励1万元）。		不再发放前2年余下的博士（教授）津贴。
期末考核	等价标准	完成上述考核内容1，同时完成2—9中任意5项（教授为任意3项）以上者。	完成上述考核内容1，同时完成2—9中任意3项（教授为任意2项）以上者。	没完成上述考核内容1，或完成2—9中2项（含2项）以下者。
	奖惩办法	一次性奖励5万元（教授为一次性奖励3万元）。		不再发放4年余下的博士（教授）津贴。
备注		对于中期考核不合格，期末考核达到优秀标准的，按期末为优秀予以奖励，同时补发扣罚的博士（教授）津贴。完成2—9中某考核项任务的N倍者，视为完成了2—9中的N项；只完成2—9中某考核项的部分内容，视为该考核项未完成。		

资料来源：根据《X高校博士教授考核管理暂行办法》中的博士、教授考核办法内容整理而成。

三　Q高校教师管理制度分析

（一）Q高校发展整体概况

Q高校位于东部地区沿海省份某地级市，是一所以工为主、多科协调发展的全日制应用型普通本科院校，前身为某省级骨干大学分校，2010年经教育部批准升格为地方普通本科院校。2014年，Q高校获得学士学位授予权，2015年，获批成为Z省应用型建设试点示范学校。目前，Q高校已成为浙、闽、赣、皖四省边际区域产教融合的名校，浙、闽、赣、皖四省边际应用型大学联盟的领跑者。如表3-10所示，Q高校现有专任教师460人，生师比为15.59∶1，专任教师中副高及以上职称教师占专任教师总数的40.87%，硕士及以上学位教师占专任教师总数的85.87%，其中，具有博士学位教师

118人，占25.65%。在Q高校《2019—2020学年本科教学质量报告》中，Q高校并未公布"双师型"教师占比情况。

表3-10　　　2019—2020学年Q高校教师队伍的基本构成

项目		专任教师	
		数量（人）	比例（%）
专任教师总数		460	/
职称	正高	47	10.22
	副高	141	30.65
学位	博士	118	25.65
	硕士	277	60.22
	学士及以下	65	14.13
年龄	34岁及以下	118	25.65
	35—44岁	195	42.39
	45—54岁	107	23.26
	55岁及以上	40	8.70

资料来源：根据Q高校《2019—2020学年本科教学质量报告》整理而得。

（二）Q高校教师资格制度

依据《中华人民共和国教师法》《教师资格条例》和《〈教师资格条例〉实施办法》，2001年，Z省出台《Z省实施〈教师资格条例〉细则（试行）》（简称《实施细则》），《实施细则》指出Z省高校教师资格由省教育行政部门认定，申请认定高校教师资格者应当具备《教师法》规定的相应学历、良好的身体素质和心理素质、承担教育教学工作所必需的基本素质和能力，以及高等学校教师岗位培训合格并取得合格证书等条件；同时，《实施细则》还规定具有博士学位者申请认定高等学校教师资格，可对其教育教学基本素质和能力、教师岗前培训不做要求。2008年，Z省印发关于《Z省实施〈教师资格条例〉细则修订工作的说明》，增加了对高校教师资格认定申请人的基本教学技能培训。2013年，Z省教育厅印发《关于加强和改进全日制高等学校教师资格认定工作的意见》，明确提出 Z 省高校教师资格认定申请人员的范围，即在全日制高等学校受聘或拟聘教师岗位，系统承担一门由学校教务部门统一安排的教学计划内的高等学校课程，并符合高校教学人员、医学院附属医院人员、高职院校聘用的"双师型"人员条件之一。从 2014 年起，Z 省教育厅将委托认定本校任教人员高校教师资格的学校范围扩大至所有全日制普通高等学校。目前，Q 高校由 Z 省教育厅批准委托，负责认定本校任教人员的高校教师资格。

根据 Z 省教育厅《关于做好 2018 年高等学校教师资格认定工作的通知》文件精神，2018 年 3 月，Q 高校印发《关于做好 2018 年高等学校教师资格认定工作的通知》，就 Q 高校 2018 年教师资格认定工作做出安排。2018 年 Q 高校教师认定范围包括 2017 年 9 月 30 日之前入编的受聘教学工作人员，学历学位、普通话水平、申请者国籍、身体素质、思想品德、教师岗前培训合格证等条件是审核初审资格的必备条件，其中，具有副教授、教授职称或博士学位者对普通话水平、高校教师岗前培训不作要求，可不递交相关证明材料。不难看出，Q 高校的教师资格认定标准主要还是套用普通高校教师资格标准，针对性不强，缺少对申请人实践工作经历、实践操作、实践教学能力等方面的规定。

（三）Q 高校教师聘任制度

为进一步规范 Q 高校招聘行为，促进公开招评工作的制度化、规范化，2016 年 Q 高校下发《Q 高校关于进一步规范公开招聘工作的通知》，要求学校人员招聘要坚持公开招聘的原则和程序，制订招聘计划，公布招聘岗位信息，审查应聘人员资格条件，通过考试、考核、体检，根据考试、考核结果，确定并公示拟聘人员，最终订立聘用合同，办理聘用手续。为更好地落实人才强校战略，吸引和遴选优秀人才，建设一支高水平、高素质的师资队伍，2018 年 Q 高校制定了《Q 高校人才引进实施办法》。按照围绕目标、优化结构、突出重点、择优引进的人才引进原则，Q 高校在人才招聘上主要以引进学科领军人才、学科带头人、学术带头人、优秀博士等高层次人才为主,并规定了各层次人才的引进条件(见表3-11),而针对"研究生及具有特殊技能的其他专业技术人员"则"严格控制要求,适度引进"。通过表3-11也可以看出,Q高校现行人才引进标准"唯帽子"倾向严重,不利于引进一定企业工作经历的优秀人才到Q高校任教。在兼职人员聘任管理方面,2018年10月,Q高校印发《Q高校兼职研究人员聘任管理暂行办法》,该文件规定,Q高校聘任的兼职研究人员应具有较高的研发水平和公关能力,其主要任务是以Q高校为第一单位承担项目主管部门允许申报的纵向项目、各类横向合作项目。

在人才引进方式和待遇方面,Q高校原则上采取调入或录用的方式全职引进并纳入事业编制管理,并根据人才引进的具体情况,结合所从事的学科、专业与研究内容,提供具体的待遇。Q高校将人才引进待遇中的购房补贴给付标准与教师的业绩考核结果挂钩,根据优秀博士的业绩考核结果予以确定,具体来看:到校3年内,副高专业技术职务,或符合学校规定的申报副高专业技术职务基本条件和业绩条件,并且主持国家及教学科研项目一项,第一作者在一级期刊(或SCI、EI、SSCI、A&HCI收录、人大复印资料全文转载期刊论文)发表本专业研究论文1篇的,按100%给付;到校工作5年内取得副高专业技术职务的,按70%给付;到校工作5年内未取得副高专业技术职务的,按50%给付,其他特殊情况按合同约定。这种规定进一步加剧了教师的学术科研倾向,对教师的专业实践发展造成一种反向激励,在一定程度上阻碍了教师专业实践能力的提升。

表3-11　　　　2018年Q高校人才引进对象与条件

引进对象	引进条件
学科领军人才	国家"万人计划"杰出人才和领军人才、"长江学者奖励计划"教授、国家"千人计划"创新人才入选者;国家科学技术一等奖(排名前三)、二等奖(排名第一)获得者,省科学技术重大贡献奖(排名第一)获得者。

续表

引进对象	引进条件
学科带头人	省"钱江学者"特聘教授、省"千人计划"创新人才入选者；年龄一般不超过50周岁。
学术带头人	具有正高级专业技术职务，取得博士学位，近年来主持过国家级教学或科研项目，在权威期刊发表论文。或承担过重大重点工程咨询项目，在本学科领域内具有较高的学术成就和一定知名度，具有担任学科方向带头人的能力与水平。年龄一般不超过45周岁。
优秀博士	具有扎实的专业基础知识、较强的学术研究能力和良好的学术发展潜力，学术业绩突出的海内外优秀博士。年龄一般不超过40周岁。
其他人才	紧缺学科专业引进硕士研究生及具有特殊技能的其他专业技术人员，严格控制要求，适度引进。年龄一般不超过35周岁。

资料来源：根据Q高校《人才引进实施办法》中的相关内容整体而得。

（四）Q高校教师培训制度

为提升教师队伍的整体水平，2011年，Q高校制定《Q高校教师国内进修和攻读学位管理办法》，按照管理办法规定，Q高校教师培训坚持在职为主，多种形式并举的原则，进修的种类和对象包括：一是学历（学位）进修，培训对象为在职攻读博士、硕士学位的专任教师；二是国内访学进修，参加国内访学进修，一般是具有副高以上专业技术资格且受聘2年以上的专任教师；三是课程进修，申请课程进修必须是学校紧缺师资的主干专业或新开专业；四是社会实践，教师要积极脱产到企业、学校进行实践锻炼，学科教师在晋升中级以上职务前，一般应具有累积不少于6个月的实践经历。培训费用自主标准方面，根据管理办法规定，Q高校对学历（学位）进修、国内访学进修、课程进修的教师在学费、差旅费等方面有相应的经费资助，而对社会实践并没有经费资助方面的规定。

2012年，Q高校制定《Q高校教师出国培训进修管理暂行办法》，选派具有较高教学科研水平和业务能力的教师到国外进修学习，并给予相应的资助，选派类别包括国家公派或省公派的访问学者、学校公派的进修人员。为提升教师的实践教学能力，提高教师培养应用型人才的能力和水平，促进教师向"双师双能型"教师转型，2017年，Q高校制定《Q高校教师社会实践管理办法》。该办法规定，社会实践方式分为在职、脱产两种方式，社会实践的时间一般不超过1年，选派程序按照个人自愿报名、组织推荐的方式进行。组织管理和考核方面，按照规定，教师社会实践期间，受选派部门（或教学单位）和实践单位双重管理，由教师关系所在单位和实践单位共同负责考勤，教师应向选派部门（或教学单位）以及实践单位提交社会实践工作总结，并填写《Q高校教师社会实践鉴定表》，由实践单位作出鉴定意见，选派部门（或教学单位）作出考核结论，考核结论分优秀、合格、不合格三个档次。

（五）Q高校教师职称评审制度

Q高校所在的Z省一直走在我国高校教师管理制度改革的前列，其在高校教师职称改革方面的政策举措直接影响到Q高校的职称评审制度改革。2009年，Z省人社厅和教育厅联合下发《关于扩大本科院校高级专业技术资格评审权限的通知》，要求进一步扩大本科院校高级专业技术资格评审权限。2013年，Z省教育厅下发《关于做好2013年度高校教师专业技术资格评审工作的通知》，要求全面实施高校教师分类评价，从2013年起，Z省高校自主评审与省统一评审均按照教学为主型、科研为主型、教学科研并重型、社会服务与推广型四个类型分类评审。2014年，Q高校制定《Q高校专业技术职务评聘暂行办法》。2015年，Q高校印发《Q高校高级专业技术职务破格申报的规定》，要求破格申报教授专业技术职务和副教授专业技术职务的教师应满足科学研究基本业绩条件项目、论文、成果奖三项中的两项。

为适应学校发展需要，根据国家和省级有关文件精神，结合学校实际，2017年4月Q高校印发《专业技术职务评聘办法（修订）》，同年12月，Q高校再次印发《专业技术职务评聘办法（二次修订）》（简称《评聘办法》）。《评聘办法》坚持评聘结合的原则，对在编在岗的教师直接组织评审和聘任。在申报基本条件方面，教师应具有良好的思想政治素质和职业道德；任现职以来或近5年年度考核"合格"以上；具备高等学校教师资格；取得学校主讲教师资格；45周岁（不含）以下的教师，任职以来要有6个月以上的相关行业专业脱产实践锻炼经历（可分两次完成）；40周岁以下申报高校教师系列副高专业技术职务的（2020年起），45周岁以下申报高校教师系列正高专业技术职务的（2018年起），要有连续3个月以上的海外学习或工作经历。岗位设置及资格条件方面，专任教师可根据从事岗位工作的实际，按教学科研并重型、教学为主型、科研为主型和社会服务推广型等岗位类型申报专业技术职务，其中教学科研并重型是Q高校教师队伍的主体，在专任教师岗位中，教学科研并重型岗位占主要部分。高级专业技术职务申报资格主要分为教学科研并重型和教学为主型两种类型（见表3-12），不同类型的专业技术职务分别从教学工作基本条件和科学研究基本条件两方面做出规定，其中在科研条件方面，科研项目和学术论文属于必要条件，而指导学生参加技能竞赛、获得发明专利等实践性条件只是成果中的重要选项之一。

由此可见，Q高校教师职称评聘标准，尤其是教师竞相追逐、晋升难度较大的高级专业技术职务评聘标准主要还是建立在学术标准的基础上。值得注意的是，在转型发展的背景下，Q高校在职称评聘申报条件中提出"6个月以上的相关行业专业脱产实践锻炼经历（可分两次完成）"的基本条件，相比与西部的T高校和中部的X高校，已经向前迈出一大步，然而由于现阶段高校对教师企业锻炼的考评监督机制还不完善，这种能够"有效"提升教师专业实践能力的达标性规定往往成为教师"轮休"的福利，实际成效有限。

表 3-12　　Q 高校教师系列高级专业技术职务申报资格条件

		教学基本条件	科研基本条件
晋升教授	教学科研并重型	满足一定的年均教学工作量要求，学年度教学工作业绩考核合格	(1) 项目：主持并完成 1 项省部级科研项目；或主持 1 项国家级科研项目；或主持 1 项省部级科研重点项目；或主持 2 项省部级科研项目。 (2) 论文：第一作者在二级以上期刊发表本专业研究论文 3 篇，其中一级期刊研究论文 2 篇。 (3) 成果（符合其中之一）：①获得省部级以上教学、科研成果奖（排名要求略）；②获得厅局级教学、科研成果奖（排名第 1）；③在满足上面第（2）条论文条件基础上，另以一作在一级期刊上发表研究论文 2 篇以上；④指导学生主持并完成国家大学生科技创新项目 1 项（排名第 1）；⑤指导学生参加 A 类学科竞赛，获得省二等奖（全国三等奖）以上奖励（排名第 1）；⑥以第一发明人获授权国家发明专利等。
	教学为主型	满足一定的年均教学工作量要求，学年度教学工作业绩考核优秀的比例不低于 60%	(1) 项目：主持并完成 1 项省部级以上教学改革项目（不含课堂教学改革项目） (2) 论文：第一作者在二级以上期刊发表本专业研究论文 3 篇，其中一级期刊研究论文 1 篇。期刊研究论文中，须有教学研究论文一级 1 篇或二级 2 篇。 (3) 成果（符合其中之一）：①获得省部级以上教学、科研成果奖（排名要求略）；②获得厅局级教学、科研成果奖（排名第 1）；③在满足上面第（2）条论文条件基础上，另以一作在一级期刊上发表研究论文 2 篇以上；④指导学生主持并完成国家大学生科技创新项目 1 项（排名第 1）；⑤指导学生参加 A 类学科竞赛，获得省二等奖（全国三等奖）以上奖励（排名第 1）；⑥以第一发明人获授权国家发明专利等。

续表

		教学基本条件	科研基本条件
晋升副教授	教学科研并重型	满足一定的年均教学工作量要求，学年度教学工作业绩考核合格	(1) 项目：主持1项省部级以上科研项目；或主持完成2项厅局级科研项目。 (2) 论文：第一作者在二级以上期刊发表本专业研究论文2篇，其中一级期刊研究论文1篇；或第一作者发表本专业二级期刊研究论文3篇。 (3) 成果（符合其中之一）：①获得省部级以上教学、科研成果奖（排名前5）；②获得厅局级教学、科研成果奖（排名前2）；③指导学生主持并完成国家大学生科技创新项目1项（排名第1），并取得以学生为第一完成人的成果（期刊论文等）；④指导学生参加A类学科竞赛，获得省三等奖以上奖励（排名第1）；⑤以第一发明人获授权国家发明专利等。⑥在满足上面第（2）条论文条件基础上，另以一作在一级期刊上发表研究论文1篇或二级期刊上发表研究论文3篇以上。
	教学为主型	满足一定的年均教学工作量要求，学年度教学工作业绩考核优秀的比例不低于60%	(1) 项目：主持一项省部级以上教学项目。 (2) 论文：第一作者在二级以上期刊发表本专业研究论文2篇，其中一级期刊研究论文1篇；或第一作者发表本专业二级期刊研究论文3篇。期刊论文中，须有二级以上期刊教学研究论文1篇。 (3) 成果（符合其中之一）：①获得省部级以上教学、科研成果奖（排名前5）；②获得厅局级教学、科研成果奖（排名前2）；③指导学生主持完成省大学生科技创新项目1项（排名第1），并取得以学生为第一完成人的成果（期刊论文等）；④指导学生参加A类学科竞赛，获得省三等奖以上奖励（排名第1）；⑤以第一发明人获授权国家发明专利等；⑥在满足上面第（2）条论文条件基础上，另以一作在一级期刊上发表研究论文1篇或二级期刊上发表研究论文3篇以上。

资料来源：根据Q高校《专业技术职务评聘办法（二次修订）》中"教师系列高级专业技术职务申报资格业绩条件"内容整理而成。

(六) Q 高校教师考核评价制度

2018 年 6 月，Q 高校向全校印发《Q 高校 2018—2021 年教学单位科研核心指标考核方案（试行）》。该文件规定，考核的周期为 2018—2021 年，4 年为 1 个周期；考核对象主要包括专职教师、教学单位班子成员等。考核办法主要根据教学单位 1 个周期科研核心指标的完成情况，核定考核对象整体的绩效考核奖金增减额度，核定的增减额度由教学单位自主考核再分配。具体的结算细则方面，学校根据周期内当年度以前的科研核心指标完成情况，每年进行绩效考核预结算，1 个周期结束后进行绩效考核结算。每个学院至少完成 1 个周期目标的 80%—90%，绩效考核奖金额度才能全额核拨；完成一个周期目标高于 90%（含），学校会根据超出的比例分等级增加单位绩效；完成 1 个周期目标低于 80% 的，学校会根据未完成程度扣减单位绩效额度。

学校对学院的考核其实是间接地对教师的考核，学院自然将考核任务下派给教师，由教师具体完成。由表 3-13 可以看出，Q 高校各教学单位年均科研核心指标包括省部级以上科研项目、科研经费、高层次论文、发明专利（或专著/研究报告）四部分，其中，科研经费、省部级以上科研项目权重最大，达 70%。可见，学术科研项目是 Q 高校关注的重点，自然也成为教师行为选择的方向。这种考核倾向容易误导教师过于追求科研业绩与科研成果，而相对忽视教师专业实践能力的提升。

表 3-13　2018—2021 年 Q 高校各教学单位年均科研核心指标及权重

学院（工科）	省部级以上科研项目（项）（25%）	科研经费（万元，含纵向、横向、成果转化）（45%）	高层次论文（篇）（10%）	发明专利（件）（20%）
化学与材料工程学院	7.2	536.9	22.8	13.0
机械工程学院	6.0	449.4	19.1	10.9
建筑工程学院	3.5	262.6	11.1	6.4
电器与信息工程学院	5.3	401.1	17.0	9.7

续表

学院（文经管）	省部级以上科研项目（项）（25%）	科研经费（万元，含纵向、横向、成果转化）（45%）	高层次论文（篇）（10%）	专著/研究报告（篇）（20%）
经贸管理学院	1.6	56.5	6.5	2.4
教师教育学院	4.6	160.6	18.4	6.9
外国语学院	1.6	57.5	6.6	2.5
马克思主义学院	1.2	42.4	4.8	1.8
公共体育教学部	0.7	17.0	2.8	1.1
创业学院	0.2	6.0	1.0	0.4

资料来源：根据《Q 高校 2018—2021 年教学单位科研核心指标考核方案（试行）》整理而得。

第四节 应用型高校教师专业实践能力提升的制度需求

高校类型与办学定位不同，教师队伍建设目标不同，其教师管理制度也应有所差异。建设应用型高校的内涵是把办学思路真正转到服务地方经济社会发展上来，办学模式转到产教融合、校企合作上来，人才培养重心转到高素质应用型人才上来，师资建设转到"双师双能型"教师队伍建设上来。高校教师管理制度是为学校发展、教师专业发展服务的，在转型发展的战略背景下，应用型高校的教师管理制度应有别于一般普通本科高校，既要围绕应用型高校的办学职能与发展目标，服务于应用型高校的方向选择、角色定位和办学特色；又要服务于"双师双能型"教师队伍建设要求，满足实践教学、应用研究对教师"双师双能"素质的需求，有效推进实现教师专业发展的实践转向，不断增强教师提升专业实践能力的主动性、积极性。

国家政策文件的相关规定在某种程度上体现了应用型高校教师专业实践能力提升的应然制度需求。2014 年国务院印发的《国务院关于加快发展现代职业教育的决定》提出引导普通本科高等学校转型发展，建设"双师型"教师队伍。2015年教育部等三部门在联合印发的《关于引导部分地方普通本科高校向应用型转变的指导意见》中明确指出加强"双师双能"教师队伍建设，通过教师聘任、教师培训、职称评聘、校企交流等制度改革增强教师提高实践能力的主动性、积极性。2017年国务院办公厅印发的《关于深化产教融合的若干意见》提出，加强产教融合的师资队伍建设，探索符合职业教育和应用型高校特点的教师资格标准和专业技术职务（职称）评聘办法。2018年中共中央、国务院印发了中华人民共和国成立以来首个专门针对教师队伍建设的纲领性文件《关于全面深化新时代教师队伍建设改革的意见》（简称"意见"）。《意见》提出，全面提高职业院校教师质量，建设一支高素质双师型的教师队伍；健全职业院校教师管理制度；深化高校教师人事制度改革；推动高校教师职称制度改革等。2019年《国家职业教育改革实施方案》提出多举措打造"双师型"教师队伍。2019年8月，教育部等四部门印发的《深化新时代职业教育"双师型"教师队伍建设改革实施方案》进一步明确提出，推进以双师素质为导向的新教师准入制度改革，聚焦1+X证书制度开展教师全员培训，深化突出"双师型"导向的教师考核评价改革。

  在具体的制度安排上，教师资格制度应凸显"双师双能素质"标准，资格认证考核既要强调教师的教育教学能力和理论水平，也要突出应用型高校教师的实践性、职业性特点，注重对教师实践经验、实践操作等方面的要求。如"完善职业院校教师资格标准，探索将行业企业从业经历作为认定教育教学能力、取得专业课教师资格的必要条件。"[1] 教师准入方面，学校既要把握好人才招聘的学术性条件，更要严格审核对应聘者的实践工作经历、企业项目经验等

---

[1] 中共中央、国务院：《关于全面深化新时代教师队伍建设改革的意见》，http://www.gov.cn/zhengce/2018-01/31/content_5262659.htm，2018年1月31日。

实践性要求，把好教师的入口关，真正将兼具理论知识和专业实践能力的优秀人才引进应用型高校。如"完善企业工程技术人员、高技能人才到职业院校担任专兼职教师的相关政策，兼职教师任教情况应作为其业绩考核评价的重要内容"①"建立高层次、高技能人才以直接考察方式公开招聘的机制；应用型本科高校相关专业教师原则上从具有3年以上企业工作经历并具有高职以上学历的人员中公开招聘等"②。

教师培训制度应注重提升教师的"双师双能素质"，注重教师企业实践培训，鼓励教师积极参与校内一体化的实体建设，深入行业企业一线挂职学习、实践锻炼，积极参与校企产学研合作，以此有效提升应用型高校教师的实践技能水平和应用研究能力。如"应用型本科高校教师每年至少1个月在企业或实训基地实训，落实5年一周期的全员轮训制度"③"探索建立新教师为期1年的教育见习与为期3年的企业实践制度；健全普通高等学校与地方政府、职业院校、行业企业联合培养教师机制，发挥行业企业在培养'双师型'教师中的重要作用等；全面落实教师5年一周期的全员轮训制度，把国家职业标准、1+X证书制度和相关标准等纳入教师培训的必修模块儿"④"应用型本科高校与大中型企业合作建设'双师型'教师培养培训基地"⑤。

---

① 国务院：《国务院关于加快发展现代职业教育的决定》，http：//www.gov.cn/zhengce/content/2014-06/22/content_8901.htm，2014年6月22日。

② 教育部等四部门：《深化新时代职业教育"双师型"教师队伍建设改革实施方案》，http：//www.moe.gov.cn/srcsite/A10/s7034/201910/t20191016_403867.html，2019年8月30日。

③ 国务院：《国家职业教育改革实施方案》，http：//www.gov.cn/zhengce/content/2019-02/13/content_5365341.htm，2019年2月13日。

④ 教育部等四部门：《深化新时代职业教育"双师型"教师队伍建设改革实施方案》，http：//www.moe.gov.cn/srcsite/A10/s7034/201910/t20191016_403867.html，2019年8月30日。

⑤ 国务院办公厅：《关于深化产教融合的若干意见》，http：//www.gov.cn/zhengce/content/2017-12/19/content_5248564.htm，2017年12月19日。

职称评审制度应有别于研究型高校的职称评审标准，体现"双师双能素质"的发展方向，适当淡化对论文、论著、科研项目、成果奖等学术科研方面的要求，注重对教师企业实践经历、实践教学、应用研究等专业实践能力方面的考核内容，并将这些实践性标准作为教师职称评审的必要条件之一。如"深化教师支撑制度改革，破除唯文凭、唯论文、唯帽子、唯身份、唯奖项的顽瘴痼疾等"①。

教师考核评价制度要符合应用型高校教师的工作特点和"双师双能型"教师队伍建设要求，既要涵盖教师的专业理论知识，也要包括教师的实践技能水平、应用研究能力等专业实践素质；既要能够有效提高教师培养应用型人才的热情，满足人才培养对实践教学的需要，也要充分激发和调动教师开展应用研究的主动性、积极性，引导教师从课堂走向生产，从学校走向社会，将专业知识转化为产业行为。如"将体现技能水平和专业教学能力的双师素质纳入教师考核评价体系等"②"合理设置职称评审中的论文和科研成果条件，不将论文作为评价应用型人才的限制性条件"③"建立应用型本科评价标准，突出培养相应专业能力和实践应用能力"④。

---

① 教育部等四部门：《深化新时代职业教育"双师型"教师队伍建设改革实施方案》，http：//www.moe.gov.cn/srcsite/A10/s7034/201910/t20191016_403867.html，2019年8月30日。

② 教育部等四部门：《深化新时代职业教育"双师型"教师队伍建设改革实施方案》，http：//www.moe.gov.cn/srcsite/A10/s7034/201910/t20191016_403867.html，2019年8月30日。

③ 中共中央办公厅、国务院办公厅：《关于深化职称制度改革的意见》，http：//www.gov.cn/xinwen/2017-01/08/content_5157911.htm#1，2017年1月8日。

④ 中共中央、国务院：《深化新时代教育评价改革总体方案》，http：//www.gov.cn/zhengce/2020-10/13/content_5551032.htm，2020年10月13日。

第五节　应用型高校教师专业实践能力提升的制度非均衡分析

现阶段，应用型高校教师专业实践能力普遍不高的现象与教师资格、教师聘任、教师培训、职称评审、教师考核评价等教师管理制度息息相关。现行教师管理制度供给主要还是以"学术"称量，重科研、轻教学，重理论、轻实践，重学历、轻能力，与应用型高校建设、"双师双能型"教师队伍建设的制度要求不一致、不匹配，总体处于非均衡状态。

一　制度的非均衡及其类型

均衡概念的基本含义包含两方面的内容，一是指对立变量相等的均等状态，此即为"变量均衡"，对立变量不相等，即为"变量非均衡"；二是对立势力中的任何一方不具有改变现状的动机和能力的均衡态势，此即为"行为均衡"，相反则为"行为不均衡"。[①] 因此，非均衡可以分为变量非均衡与行为非均衡。在已有研究中，一部分经济学家把分析的重点放在变量关系方面，主要考察市场均衡和总量均衡问题，提出和发展了一般均衡理论和非均衡理论；另一部分经济学家把分析的重点放在行为关系方面，主要研究了制度均衡、制度非均衡和制度变革问题。由于制度的单件性，制度非均衡不是数量非均衡，不是制度供给的数量不等于制度需求的数量，而是一种行为不均衡，即任何个人或个人团体都有变动现存制度的动机和行为，因为他们可能从这种变动中获取比不变动时更多的净收益。新制度经济学更多的是从行为的角度来分析制度均衡或制度非均衡。

---

① 张曙光：《论制度均衡和制度变革》，《经济研究》1992 年第 6 期。

制度非均衡与制度均衡是一对相对概念，制度非均衡是相对于制度均衡而言的。所谓制度均衡，就是人们对既定制度安排和制度结构的一种满足状态或满意状态，因而无意也无力改变现行制度；制度非均衡是一种行为不均衡，是人们对现有制度结构的不满意和不满足，意欲改变而又尚未改变的状态。从供给与需求关系来理解，制度需求一般是指制度服务接受者的需求或社会需求，制度供给即制度的生产，是对制度需求的回应。制度非均衡是指在影响人们的制度需求和制度供给的因素一定时，制度供给不适应制度需求。新制度经济学认为，制度非均衡是制度供需过程中制度供给与制度需求出现了不一致或不匹配。① 制度非均衡意味着任何现存的具体制度之间存在互斥关系，处于不适应、不协调的状态。

制度非均衡的基本类型主要包括制度供给不足与制度供给过剩两种类型。② 制度供给不足是指制度的供给不能满足社会对新制度的需求从而导致制度真空的存在或低效制度不能被替代，这种供给不足实际上是制度供给的"时滞"问题；而制度供给过剩是指相对于社会对制度的需求而言，有些制度是多余的，或者一些过时的、无效的制度仍然在发挥作用。③ 制度总是由均衡到非均衡，再由非均衡到均衡不断地螺旋式地向前发展的过程，这也是制度变迁的过程。制度变迁需要一个均衡结果的变化，这个结果是社会行为人所共同期待的社会互动问题的解决方案。④

二 应用型高校教师管理制度非均衡分析

应用型高校教师管理制度应服务于"双师双能型"教师队伍建

---

① 卢现祥主编：《新制度经济学》（第二版），武汉大学出版社2011年版，第180—181页。
② 卢现祥主编：《新制度经济学》（第二版），武汉大学出版社2011年版，第180—181页。
③ 袁庆明：《新制度经济学》，复旦大学出版社2012年版，第275页。
④ ［美］杰克·奈特：《制度与社会冲突》，周伟林译，上海人民出版社2009年版，第132页。

设要求，满足实践教学、应用研究对教师"双师双能"素质的需求，突出实践导向。从应用型高校内部来看，教师专业实践能力不强、专业素质不达标，主要还是与教师管理制度息息相关。从表面上看，尽管应用型高校都建立了从教师引进、培养到考核评价的一体化教师管理制度，然而现有的制度供给主要还是沿用过去的教师管理制度标准，制度的实践导向不明显，整体供给不足，难以满足应用型高校建设、应用型人才培养对"双师双能"素质的需求，具体而言：

其一，教师资格制度的简单"沿用"，导致应用型高校教师专业实践能力先天生成不足。目前，我国还没有形成具有鲜明应用型教育特色的高校教师资格认证制度，按照《教师资格条例》《〈教师资格条例〉实施办法》和《高等教育法》的规定，应用型高校教师资格认证仍然采用省级普通高校教师资格认证制度，沿用普通本科高校的教师资格标准。这种教师资格认证强调对申请者学历标准、专业理论知识及教育学、心理学等方面的考核，是对教师学历、教学能力的认定，缺少对申请者的"技术性、职业性"要求，不能很好地反映应用型教育对教师的"双师双能素质"要求，不利于行业企业人才以兼职教师的身份进入应用型高校。这种"制度沿用"的做法未能从源头上对应用型高校教师进行较为理性的遴选，导致大多数教师在专业实践能力方面普遍存在先天"发育不良""生成不足"的问题。

其二，教师聘任制度主要建立在学术资格基础上，注重学术性。教师聘任制一般包括教师招聘与教师任用管理两方面。招聘方面，应用型高校常常按照研究型高校的标准配备师资，强调对应聘者学术头衔、学历学位、学术科研能力等学术性要求，过度追求高学历、高职称、高资历，而缺少对应聘者的"实践性、职业性"要求，未能从源头上对入职教师进行理性遴选，其结果导致应用型高校引进的人才多半"从学校到学校"。他们学历水平高，理论素养好，但普遍缺乏行业企业实践背景，实践经历与经验不足。根据 X 高校、T 高校、Q 高校的人才引进方案可以看出，引进人才的参考指标多以学历学位、科研能力和学术发展潜力为主要依据。现阶段，多数应用型高校实施的人才引进方案与"双师双能型"教师队伍建设要求总体上并不相符。而受学校编制数量、学历要求、福利待遇等因素影响，具有丰富实践经验的企业优秀人才较难补充到应用型高校教师队伍中来。任用管理方面，应用型高校往往以教学、科研积分的形式，对聘期内教师分类别、分等级实行量化考核管理，且考核指标中学术论文、学术著作、科研项目等学术指标分值高、权重大，是教师能否完成年度任务职责及聘期考核的关键，因此成为多数教师精力投入的重点。

其三，教师培训制度重理论、轻实践，形式单一、封闭。新教师岗前培训侧重师范性，培训内容局限于教学政策法规、教育学、心理学等方面，对其实践背景的补全培养与工程素质的养成教育较少涉及。教师在职培训主要还是沿用传统普通高校教师培训模式，致力于学历、学术水平的提高，学科知识的更新及课堂教学方法的改进，如教师访学、国外进修等，主要以学术交流、教育教学能力提升、科研能力提升为主。这些培训大都是"从学校到学校"，侧重于教师理论素养、专业知识的培训，以知识性专业能力提升为目的，实践性不强。一些应用型高校虽然出台加强教师"双师双能"型教师队伍建设的政策文件，引导教师自发地参加职业培训、职业认证或进入企事业单位实践锻炼，然而由于相应的激励政策和要求措施没有及时跟进，且相关制度存在规定模糊、界限不清、程序不严密等缺陷，使得很多规定难以执行或根本无法执行，教师赴企业实践培训困难重重。

其四，教师职称评审制度主要建立在学术标准基础上，评审标准重科研、轻实践。目前，应用型高校教师职称评审普遍建立在省级高校教师专业技术职务评审标准基础上，出于效率优先和便于管理的双重考虑，多数高校则直接使用省级评审标准。省级层面的高校教师职称评审标准针对的是一般普通本科高校，主要以学术性标准来衡量，普适性较强，评价指标体系单一，与应用型高校师资队伍建设要求存在一定偏差，不利于调动广大教师提升专业实践能力的积极性。虽然很多高校在职称评审条件中将横向项目研究、专利发明、成果推广与转化等作为业绩成果的重要选项之一，然而由于现阶段应用型高校教师实践经验缺乏，应用研究能力较低，教师整体在横向项目研究、专利发明、成果推广与转化等方面的成果并不理想，多数教师在职称评审中更加青睐于论文、论著、纵向科研项目等指标，而相对忽略自身专业实践能力的提升。

多数应用型高校职称评审制度对教学、实践方面的规定基本上属于达标性规定，而在科研条件方面的规定则为竞争性规定，最终教师能否得到职称晋升，关键还是看其学术论文、论著、科研项目等科研条件。部分高校虽然将"实践经历"当作职称评审的必要条件，但对实践经历的时间要求较短、较碎，如"六个月以上的锻炼经历""分几次完成"等规定，在实践考评、监控机制并不完善的情况下，这种规定往往变成教师"轮休"的福利，这也使得教师赴行业企业实践锻炼"形式大于内容"，实践效果有限。总体来看，应用型高校教师在专业发展中往往陷入两个评价导向不一致的制度中，一方面，在教育教学中，学校要求教师按照"双师双能"素质方向发展，具备较强的专业实践能力；另一方面，在职称评审中却要求教师服从"科研主导"的评审标准。这种评审标准对应用型高校教师专业发展造成一种反向激励，并形成较大的"斜向拉力"，使教师专业发展方向偏离"双师双能"导向而向"学术科研"方向发展倾斜，致使广大教师提升专业实践能力的内生动力不足。

其五，教师考核评价制度学术化倾向严重，缺乏专业实践能力方面的评价指标。现阶段，应用型高校往往以教学、科研积分的形式，对聘期内教师实行分等级量化考核管理，并且学术论文、科研项目等学术性考量指标在量化考评体系中分值高、权重大，相关考评指标与任务具体明确，是教师能否完成年度任务职责及聘期考核的关键。相比之下，学校对教师专业实践能力方面的考评较为模糊，缺乏硬性要求。学校对教师的考评常常作为教师聘任、职称晋升、奖惩的依据，与教师绩效及其切身利益息息相关。为了完成学校的考核要求，应用型高校教师更多地将时间、精力投入到学术科研上，注重论文发表、科研立项、奖项申报，而相对忽视自身专业实践能力的培养。可以说，以科研为主的考核评价体系容易误导应用型高校教师过于追求科研业绩与科研成果，偏离"双师双能型"教师队伍建设要求。

现阶段，应用型高校教师专业实践能力普遍较低，这一问题与高校教师管理制度息息相关。总体来看，现阶段应用型高校的教师管理制度在教师资格认证、教师聘任、教师培训、教师职称评审、教师考核评价方面与研究型高校存在趋同性，甚至在教师聘任、考核评价等方面并无明显的区分。相关研究表明，以新建本科院校为主体的应用型高校与研究型高校在教师聘任与考核方面呈现出高度一致的特征，即聘任专业教师时最看重其学历学位和科研能力，而在考核教师时最看重其科研能力。[1] 这种缺少针对性与适切性的制度安排对应用型高校"双师双能型"教师队伍建设、教师专业实践能力提升极为不利，严重削弱了教师转型发展的动力，影响高素质应用型人才培养质量。高校教师管理制度对教师的行为选择具有激励与约束作用，现阶段应用型高校教师管理制度学术导向、学术考量倾向明显，缺乏对教师专业实践行为引导的明确指向与规范举措，其供给与"双师双能型"教师队伍建设的制度需求不一致、不匹配，处于非均衡状态。应用型高校只有建立起符合"应用型"办学定位、满足"双师双能型"教师队伍建设要求的均衡化制度安排，教师专业实践能力才能真正得到提升。

---

[1] 董泽芳、聂永成：《关于新建本科院校转型分流现状的调查与分析》，《高等教育研究》2016年第4期。

第四章

制约应用型高校教师专业实践能力提升的制度非均衡解释

现阶段，我国应用型高校教师管理制度供给与制度需求不一致，处于非均衡状态，这成为教师专业实践能力提升的掣肘。本章从资源、成本、利益、制度环境四方面对制约教师专业实践能力提升的制度非均衡现象进行解释，探究影响教师专业实践能力制度因素背后的深层次原因。办学资源的短缺、复杂利益关系的羁绊、内外部制度环境的影响以及转型发展交易成本的增加，是造成应用型高校教师管理制度非均衡现状的主要原因，这些因素决定着应用型高校的办学方向、教师管理制度的改革路向，进而决定着教师的行为选择。

第一节 资源分析

在一定意义上，学校可以看作是教育资源的一种组合形式。资源是分析、解释甚至解决人类社会诸多矛盾和制度变迁的重要线索与思路，高校的办学资源尤其是经费资源往往决定着学校制度建设，对制度改革有着重要影响。资源决定着转型发展，没有资源基础特别是经费资源的支持，转型发展就难以深入推进，相应的制度改革也难以跟进。

一 应用型高校建设的资源观

资源"是使人们所从事的活动能够继续的各种条件的总和"①。任何组织的存在都是为了履行一定的职能，完成一定的任务，而履行职能、完成任务必须要借助资源，消耗资源，"这些资源是组织发挥职能并达到社会结构情景要求所必须的生产要素"②。作为社会组织的一种，高校的运行发展是以资源为基础的。③ 无论什么类型的高校，其各种职能活动的实现必须以足够的资源为基础。从资源的视角来看，高校的发展意味着更多更优的资源聚集后，被有效充分地利用，同时衍生、留存更多更优的资源。人力资源、物质资源和财力资源是高校最重要的三种资源，其中，财力资源（办学经费）可以兑换成高校运行所需要的各种人力资源和物质资源，是高校运行的物质基础。制约高校发展的两大难题是"人"和"钱"，这在地方高校尤为明显。美国教育行政专家罗林庭格（Rollinger）曾言："学校经费如同教育活动的脊椎。"④ 克拉克·克尔（Clark Kerr）同样认为，"发展，转移学术重点和参与社会生活都需要钱；哪所大学得到最大数量的金钱，就将有助于决定哪所大学拥有十年或二十年的发展优势"⑤。本章所探讨的资源主要是指高校的财力资源，即高校的办学经费。

现阶段，应用型高校正处于建设发展的初期，其发展壮大需要

---

① 胡赤弟：《教育产权与现代大学制度构建》，广东高等教育出版社 2008 年版，第 63 页。
② 于显洋：《组织社会学》，中国人民大学出版社 2001 年版，第 17 页。
③ 王连森：《大学发展的经济分析——以资源和产权为中心》，高等教育出版社 2013 年版，第 40 页。
④ 刘天佐：《高校经费筹措与管理新论》，湖南人民出版社 2007 年版，第 134 页。
⑤ ［美］克拉克·克尔：《大学的功用》，陈学飞等译，江西教育出版社 1993 年版，第 81 页。

吸纳更多的办学经费，需要政府、社会给予其发展所需的财力资源和各种支持。资源既是教育发生发展的基本条件，也是高校与社会互动交换的载体。与研究型高校相比，应用型高校在资源和资源结构方面存在更多的问题，如资源总量稀缺，缺少稳定多元的资源筹集渠道，现有资源利用率不高，外部资源区域差异较大。[1] 因此，应用型高校建设需要更多的资源、更大的投入才能维持运行。应用型人才培养成本高，基础设施建设、"双师双能型"师资队伍建设、人才培养模式改革、学科专业建设等全方位转型需要大量资金支撑；应用研究需要的实验室建设、校企合作、大学生创新创业、科技成果孵化转化推广等方面也需要投入不少经费。发达经济体统计表明，培养高级应用型人才的成本是普通高等教育的 2.5 倍，但目前我国应用型高校仍然执行每生均年不低于 1.2 万元、等同于普通本科高校的经费拨款标准，且仍然有部分省份未达到此标准。[2]

二　办学经费分析

我国高校的办学经费主要来源于财政拨款、科研经费和教育事业收入（主要是学费）。其中，财政拨款的比例最大，无论部属高校还是地方高校，财政拨款都是其办学经费的主要来源。高等学校生均拨款因所处地区、办学类型、办学层次的不同而有所不同。部属高校办学经费中公共财政预算所占比例较高，而地方所属院校所获得的公共财政预算投入力度较小，获得科研经费、企业和社会捐赠的能力较弱，更加依赖于学费收入。[3] 从表 4-1 可以看出，2012 年至 2016 年，无论是生均教育经费支出还是生均教育经费支出增比，

---

[1] 刘献君：《应用型人才培养的观念与路径》，《中国高教研究》2018 年第 10 期。

[2] 中国民主促进会中央委员会：《关于加强中央财政支持地方普通本科高校转型发展的提案》，http://www.mj.org.cn/mjzt/content/2018-02/27/content_282571.htm，2018 年 2 月 27 日。

[3] 应卫平、李泽泉、刘志敏：《优化高等教育投入　全面推进新时代应用型大学建设》，《中国高等教育》2018 年第 11 期。

中央属普通高等本科学校都明显高于地方普通高等本科学校。这里需要指出的是,地方普通高等本科学校包括省属重点高校。实际上,省级政府对省属重点大学的投入还是比较大的,如果去除省属重点大学生均教育经费支出,中央属普通高等本科学校与地方应用型高校的生均教育经费支出差距会更大。可见,地方普通本科高校特别是应用型高校仍是财政投入的洼地,这也成为影响应用型高校建设的重要因素。

表4-1 　　2012—2016 年中央属普通高等本科学校与地方普通高等本科学校生均教育经费支出统计　　单位:元

年份	中央属普通高等本科学校	增比	地方普通高等本科学校	增比
2012	44325.80		26070.74	
2013	46523.73	4.96%	23917.06	-8.26%
2014	46040.72	-1.03%	24792.76	3.66%
2015	51835.69	12.59%	26521.86	6.97%
2016	56933.24	9.83%	27378.97	3.23%

资料来源:根据中国教育经费统计年鉴(2013—2017)中央属普通高等本科学校与地方普通高等本科学校生均教育经费支出统计计算而得。

在地方本科高校转型发展背景下,建设应用型高校,培养应用型人才,强调实践教学,突出应用研究,在办学过程中需要产教融合、校企合作,对市场性的要求越来越高,寻求外部条件支撑的依赖性越来越严重。应用型高校的关键是强化实践教学,加强实验、实训和实习。因此,相比于转型前的地方本科高校,应用型高校建设需要大量的经费投入。目前政府对地方本科高校的经费投入,按照学生数和教工数,采取统一标准,不分学校类型。[①] 应用型高校办学经费主要来源于地方政府拨款和学费收入。以新建本科院校为主

---

① 许亚非:《新常态下地方本科高校的转型发展》,《山东高等教育》2015 年第6 期。

的应用型高校基础差、底子薄，经费来源渠道单一，国家财政支持少，加之受地方政府财力限制，开展应用型高校建设几乎是"心有余而力不足"。而处于建设起步阶段的应用型高校自身尚未在人才培养与服务地方经济建设方面建立良性机制，造血功能低，自吸纳社会资金的能力弱，可支配的转型收入有限。虽然政府每年都在增加应用型高校的教育经费投入，但是由于历史遗留问题和地方政府对高校投入资金的不足，应用型高校在办学经费方面仍捉襟见肘，例如，倾斜了重点学科专业，往往不能满足某些专业的需要；照顾到人头费，往往不能满足实践教学条件的改善及师资队伍建设。可以说，办学资金短缺是影响地方本科高校转型发展、应用型高校建设的关键因素之一。

"近年来，我国高等教育经费投入占国内生产总值比例一直维持在1%以上，已逐步接近世界平均水平，但各省高等教育投入强度差异较大，同时，部属高校与地方高校经费投入差距较大。"[①] 在"双一流"建设背景下，这种经费投入的差距进一步拉大。国家"双一流"发展战略的提出带来的是新一轮的资源分配、经费支持，而基于"双一流"建设的重新分配，资源必定会向拥有更多一流学科和更高科研产出的高校倾斜，会向省属骨干大学和行业特色高校倾斜。而总体处于我国本科高校边缘地带的应用型高校，由于其办学实力与学科发展实力相对有限，应用型高校建设的推进进程必然面临着发展资源有限、经费不足的尴尬局面。调研发现，受办学经费制约，应用型高校校内实训基地场地建设、设施设备建设、实验教学耗材配置等都存在很多历史欠账，设备老化问题比较突出。

2017年，75所部署高校预算收支总数超过3500亿元，其中7所高校超过100亿元，17所预算投入在50亿—100亿元，47所投入

[①] 应卫平、李泽泉、刘志敏：《优化高等教育投入　全面推进新时代应用型大学建设》，《中国高等教育》2018年第11期。

在20亿—49亿元，4所投入小于10亿元。① 在"双一流"建设背景下，政府的高等教育投入政策倾斜于"双一流"高校（见表4-2），在科研经费、基建资金等方面对国家及省级"双一流"高校给予大力支持，惠及应用型高校的财政支持较少。在转型发展的专项投入方面，中央财政投入有限，在中央预算专项建设资金支持的国家"十三五"产教融合发展工程规划项目中，支持应用型高校建设的存在导向不明、力度不够、经费有限等问题；而在地方财政投入方面，在全国20多个启动地方本科高校转型的省份中，部分省份未设置转型配套资金，或者受财力所限配套资金支持有限，"解渴"效力不足。

"双一流"加剧了我国高校资源分配的不均衡性。许多省份在高等教育财政拨款总量不变的情况下，削减地方普通高校经费，用于集中建设"双一流"大学，这致使一些应用型高校办学经费严重不足，甚至有的学校连基本的运行经费都无法保障，应用型高校发展的后劲严重不足。② 我国的高校多数由政府主办，政府对学校的拨款和激励政策对学校的定位及其制度走向起到关键的导向作用。在我国高等教育资源以重点高校建设为导向的体制背景下，应用型高校对自身转型的外部政策环境缺乏稳定预期，难以产生学校内部制度变革的内在动力。受困于办学资源短缺的问题，应用型高校往往将拓展办学资源放在学校优先考虑的地位，政府对高校"双一流"建设的巨大投入诱使部分应用型高校的办学定位发生动摇，他们期望从应用型发展为研究型，以求获得更多的办学资源和更高的社会声誉。这样应用型高校的教师管理制度建设也相应地朝着"双一流"的指标体系跟进，朝着提升办学层次、获取更多办学资源的方向跟进。

---

① 《"双一流大学"2017年预算公布：清华233亿居首》，http://edu.sina.com.cn/gaokao/2017-10-09/doc-ifymrqmq2147330.shtml，2017年10月9日。

② 仲米领：《"双一流"背景下地方院校的现实忧思及破解方法》，《现代教育科学》2018年第10期。

表4-2　　　部分省市"双一流"计划投入和建设目标

省、市、自治区	"双一流"计划投入	建设目标
山东省	"十三五"期间计划投入50亿元	建设1—2所世界一流大学，6所高校进入全国百强，50个学科进入ESI全球前1%，2030年10个学科进入ESI全球前1%
广东省	计划投入50亿元（2015—2017）	建设2所世界一流大学，17所国内高水平（理工）大学，此外还要建设110个重点学科
北京市	预计投入100亿元	推进高校高精尖创新中心建设计划，目前已经公布了两批19个高校高精尖创新中心
上海市	第一阶段3年投入36亿元	建设高峰高原学科，计划建设20个世界一流学科，180个学科进入全国前20%
安徽省	投入70亿元	支持地方高水平大学建设，其中安徽大学投入10亿元建设，安徽农业大学投入12.7亿元，安徽医科大学投入15.1亿元，安徽工业大学投入7.55亿元，安徽理工大学投入6亿元等
江苏省	"十三五"期间累计将投入85亿元，进入全国百强的省属高校每年新增1亿元	15所以上高校进入全国百强，10所进入前50，100个左右学科进入ESI全球前1%，国家一流学科数不低于全国总数的10%
河南省	10年投入31亿，"十三五"期间拟筹措资金40.27亿元支持郑州大学、河南大学"双一流"建设	5个左右学科进入世界一流学科行列，10个学科进入ESI前1%
贵州省	5年投入5个亿	推进区域内大学和学科"双一流"建设
河北省	5年25个亿	建设3所国内高水平大学以及一批国内一流学科，个别学科进入国际一流行列
湖北省	每年投入10亿—20亿元	建设一批优势特色学科群。2030年至少2所大学进入世界一流大学行列，至少10所大学进入国内一流大学行列

续表

省、市、自治区	"双一流"计划投入	建设目标
湖南省	2017年投入15亿	2020年40个学科进入ESI全球前1%，45个左右的学科进入全国前10%；5所大学进入国内一流大学或特色大学行列
宁夏回族自治区	2017—2020年投入2亿元	重点建设宁夏大学和6个国内一流学科、10个西部一流学科
贵州省	一期（2016—2020）5年投入5个亿	推进区域内大学和学科"双一流"建设
福建省	每年16亿建设资金	
吉林省	5年投入15亿元	
江西省	省财政统筹安排资金40亿元（2016—2030）	到2030年，3—5所大学进入国内一流大学行列；3—5个学科进入世界一流学科行列或前列，20个左右学科进入国内一流学科行列

资料来源：根据各省市自治区公布的"双一流"建设方案整理而得。部分省份未明确资金投入规模，暂未列入。

三 办学经费与应用型高校教师管理制度改革

"办学资源是一所大学的生存来源。"地方本科高校向应用型转型发展是一项关乎学校办学定位与职能、人才培养目标的重大改革，需要巨大的改革成本。应用型高校培养的是高素质应用型人才，注重实践性教学，强调应用研究，对教师的"双师双能"素质及教学设备的仿真性和先进性要求很高，办学经费的不足严重制约了应用型高校办学目标的实现，限制了"双师双能型"教师队伍建设及其相应的制度改革。可以说经费短缺是转型发展的最大"瓶颈"，这一瓶颈使得多数应用型高校面临着"纵深推不动、横向铺不开"的发展困境。调研访谈中，西部地区T高校发展规划处处长就谈道：

现在地方高校转型发展、应用型高校建设存在的各种问题，包括师资队伍建设存在的问题，很大程度上还是和学校的办学经费不足有关。作为地方院校，多数应用型高校获得的政府经费支持、政策支持、平台资源是有限的，那些蛋糕往往都被211层次以上的大学（现在也叫"双一流"大学）、甚至省属骨干大学分走了，我们得到的资源是非常有限的。建设应用型高校要应对很多基础设施的建设、"双师型"教师队伍建设，需要大量的转型经费支持，而现在我们学校七成的经费都用在人头费上，哪儿还有钱来做这块儿（转型发展）？其实，学校当初转型发展的初衷很大程度上就是想从省里边获得一些经费支持。

应用型高校教师专业实践能力的提升需要校级层面提供必要的物质条件，需要实训实践基地、实验（试验）室和实践教学设备的支撑。而应用型高校办学资源的严重不足，特别是办学经费的短缺，一方面使得应用型高校将提升办学层次、拓展办学资源置于最优先的位置，而相对忽略学校内部的制度改革建设；另一方面，教师管理制度的改革创新常常受制于办学资源不足而难以推进。无论是在教师聘任中加大兼职教师的聘任比例，还是在教师职前或职后培训中将教师送到行业企业实践培训、挂职锻炼，抑或在职称评审或考核评价中加入实践成果方面的考核内容，都对学校的办学资源特别是办学经费提出一定要求，而囿于办学资源的短缺，应用型高校在相应制度改革上停滞不前。以教师赴行业企业实践培训为例，教师专业实践能力的提升需要高校建立教师赴行业企业实践培训制度，这一制度需要在校企合作中实现。然而校企合作是一个复杂的系统工程，校企双方产学研合作、共建实训实习中心、落实教师赴行业企业实践锻炼及学校为教师搭建实践平台、教师赴企事业单位实践期间学校教学安排应有的师资保障等，都需要投入大量的人力、物力和财力。反观应用型高校现有的办学经费支持，实在难以保证教师赴行业企业实践锻炼及其相关配套制度的制定、实施。因此在有限的办学经费下，安守制度现状似乎是一个更好的选择。

其实，相对于研究型高校，应用型高校建设难度大、投入高、周期长，并且需要建设实践平台。① 受资源的限制，特别是受办学经费的限制，地方本科转型发展、应用型高校建设的基础条件都得不到满足。在产出回报还不明朗的情况下，一些应用型高校坚定应用型办学定位的理念受到影响，在应用型发展的道路上行动缓慢，在相应的制度改革上雷声大、雨点小，难以对"双师双能型"教师队伍建设、教师专业实践能力提升发挥实质性作用。而出于提升学校办学层次的需要，多数高校采用高薪、高福利的聘用手段，这不仅增加了学校有限的经费投入负担，也进一步加剧了高校之间的恶性竞争。

任何一项制度的改革与实施都离不开一定的经费保障，加大经费投入是应用型高校教师管理制度改革的基础。而应用型高校的政府财政投入原本就不足，很多高校还有债务负担，在现有办学模式下能够勉强维持已实属不易，再让学校拿出部分经费进行相应的制度改革，提升现有教师的专业实践能力，从现阶段学校的经费状况来看，是非常困难的。一些应用型高校的办学经费仅能勉强支撑学校的"人头费"与正常的教学支出，如此，又何谈校企合作，何谈从企业引进高素质技术技能型人才，何谈教师赴企业实践锻炼，何谈实践教学、应用研究？

第二节　成本分析

制度发展的成本能够明显地影响制度安排的最终形式。如果创建制度的成本超过了它们将会提供的福利的话，理性行为人不会去

---

① 刘维涛：《我们需要怎样的大学？（协商之路）》，http://edu.people.com.cn/n/2015/1111/c1006-27800747.html，2015年11月11日。

创建制度。① 地方本科高校转型发展与教师管理制度改革总交易成本的增加，使得应用型高校有限的办学资源难以支持应用型高校建设活动的开展，致使应用型高校教师管理制度改革受阻而进展缓慢。

一 交易成本与制度成本的关系

交易成本（也称交易费用）的思想最早源于科斯（Coase, H）②，他指出任何交易的实施完成都需要成本，这就是交易成本。阿罗（K. Arrow）使交易成本的概念更具一般性，指出"交易费用是经济制度的运行费用"③。威廉姆森（Williamson）从契约的角度分析交易成本，认为组织制度的问题可以表述为契约问题，从契约的角度出发，交易成本可以分为事前的和事后的两类。事前的交易成本即为签订契约，规定交易双方的权利、责任及解决契约本身存在的问题等达成合同的成本；事后交易成本即为签订契约之后发生的成本，包括交易偏离所要求的准则而引起的不适应成本、解决交易冲突付出的成本等所花费的费用。麦克尔·迪屈奇（Michael Dietrich）直接把交易成本定义为三个因素，即调查和信息成本、谈判和决策成本以及制定和实施政策的成本。④ 国内学者也从契约过程的交易费用出发，将交易成本分为两部分，一是事前的搜集信息、度量产品的成本、签订契约的费用；二是事后的保证契约的实施执行

---

① ［美］杰克·奈特：《制度与社会冲突》，周伟林译，上海人民出版社2017年版，第44页。

② 科斯最早提出交易费用，1969年阿罗（Arrow Kenneth J.）第一个使用"交易成本"这个术语，认为交易成本是"利用经济制度的成本"。此后，多用交易成本来替代交易费用，或者换用。

③ 卢现祥：《西方新制度经济学》（修订版），中国发展出版社2003年版，第5页。

④ ［美］迈克尔·迪屈奇：《交易成本经济学——关于公司的新的经济意义》，王铁生等译，经济科学出版社1999年版，第44页。

而进行的监督等活动费用。① 交易费用对契约选择、交易形式选择、制度和组织选择起着决定性作用。

在现实中,从社会的角度来看,交易是人与人之间经济活动的基本单位,无数次的交易构成经济制度的实际运转,并受制度框架的制约。基于这种思路,阿罗将交易成本简要地定义为经济制度的运行费用。这一视角所理解的交易成本具体包括制度的确立或制定成本、制度的运转或实施成本、制度的监督或维护成本、制度的创新或变革成本等。② 张五常也认同将交易费用的概念扩展为制度成本,指出交易费用实际上就是所谓的"制度成本",认为交易成本可以看作"是一系列制度费用,其包括信息费用、谈判费用、起草和实施合约的费用、界定和实施产权的费用、监督管理的费用和改变制度安排的费用"③。因此,根据阿罗、张五常等人对交易成本的理解,广义的交易成本也可以理解为"制度成本"。

任何制度的供给都是有成本的,"建立一个正式的程序要求一种资源投入,它保存社会的行为和关系的模式,并使他们固定下来……建立人们一贯遵守的规则涉及更大的成本,并使行为模式进一步具体化",④ 这种投入的"资源"和"更大的成本"无疑是制度成本。制度成本可视为制度供给的物质消耗价值和创立、实施、维护制度的人的工资价值之和。⑤ 一般而言,制度的供给成本大体由以下几部分构成:在制度的制定阶段,制度成本包括接受、传递有关制度和创新制度潜在收益的信息费用,创新方案的设计、比较和选

---

① 曹淑江:《教育制度和教育组织的经济学分析》,北京师范大学出版社2004年版,第27页。

② 卢现祥、朱巧玲主编:《新制度经济学》(第二版),北京大学出版社2012年版,第84页。

③ 卢现祥主编:《新制度经济学》(第二版),武汉大学出版社2011年版,第44页。

④ [美]彼得·M.布劳:《社会生活中的交换与权利》,李国武译,商务印书馆2008年版,第67页。

⑤ 蒋玉珉:《合作社制度创新研究》,安徽人民出版社2008年版,第14页。

择的费用；在制度实施阶段，制度成本包括消除制度实施阻力的费用，制度组织实施费用，利益受损者不合作或抵制造成的费用等；在制度的运行和维护过程中还包括制度部分修改实施费用，对制度运行状况的监督、控制费用，以及对制度违规者惩戒发生的费用等。制度供给或制度安排的成本往往是非常大的，因此，制度的供给者常常是政府或团体而不是个人。

二 应用型高校活动中的交易成本分析

高校作为一个组织，在提供高等教育活动的过程中，不仅与外部的政府、行业企业等进行交易活动，在高校内部各学院、管理部门、教师、学生、管理者之间也存在着广泛的交易活动。只要存在交易，就不可避免地会产生交易成本。因此，高校在提供教育服务的过程中，要进行人才培养、科学研究、社会服务等一系列交易活动，必然产生大量的交易成本。一般来说，可以将高校活动中的交易成本分为内部交易成本和外部交易成本。[①] 内部交易成本主要包括高校制度制定和运行所花费的成本，高校监督与管理方面的支出，组织效率损失或组织内耗，以及保证高校正常运行而耗费的时间、精力、财物等方面的成本；而高校外部交易成本主要包括为处理好同政府等外部关系所花费的成本，在竞争中为增强竞争力而投入的成本，以及学校发生采购行为时发生的市场交易费用等。

地方本科高校转型发展，建设应用型高校，要付出更高的交易成本。转型发展是地方本科高校全方位的改革，意味着原有的办学理念、学科专业设置、教师队伍、人才培养过程和手段、学校管理模式等都要做出调整，而每一方面的调整都需要较大的人力、财力、物力投入，都会增加交易成本。应用型高校兼具高等教育和市场的双重属性，以科学知识和技术成果的应用为导向进行办学，贴近市

---

① 张学敏、叶忠：《教育经济学》（第 2 版），高等教育出版社 2014 年版，第 319 页。

场的需求程度高。因此，应用型高校可以大体上看作基于一定市场生产方式的人才培养和科学研究的本科院校，需要大力开展并深化产教融合、校企合作，与行业企业在人才培养、师资培训、技术创新、社会服务等方面开展更多的合作形式与合作内容，这必然会增加学校的交易总成本。应用型高校建设使得教职员工与学校管理人员的工作任务、教学方式、教学内容发生很大变化，多数教师及管理人员习惯于原有工作方式、教学模式，很难从心理上接受这种挑战性的变革，在转型发展下他们对新的教育教学模式、管理模式的调整和适应也会相应地增加交易成本。此外，作为一种新的高等教育类型，转型后高校如何制定转型方案，如何培养高素质的应用型人才，如何找到与地方经济社会发展的对接点，如何与政府机构、行业企业建立多方位实质性的校地、校企合作关系，如何扩大对市场的交易，如何满足市场需求，这些对应用型高校来说都是巨大的挑战，每一项探索都是一次新的"交易"，都会产生新的交易成本。基于一定市场性的高等教育活动的达成，需要花费远比传统大学组织教育更多的交易成本。[1] 因此，应用型高校教育活动的交易成本要远高于普通地方本科院校活动中的交易成本。

三 应用型高校教师管理制度改革的制度成本分析

制度的存在与运行是有成本的，制度的创新同样是有成本的。教师管理制度改革中的制度成本主要包括摩擦成本、制度设计成本、制度实施成本三个方面。

一是摩擦成本。教师管理制度改革过程的本质特征表现为"非帕累托改进"，制度改革会关系到利益关系的改变，但并非使政府、高校、教师等所有利益相关者的收益增加。因此，教师管理制度改革的过程是资源配置的过程，会出现不同行为主体间利益的重新调

---

[1] 吴文俊：《高等教育制度经济学分析》，安徽师范大学出版社2011年版，第82页。

整，会对"相对均衡"的制度安排和利益格局造成影响，不同利益主体之间就会出现潜在的或实际的摩擦，形成制度改革的阻力。例如，从学校的角度来看，应用型高校按照"双师双能型"教师制度建设要求改革教师管理制度，虽然会提升教师的"双师双能"素质，但会损害学校整体的科研成果产出，在现有的制度环境下会降低学校在各种评价评估中的排名，影响学校社会声誉及办学层次的提升；从教师的角度来看，虽然制度改革会提升教师的专业实践能力，提升应用型人才培养质量，但制度改革后形成的另一套基于实践导向的、教师并不擅长的管理制度体系，会完全打破现行教师管理制度下基于科研成果的教师职称评审、考核评价、绩效薪酬的利益分配格局。而要解决这些问题，必将会改变当前学校中已形成的利益分配格局，政府或学校必然进行各种有形的或无形的投入，增加教师管理制度改革的交易成本。

从应用型高校长远发展的视角来看，应用型高校教师管理制度改革能提升教师的专业实践能力，增强应用型人才培养质量，是一种有效的、必须进行的改进。然而这种改革从短期来看，会损害学校的整体利益，也会降低教师的福利水平，因此，属于"非帕累托改进"，这一问题成为教师管理制度变迁过程中重要的制约因素。

二是制度设计成本。应用型高校教师管理制度改革是基于实践导向制度逐渐替代学术导向制度的过程，在这个过程中，需要对新的有利于"双师双能型"教师队伍建设的教师管理制度进行设计，对制度变迁的过程进行规划，并按照一定的程序组织实施，在这个过程中直接和间接发生的费用构成该项制度改革的规划设计费用。这些费用具体包括为制度设计进行论证和调研的费用、制度的规划及制定过程中的人、财、物消耗所花费的费用等。

三是制度实施成本。应用型高校教师管理制度的实施成本主要包括以下三个方面。一是教师对制度的"遵从成本"。为减少制度实施的阻力，教师管理制度的改革必然涉及对广大教师进行思想认识方面的培训、教育，特别是强化其赴行业企业实践锻炼的动机，使教职员工逐步认可、接受新的制度安排，这必须要支付一定的培训费用。二是构筑制度实施的物质基础所花费的费用。应用型高校兼具高等教育与市场的双重属性，在提升教师专业实践能力上，其教师管理制度的实施需要以一定的物质条件为基础，如教师开展实践教学需要实验、实训设备支出，教师校内培训所需的实训、实习基地及操作设备等，都需要大量的经费投入，这些投入是教师管理制度实施过程中必需的物质基础。三是具体实施中的费用。教师管理制度实施的主要目的之一在于增强教师的专业实践能力，为达到这一目标，学校要花费大量费用，如教师招聘及聘期考核期间对教师的考核评价成本；为搭建教师实践培训平台，学校在企业实践内容、企业实践待遇、企业实践经费、实践企业的遴选等方面花费的费用；学校全面组织落实教师赴行业企业实践培训、挂职锻炼，在与行业企业沟通协调、签订协约及对教师监督管理方面花费的费用；在考核评价中教师实践能力、实践成果的考评包含大量复杂现象和模糊概念，对教师实践性方面的考评要花费大量的费用。

以上制度成本可以看作应用型高校教师管理制度改革的总制度成本。总制度成本反映的是应用型高校教师管理制度改革中遇到的学校、教师、行业企业之间合作方式的复杂程度，反映的是为了完成复杂的教师管理活动所必须增加的共同信息的总成本。相比制度总成本，平均制度成本既能够衡量总成本，还能够比较制度运行的效率，比总成本含有更多的信息量，不过平均制度成本的核算相对困难，本书很难用具体的方式来核算教师管理制度的具体平均成本。然而，一个有效率的新制度与原有制度相比，总制度成本一般是提高的，而平均制度成本则是下降的。[①] 从上述分析可以看出，相比于地方普通本科高校，应用型高校教师管理制度总成本明显增加，这也反映了应用型高校内外合作方式、合作关系的复杂程度。从短期来看，受办学资源的制约，教师管理制度改革总成本的增加使得多

---

① 李建德：《论制度成本》，《南昌大学学报》（社会科学版）2000 年第 1 期。

数应用型高校在制度改革方面止步不前，仍沿用已有的教师管理制度或在某些方面做一些修修补补。此外，制度供给成本与制度收益之间往往存在一个时滞，由于时滞的存在，期间存在很多不确定性，制度供给的责任也就常常落在政府或高校身上，这也在一定程度上造成了政府或高校宁愿遵循已有的制度安排，也不愿生成新的制度供给，创建新的制度安排。

第三节　利益分析

利益是人类行为动力的根源，"是人类生活实践中最为普遍、最为基础的社会现象，它影响着人们的言行，决定着人们的生活实践"[①]。利益分析是审视制度改革的一个独特视角，"离开了经济学的利益分析，我们无法说明人类社会里各种制度的生成、稳定、演变，也不可能了解人类制度的本质"[②]，"制度是一个在长期的博弈过程中利益各方达成一致的方案，它应该考虑到各方的利益而不是一方的利益"[③]。高校教师管理制度改革、教师专业实践能力提升过程中存在着政府、学校、行业企业、教师等利益相关者，作为独立利益主体和利益最大化的追求者，他们各自存在的利益选择与利益诉求深刻影响着应用型高校教师管理制度改革的走向，进而影响教师专业实践能力建设。

一　应用型高校的利益分析

高校作为一个非营利性组织，是一个典型的利益相关者组织，

[①] 孙伟平、崔唯航：《利益：社会历史活动的基础和动因——读王伟光〈利益论〉》，《哲学研究》2010年第11期。

[②] ［德］柯武刚、史漫飞：《新制度经济学：社会秩序与公共政策》，韩朝华译，商务印书馆2000年版，第636页。

[③] 盛洪：《为什么制度重要》，郑州大学出版社2004年版，第115页。

其中的每一个人都承担一些责任，但没有任何一部分人需要对自己的行为负全部责任。从学校的整体利益来看，应用型高校内在"学术漂移"倾向引致其教师管理制度趋向学术本位，而基于管理逻辑的高校运行及转型发展对学校短期利益的损害，致使其教师管理制度背离转型发展目标。

（一）应用型高校内在"学术漂移"倾向引致其教师管理制度趋向学术本位

"学术漂移"也称作"向上漂移"，最早由英国学者蒂勒尔·伯吉斯（Tyrrell Burgess）提出，主要指高校背离原有定位，不断寻求向上发展的一种趋势。挪威学者凯维克（Svein Kyvik）将"学术漂移"分为"政策漂移、院校漂移、学生漂移、教师漂移、项目漂移和行业漂移"[①] 六个层面，其中学者们关注较多的是"院校漂移"和"教师漂移"。"院校漂移"指非大学的高等教育机构由于办学定位不清、强调学术研究的价值而呈现出的各种行为，"教师漂移"则指这些院校及其教师朝着学术化方向发展的整体趋势。[②] 判断高等教育系统是否发生了"学术漂移"，应该依据三个方面的标准：一是系统内是否出现了"学术漂移"的愿望，如果底层或边缘的学校在目标定位上体现了"学术漂移"的愿望，就可以判定系统中发生了"向上漂移"的现象；二是系统内是否出现了"向上漂移"的制度安排或行为模式；三是系统内底层或边缘学校是否具有向上流动的或向中心转移的目标。[③] 我国高等教育总体上呈现从"中心"到"边缘"的系统结构，按照由中心至边缘的向度，应用型高校在我国

[①] Jurgen Enders and Frans van Vugnt, *Towards a Cartography of Higher Education Policy Change: A Festschrift in honour of Guy Neare*, Enschede: Center for Higher Education Policy Studies, 2007, pp. 333 – 338.

[②] 司俊峰、唐玉光：《高等教育"学术漂移"现象的动因探析——基于社会学制度主义的视角》，《高等教育研究》2016 年第 9 期。

[③] 朴雪涛：《现代性与大学：社会转型期中国大学制度的变迁》，人民出版社 2012 年版，第 250 页。

高等教育系统中总体处于边缘地带，其发展往往依附于居于中心地位的研究型高校，并模仿其行为模式和管理制度，存在"学术漂移"倾向。这种倾向本质上是高校追求自身利益的一种表现。

应用型高校中的"学术漂移"可视为高校这类制度性组织形塑制度同形性的演进过程①，这种现象也是一种趋同现象。保罗·J. 迪马奇奥（Paul J. De Maggio）和沃尔特·W. 鲍威尔（Walter W. Powell）认为趋同现象起源于组织内部面临的制度环境，强迫机制、模仿机制和社会规范机制三方面的机制导致了组织的趋同或组织形式、组织行为的趋同化现象。其中，强迫机制是指组织必须遵守政府制定的法律法规，接受制度环境的作用，否则就会受到大环境的惩罚；模仿机制是指模仿成功组织的行为和做法，学习成功组织的运行机制、结构形态和发展目标；社会规范机制则通过共同的思维与观念，使组织采取与其一致的形式和做法，以获得合法性，得到社会的承认。②

在国家政策的引导下，多数应用型高校虽然在理念层面确立了应用型的办学定位，但对于应用型的内涵还不清晰、路径还不明确③；一些高校则受社会舆论、传统观念等因素影响而逐渐模糊、偏离办学目标定位。办学定位不准、人才培养目标不明确已成为当前我国应用型高校发展过程中面临的最大问题。④ 在我国，政府主要以高校的"身价等级"作为其经费拨款的基本依据，社会一般将地方高校视作"大学"进行身份认知。受此影响，应用型高校在发展中

---

① 司俊峰、唐玉光：《高等教育"学术漂移"现象的动因探析——基于社会学制度主义的视角》，《高等教育研究》2016年第9期。
② ［美］保罗·J. 迪马奇奥、沃尔特·W. 鲍威尔：《组织分析的新制度主义》，姚伟译，上海人民出版社2008年版，第68页。
③ 王红：《我国新建本科高校应用型发展问题与对策——基于"十二五"168所新建本科高校合格评估数据的分析》，《西南大学学报》（社会科学版）2017年第6期。
④ 高迎爽：《法国大学技术学院办学实践及其启示》，《中国高教研究》2018年第10期。

不同程度的存在"发展目标虚高、办学层次攀升的倾向",①与重点高校合办硕博士点,联合培养研究生,铆足劲谋划"大学"更名,谋求成为硕博士授权立项建设单位,以此获得更好的生源和更高的社会名望,争取更多的教育经费和生存资源。在我国现行的高等教育行政评价体系下,"大学"更名、获批硕博士学位授权单位关系到高校级别、层次的高低及所获教育资源的多少,能给学校带来更多现实"红利"。如"学院"更名为"大学",高校可以获得更好的生源质量和学校声誉,获得地方政府更多的财政投入,学校的行政级别及学校领导的级别随之提高,可谓"名利双收"。

已有调查表明,以新建本科院校为主体的应用型高校,75.4%的学校近5年有更名为大学的奋斗目标,70.8%的学校计划进一步扩大办学规模,69.2%的学校计划近3年增设新的一级学科,63.1%的学校计划近5年内获得硕博士学位点。②由此可见,"大学"更名、获得硕博学位点等绩效指标才是应用型高校办学发展的实际兴奋点。地方高校在推进转型发展过程中,尤其是处于争取提升办学层次阶段的应用型高校,对外部资源输入的关注远高于内部改革建设,对具体物质性措施的关注明显高于对定位目标内涵的关注,其办学定位与内部改革容易被具体的争取办学资源、争取硕博士授权单位、"大学"更名等目标所遮蔽。③

无论是高校谋划"大学"更名还是谋求获得硕博士学位授予点,国家都对高校教师硕博比、学科专业设置及科研水平有硬性要求。按照现行《学位授权审核申请基本条件(试行)》的规定,新增博士学位授予单位申请基本条件中,专任教师中具有博士学位教师的

---

① 聂永成、董泽芳:《新建本科院校办学定位趋同的理性分析——基于对91所新建本科院校转型现状的实证调查》,《湖北社会科学》2016年第12期。
② 董泽芳、聂永成:《关于新建本科院校转型分流现状的调查与分析》,《高等教育研究》2016年第4期。
③ 吴仁华:《应用型高校中层干部办学定位认知分析与启示——基于对某高校本科教学审核评估整改回访的研究》,《国家教育行政学院学报》2018年第6期。

比例不低于45%，新增硕士学位授予单位申请基本条件中，专任教师中具有博士学位教师的比例不低于25%；而"学院"升格为"大学"的师资条件方面，专任教师中具有研究生学位的人员比例一般应达到50%以上，其中具有博士学位的专任教师占专任教师总数的比例一般应达到20%以上。为实现自身的利益诉求，应用型高校往往通过教师聘任、教师培训、职称评审、考核评价等制度安排，不断强化学术本位，重视对教师学术科研的要求，相对忽视对教师专业实践能力的考核。这种内在的"学术漂移"倾向引致其教师管理制度趋向学术本位，对应用型高校教师专业发展造成一种反向激励。

（二）教育逻辑与管理逻辑的冲突致使教师管理制度背离转型发展目标

高等教育中存在两种不同却又相互交织的逻辑——教育逻辑和管理逻辑，这两种逻辑在教育发展中存在背离关系。教育的逻辑大致表现在学校运用符合教育规律的方法、手段、制度，促进学校、教师及学生朝着符合教育应然目标的方向发展；而管理逻辑有着很强的现实意蕴和效率意识，倾向于满足学校管理的便捷，高效地实现组织的目标。[1] 教育逻辑遵从的教育发展、人才培养等教育目标，是稳定的、长期的、终极的应然追求，较少考虑高校发展面临的资源束缚；而管理逻辑追求管理目标，遵从科学管理的思想，注重工作逻辑，凸显出效率崇拜的倾向，往往是从学校的现实发展、现实利益出发，是变化的、短期的、过程的实然目标。为方便管理，降低管理成本，高校管理者从自身利益出发，往往是基于管理逻辑而非教育逻辑去管理学校，这在一定程度上违背了教育发展的本质。就应用型高校而言，其教育逻辑是培养经济社会发展需要的高层次应用型人才，而管理逻辑则是减少利益相关者的冲突，降低自身管理成本。

---

[1] 张学敏、陈星：《教育逻辑和管理逻辑的背离与契合——兼论教育饱受诟病的缘由》，《东北师范大学学报》（哲学社会科学版）2018年第1期。

现阶段应用型高校重学术科研、轻实践，其教师招聘、职称晋升、考核评价等制度更多的是与学术科研相挂钩，而相对忽视实践教学、社会实践等内容。究其原因，高校管理者往往是基于管理逻辑而非教育逻辑从事高校管理工作。从管理逻辑来看，教学科研成果更容易量化考核，而教学工作和实践性成果因其工作的复杂性而不易量化考核。由于缺乏一个相对统一的考核标准，其在计量考核方面要比学术性科研成果更加繁杂、困难，交易成本更高，在教师聘任合同、教师工作情况评定及职称晋升文件、考核文件中更不容易注明。而在追求管理目标、降低管理成本的考虑下，应用型高校往往将教师的学术活动统一"演绎"为评价指标，科研能力被量化为论文数、著作数、项目数和获奖数等，同时按照不同的级别层次分别赋分，通过比照指标做出一个总结性的排名，以排名结果作为教师晋升的主要依据。[1] 因此，基于管理逻辑，应用型高校管理者更愿意沿用转型前的教师管理制度，或模仿、照搬研究型高校的相关制度，基于可量化的学术科研来度量一个教师的工作情况。这样一则能够简化管理程序，降低管理成本；二则在管理上采取易量化的职称评审、考核评价标准，能够在一定程度上保证公平性，避免因教师管理制度的变革而引发管理者层面的管理危机，维护学校管理层的整体利益。

近几年，地方本科高校在转型发展过程中，教育行政部门积极倡导教师向"双师双能型"教师方向发展，并将"双师双能型"教师数量作为考核应用型高校教师队伍建设的"硬指标"。然而，多数应用型高校"双师双能型"教师资格认定标准较为模糊，认定程序也不够规范，重形式轻实质的现象严重。[2] 在具体认定方面，只注重资格证书、技能证书等显性指标，至于教师是否真正具备"双师双

---

[1] 牛凤蕊、张紫薇：《地方高校教师聘任制改革30年：回顾、反思与展望》，《中国石油大学学报》（社会科学版）2017年第4期。

[2] 周卫东：《新建地方本科院校教师转型发展研究》，《江苏高教》2018年第4期。

能"素质较难衡量，学校也不太关注。基于管理逻辑，在学校看来，"双师双能型"教师的数量要远比教师是否真正具备"双师双能"素质重要得多。近几年，虽然从统计数据上来看应用型高校"双师双能型"教师的数量不断增加，但教师的"双师双能"素质并没有得到显著提升。

（三）地方本科高校转型发展损害学校的短期利益

当前在"双一流"的建设背景下，我国高校特别是本科高校的发展越来越倚重于高水平的学术科研，经费的分配越来越倾向于竞争性专项拨款。在这种现状下，增加科研产出，提升办学知名度，获得更多的国家经费支持才是高校的利益所在。而基于教师专业实践能力提升的教师管理制度改革，基本上是一条与当前学术科研相背离的发展之路，会损害学校现有的利益。调研访谈中，中部地区X高校某二级学院院长就谈道：

> 目前人才培养的导向与学校注重学术科研的导向背离。应用型高校虽然自身定位成应用型，但总想比拼研究型大学的科研，毕竟没有科研，学校的排名、评估都要受损；学科发展上也总想建设研究型的学科专业，人才培养也是按照研究型的人才类型来实施的。应用型高校若要真正走转型发展之路，强调教师实践能力的提升，在现在"双一流"建设的大环境下，自己就没有生存、发展的空间，这样会严重损害学校的整体利益。

在转型发展过程中，不少院校对转型的真正意义没有吃透，认为本科高校转型发展是"降格"职业院校去做职业培训，心里一直在"打鼓"，对转型发展本身持一种怀疑态度；而一些院校寄希望于通过转型发展套取国家政策红利，寄希望于通过转型发展提升办学层次。换言之，一些地方新建本科高校存在借转型发展之名谋求自身利益的投机行为和钻政策空子的假转型现象。在调研中，部分应用型高校的管理者明确表示，受办学资源的制约，他们申请转型发展的主要动力是获得政府的政策性经费投入,虽然这部分投入并不算太多,且因省而异,但出于经费方面的考虑,这些高校积极申报转型试点,至于能否真正完成申报书上所承诺的转型发展任务,则考虑不多。在这种情况下,一些高校在转型发展上只做了一些"口头上""文字上""表格上"等方面的表面工作,存在"光说不练"的现象,真正涉及学校及教师核心利益的教师聘任、职称评审、考核评价等制度改革则推进有限,多数高校以沿用转型之前的相关制度为主。

其实,在转型发展上,一些地方院校不愿转、不敢转、不知道往哪儿转,更不知道怎么转。从国家政策定位来看,应用型高校属于大职业教育系列,是职业教育的本科层次。这种大职业教育的定位,使得多数地方本科院校对职业院校定位持观望态度甚至产生抵触情绪,认为这种定位会让自身"掉出"普通本科教育"正规军"的阵营,担心"向后退"回到高职教育的体系中去,因此有意拉开同应用型高校的距离。从高校层面来看,转型发展既难以获得外部制度环境的认同,也不符合自身的期待和利益诉求。从教师本身来看,应用型高校的边缘地位及办学水平原本就很难吸引优秀人才,学校管理者担心转型发展的深入推进会影响教师队伍的稳定性,优秀的教师可能会随着教师管理制度的改革而流失,这样会对高校的短期发展和社会声望带来不利影响。此外,应用型高校原本就存在师资不足问题,派遣教师到企业实践会影响学校正常的教学安排,耽误学校的教学进程。同时,教师将一部分时间、精力投入到企业实践中,会影响教师的科研产出,进而影响整个学校的科研成果总量和学校排名。概言之,除有限的政策性经费投入之外,一些高校并没有看到转型发展带来的实际好处,在相应的制度建设上裹足不前,总体上安于现状。

应用型高校建设是一个需要长期探索、平衡多方利益主体的复杂的系统工程,短时间内很难看出建设成效。相对于转型发展,科研导向的教师管理制度建设能够进一步激发教师的科研热情,提升教师的科研能力与科研水平,短时间内提高学校的排名和学科排名,给学校带来更多的竞争性拨款及优质生源,并形成高校发展的"马太效应"。而应用型高校的行政管理领导出于个人政绩的考虑,往往也会存在短视行为而损害学校的长远发展,不断固化原有的学术化倾向鲜明的教师管理制度,追求数字政绩的发展目标。一些应用型高校花大力气高薪聘请"两院院士""长江学者""青年千人计划"等各种头衔的学者及兼职、全职教授,看中的往往是他们的学术头衔或者学术资源,在人才引进上轰轰烈烈,人才使用上轻描淡写,其用意在于搞好"人脉关系",在各种学术评审、评估评价中派上用场。在办学资源既定且相对稀缺的情况下,应用型高校将有限的办学资源用于学术性活动、高端人才引进等,必然压缩应用型人才的培养资金投入,挤占实践教学、"双师双能型"教师队伍建设及实验、实训、实习场地建设等方面的资源,相应的制度建设也会因办学资源的制约而停滞不前。

二 教师的利益分析

社会行为人行为选择和利益结果之间往往存在不确定性,这会对个体可行制度选择偏好产生影响。[1] 基于自身利益诉求和预期效用最大化,应用型高校教师会在当前他们能获得的制度选择、当前制度选择的结果、当前制度选择的未来结果、未来能获得的制度选择、未来制度选择的偏好等不确定性形式中做出选择,影响学校管理制度规则的设计。

(一)应用型高校教师的利益选择取向

在高校里,单位内部产生的"集体意识""利益取向"使高校内的教职员工把单位形态中的行为规范和取向作为自己的行为规范

---

[1] [美]杰克·奈特:《制度与社会冲突》,周伟林译,上海人民出版社2009年版,第45页。

和取向。① 教师作为理性行为人，具有"利己动机"，而教师聘任、职称评聘、考核评价等教师管理制度关涉到每位教师的物质利益、职称晋升、学术名誉、社会地位等切身利益，教师的付出能否得到回报、得到多少回报，都会在其中得以明确规定。在现行的应用型高校考核评价制度中，学校比较看中教师的学历背景和易量化的学术科研成果，而学校对教师的激励也主要以量化考核为主，重视专业实践能力提升的教师在职称评审、考核评价方面获得的收益远不如那些专注于学历、论文、课题等学术指标的教师获得的收益高。作为受利益驱使的"经济人"，教师拥有理性，有能力进行选择，天生具有米歇尔·克罗齐耶（Michel Crozier）所称的"策略本能"。这意味着，教师的各种行为不应仅仅归于以往的社会化影响，还应归于他们对教学、科研、实践领域里诸种机遇与制约力量的感知，归于他们对其他教师行为或多或少的直觉性预期，归于他们对其各自短期利益或长期利益的相应把握和理解。

当前，应用型高校教师职称评审竞争激烈，特别是中青年教师职称评审的压力更大。为满足职称评审的要求，教师往往将主要时间、精力用于完成职称晋升所需要的教学工作量、学术论文、科研获奖及科研项目、经费等方面的任务，重点关注 SCI、CSSCI 等高水平论文及省部级、国家级等科研项目申报，而对于制度没有提及或只做达标性要求的企业实践经历，教师自然无暇顾及或简单应付。"人性决定人的行为动机，行为动机决定人的行为及其方式和特征，形成人的行为规律。"② 已有研究表明，目前应用型高校教师在科研上投入的时间和精力越来越多，甚至占用了教学时间，且科研对于教学的反哺功能日渐消退，很多科研与教学无关，与学生无涉。③ 应

---

① 郭丽君：《大学教师聘任制——基于学术职业视角的研究》，经济管理出版社 2007 年版，第 111 页。
② 武建奇：《马克思的产权思想》，中国社会科学出版社 2008 年版，第 56 页。
③ 施晓莉：《地方本科院校教师专业发展的特点与趋势》，《集美大学学报》（教育科学版）2015 年第 6 期。

用型高校教师从事科研成了拿积分、争经费、评职称的工具，对人才培养的贡献度在不断减弱。调研访谈中，西部地区 C 高校某教师就谈道：

> 目前学校实行的是以职称等级为基础的教师评价体系。作为普通教师，一旦发表了高水平学术论文、拿到了高级别科研项目、撰写了高质量的学术著作，教师的职称评定、考核评价就都不是问题，目前学校主要就是看这个，从学校对教师考评的量化赋分上就能看出来，科研成果的分值是最高的。其实在高校，大多数教师的课时差不多，教学方面大家完成的任务量也是差不多的，谁也不会比谁少多少，只要不发生教学事故就行，关键就要看科研成果了。可以说，"数论文""拿项目"还是学校评价体系的主流，虽然也有别的路径，比如获得高级别的教学、科研成果奖等，但没有行政职务的普通教师是很难获得的。

现阶段，一些应用型高校将教师赴企业实践锻炼作为一种简单的实践经历，并没有与教师的职称、考评挂钩，即使部分高校顺应转型发展的要求，加入教师企业实践经历这一硬性指标，但对教师来说，企业实践只是一种经历的考核，并无具体的考核要求。相比之下，论文、项目等科研指标则直接与职称、考评等制度关联，并成为决定教师职称晋升、考评结果的主导性因素。教师是受利益驱动的理性"经济人"，相比于实践能力的提升所获得的收益，学术研究与教师的工资福利等物质需求和职称晋升、自我实现等精神需求息息相关，能够使教师获得更多的收益，更加符合教师的利益需求。相关研究表明，相对于领导认可、学生尊重、职位晋升等社会需求，应用型高校教师更看重物质需求和精神需求。[1] 正如韦伯（Weber）所说，只有当遵从规则的利益大于无视规则的利益时，社会行动者才会遵守这项规则。

目前，应用型高校专任教师较少，师生比普遍较高，多数教师教学、科研任务繁重。"很多应用型高校的本科生规模都在二万左右，师生比均在1∶50以上，远远高于政府规定的1∶18。"[2] 由于专任教师不足，部分教师不得不兼顾学校其他行政性事务，多数教师难以在正常的教育教学时间内到企业实践锻炼。除教学、科研占用教师大量时间外，很多教师整日忙于开会、填表、应酬及上级的各种检查和评估，很难再有时间到企业实践培训、挂职锻炼。调研访谈中，东部地区Q高校人事处处长就谈道：

> 作为省里的首批转型试点高校，目前学校正在积极地转型发展，需要大量的"双师双能"教师，然而目前全校能真正在实验室、实训中心指导学生实践操作的教师很少。多数教师科研任务量大，没有时间去企业培训、实践锻炼，他们不可能中断教学、科研任务到企业去专门实践培训。在一定时间内教师的时间、精力是有限的，教师实践能力增强了，则必定挤占做科研的时间，而科研上不去，教师的职称就评不了，孰轻孰重老师心里都很清楚。

一项对高校教师工作时间的研究结果显示，我国高校教师每周工作时间超过《劳动法》规定的法定劳动时间的18.8%。[3] 这也在一定程度上反映出现阶段应用型教师工作的强度。此外，目前多数

---

[1] 陈星：《应用型高校产教融合动力研究》，博士学位论文，西南大学，2017年，第135页。

[2] 陈星：《应用型高校产教融合动力研究》，博士学位论文，西南大学，2017年，第168页。

[3] 刘贝妮：《高校教师工作时间研究》，《开放教育研究》2015年第2期。

应用型高校教师赴企业实践锻炼缺乏相应的经费补贴和激励政策，多数教师到企业实践锻炼的动力不足；而校企合作机制不完善、学校实践平台的缺乏及专业与企业契合度的问题，也使得很多教师到企业进行实践学习的机会非常有限。因此，"不情愿"和"去不了"两种现象成为教师专业实践能力提升的桎梏。

虽然一些应用型高校为了激励教师增强专业实践能力，规定在同等条件下，在职称评审、考核评价等方面优先考虑"双师双能型"教师，但在实际操作过程中并没有体现出来。教师专业实践能力的提升是一个相对较长的过程，这样，教师为了自身利益，其短期化行为愈加严重，越来越多的教师追求学术科研，忽略自身专业实践能力的提升。部分赴企事业单位实践锻炼的教师，也存在机会主义倾向，往往是去企业实践的目标与形式大于内容，"人在曹营心在汉"，并没有全身心地投入，有些甚至只到企业简单盖个章，并没有实际参与企业实践，多数教师的工作重心还是在职称评审所要求的科研条件上。调研访谈中，西部地区T高校某教师谈道：

> 现在学校老师课时多，科研任务又重，学校的科研任务不断压下来，我们哪有时间、精力到企业实践，况且学校现在对教师的考核主要以学术科研为主，往往不看重企业实践这块儿，被派往企业实践的教师多半也是简单应付一下。一些教师干脆到企业挂个名，巧妙借到企业实践锻炼这段时间，忙一些自己家庭或生活上的私事。现在某某老师申请企业实践，多半是家里或自己有些什么私事要去做，要不然老师是不会申请企业实践的，这个大家心里都清楚。

应用型高校教师重"学"轻"术"的行为，是在现行职称评审、考核评价等的框架约束下做出的理性选择，在很大程度上是现行教师管理制度供给不足产生的结果。其实许多高校管理者也清楚教师企业实践中存在的"偷懒"行为，然而由于监督的交易成本过高，许多高校也是睁一只眼闭一只眼，只能减少监督来降低交易成本，默认这种"假实践"行为的存在，毕竟对高校管理者而言，向上级呈报或向社会公开的统计数据的价值要远高于教师自身的实践行为。

(二) 提升教师专业实践能力损害了教师的短期利益

应用型高校的教师多半是来自研究型大学的硕士、博士毕业生，他们习惯了基于学术职业的教学模式、研究形式、管理方式，短时间内较难适应转型发展对师资队伍建设的要求。"双师双能型"教师队伍建设要求教师调整知识结构，更新教学观念与教学内容，改革教学方法，转变研究方向，赴行业企业一线实践培训。对于习惯了传统理论教学、学术科研的教师来说，在现有的管理制度与考评体系下，新的"双师双能"型教师角色定位要求无疑会增加他们的工作量，增加其时间、财力、物力等成本投入，而带给教师相应的薪酬福利却较为有限，这便会损害教师的短期利益。教师赴企业挂职培训、实践锻炼还会影响其在校教学任务、科研产出，进而影响教师职称评定、考核评价及个人实际收入。从"经济人"的角度来看，教师往往追求的是个体利益的最大化，在现行教师管理制度下，应用型高校教师的行为选择，既无法以牺牲个人利益的方式去实现社会或国家的利益，也难以在身份认同和行为偏好上反映"双师双能型"教师的价值。

从现实来看，假如一位教师努力提升个人专业实践能力，他需要在以下几方面投入大量的时间和精力：通过学校选送（机会较少）或个人联系，经常赴行业企业挂职锻炼、实践培训、参观学习；取得相关执业资格证书和技能等级证书；积极参与行业企业的产业技术服务、技术改造、科技研发工作；自己或指导学生参加职业技能竞赛；承担实验、实训等实践教学工作；主持或主要参与行业企业横向科研项目（获得资助经费难度较大）；结合生产实际转变课堂教育教学方式等。然而付出这样的努力，给教师带来的个体收益是什么呢？依照现行应用型高校管理制度，主要有以下几方面：一是教师可以申请成为"双师双能型"教师，但其基本福利待遇与一般教师差别不大；二是部分应用型高校将实践经历列为教师职称评审的必要条件，但只是达标性规定，并非竞争性条件，多数高校要求教师出具行业企业实践经历证明即可；三是在教师职称评审中可将横向科研项目、发明专利等作为选择性成果条件，而非必要性业绩条件，但由于目前教师应用研究能力较低，且社会资源有限，多数教师较难获得。由此可见，相比于教师的成本付出，个人专业实践能力提升给其带来的收益较为有限，加之部分教师在专业实践能力提升过程中存在机会主义倾向，产生"劣币驱逐良币"现象，这使得他们在衡量自身成本与收益方面更加理性。

从成本—收益分析来看，教师将有限的时间和精力投入到专业实践能力提升上，既难以获得财富上的经济利益，也难以给教师带来声望、权威等非经济利益，在短期内还会增加教师的教育教学成本，增加其额外的时间、精力、财力、物力投入，降低教师的利益剩余。因此，经过成本—收益分析，教师在行为选择上会偏向学术科研，而相对忽视自身实践能力的提升，这种结果成为教师管理制度改革的阻力。这种阻力的表现形式并非对抗性的集会或者抗议，而更多的是一种改革中的"不作为"或"假作为"。相关研究表明，转型高校企业实践教师的数量虽然逐年增加，但目标达成度较低。[①]调研中笔者也发现，中部地区某应用型高校计划2015—2020年每年安排100名左右教师到企业实践，但截至2018年底，4年间该高校累计选派赴企业实践的教师不足100名，目标完成率大打折扣。

（三）薪酬制度对教师专业实践能力提升的利益激励较弱

应用型高校教师专业实践能力的提升势必要求一线教师赴行业一线实践培训，结合生产实践不断完善教学内容，创新教学方法。毋庸置疑，这样教师的时间和精力会被大量占用，并增加其工作量，而学校给予教师相应的薪酬激励能够有效增强教师提升专业实践能

---

① 吴芳：《转型高校教师企业实践制度研究——以河北省某转型高校为例》，《河北科技师范学院学报》（社会科学版）2018年第3期。

力的积极性。薪酬制度关系到广大教师的切身利益。然而，应用型高校当前的薪酬制度对教师专业实践能力提升的利益激励较弱，不利于其深化产教融合。

应用型高校一般都按"基本工资＋绩效工资"的模式制定薪资。基本工资属于教师薪酬中的财政保障型薪资，由岗位工资和薪级工资构成。岗位工资与教师的职称关联，教师的职称越高，岗位工资越高；而薪级工资与教师的工龄和资历关联，工龄越长、资历越高教师的薪级越高。现阶段，总体而言，应用型高校教师的基本工资较低，受职称等级和教师资历影响大。绩效工资主要由基础性绩效工资和奖励性绩效工资构成。基础性绩效工资在绩效工资中占比较大，专任教师基础性绩效工资一般根据其年度基础工作量完成情况、年度考核结果，按不同的标准计发，与教师的技术职务、工作年限、基础工作量等相关，而应用型高校青年教师占比较大，助教与讲师职称的占多数，且基础工作量完成情况相差不大。例如，2017年东部地区Q高校印发的《教职工收入分配暂行办法实施细则（修订）》规定，专任教师服从学校工作安排，完成年度基础工作量80%以上的，基础性绩效工资全额发放，因此，多数教师的基础性绩效工资差别不大。奖励性绩效工资是应用型高校激励教师的主要手段，与教师受聘的专业技术职务、教学科研工作量、工作表现相关，根据教师的绩效考核结果发放，分配方式灵活。Q高校奖励性绩效工资分为月绩效津贴及奖金、年终绩效考核奖金、超额工作津贴、科研工作津贴、高层次教学科研成果奖励及专项与补贴（不高于奖励性绩效工资总额的8%）等。然而奖励性绩效工资对教师专业实践能力激励效果有限，可能在一定程度上还会起到抑制作用。以Q高校为例，教师在社会实践期间，基本工资、基础性绩效工资、绩效津贴等全发，但奖励性绩效工资要依据具体绩效考核办法执行，一些教师基于个人收入与教学科研考核任务完成量的双重考虑，对是否赴企业实践存在一些顾忌。

从调研数据来看，在接受问卷调查的853名教师中，应用型高校教师月平均工资收入不足 6000 元的达 70.5%，应用型高校教师整体薪酬水平相对较低，行业竞争性较弱，行业企业优秀人才引进困难。而随着国内房价的不断攀升、物价持续增长，应用型高校教师尤其是青年教师的生活压力越来越大，一些教师为了提高收入，不得不在校外兼职从事其他事务，疲于申请各类科研项目、发表学术论文。若非学校硬性要求，多数教师不会选择主动赴企业实践锻炼。调研访谈中，东部地区 D 高校某教师就表示：

>现在大家的生活压力都蛮大的，特别是像我们这些刚入职不久的青年教师，背负着房贷、养家、职业晋升等多座"大山"，要是学校在政策上没硬性要求，谁愿意下企业实践，又苦又累的，还捞不到什么好处，真不如集中精力发几篇学术论文，申报个省部级课题什么的，评职称、教师考评都还用得上，况且现在学校对学术科研奖励挺大的。

总体上，应用型高校教师薪资待遇与其所从事的岗位、课时数及教师专业技术职务等密切相关，教师薪酬分配仍以职务职称等级、教学科研工作量完成情况为主，而这一切主要以科研项目、科研论文的数量与等级及教学工作量来衡量。在应用型高校教师收入总体较低的情况下，出于完成工作量和增加个体收入的考量，多数教师在有限的时间、精力面前，选择偏向科研，以多出成果，提高收入。可以说，现行薪酬分配体系并没有对教师专业实践能力提升起到有效的激励作用。

三 行业企业的利益分析

提升教师的专业实践能力，关键是深化校企合作，加强产教融合，在行业企业一线的实践环境中，锻炼教师的专业实践能力。因此，行业企业是提升教师专业实践能力的主阵地。"双师双能型"教师队伍建设离不开企业的支持，教师实践能力的培养主要在实习企业进行。

企业是一个契约型、市场性组织，是生产和交易的联合体，一般以营利为目的。企业的本质属性是"经济利益"，其核心使命在于通过多生产和多交易实现投资人、客户、员工等的利益最大化。对企业而言，接受教师实践是需要付出一定成本的，一方面，受生产经营条件的限制，教师赴企业实践培训会增加企业的管理成本，同时企业还要承担教师在企业实践期间的生产操作风险；另一方面，到企业实践锻炼的教师往往缺乏生产实践经验，不熟悉企业的生产流程，短时间内很难给企业创造利润，甚至还会影响企业的生产效率，给企业造成时间和资源上的浪费。因此，多数行业企业出于正常生产运行、经济利益等方面的考虑，作为"付出"的一方，往往不愿接纳教师实践锻炼培训，对应用型高校教师的实践需求很难切实配合，往往是被动"应付"。正如巴泽尔所说："无论是谁，只要他采取某种行动，必然期望有所收益，而且必然会追求尽可能最大的预期净收益。"[①]

校企产学研合作是提升教师专业实践能力的重要方式，应用型高校充分利用学校与社会两种不同的环境与资源，将科学研究、教师队伍建设、人才培养有机融入产学研合作，能有效提升教师的专业实践能力与综合素质。然而对企业而言，由于应用型高校本科办学时间较短，学校整体实力与科研能力弱，社会声誉不高，校企合作中的不完全信息静态博弈使得行业企业难以确定应用型高校师资能否满足自身利益诉求，在担心利益受损的情况下，企业通常会保持谨慎态度，更愿意与科研实力更强、社会影响力更大的研究型高校开展校企产学研合作。

应用型高校安排教师到企业实践往往是出于自身的需要，然而应用型高校作为主动对接者，在现有的制度安排上并没有充分考虑

---

① [美] Y. 巴泽尔：《产权的经济分析》，费方域、段毅才译，上海人民出版社1997年版，第142页。

到行业企业作为利益主体的权利和利益；而作为国家宏观调控的政府也没有对接收应用型高校教师实践锻炼的企业给予相关优惠政策或激励举措，调动不了企业接纳教师实践锻炼的积极性。加之，现阶段应用型高校教师企业实践经历缺乏，不具备解决企业生产经营实际问题的能力，应用研究能力有限，社会服务水平不高，导致行业企业的利益无法得到保障，因此，应用型高校教师对大中型企业来说没有吸引力。另外，教师在企业实践期间的人事关系也不属于企业。

基于上述分析，企业对教师实践锻炼期间的实际工作状态、实践技术技能的获得多半也只是放任自流，处于睁—只眼闭—只眼的状态，只要没有大的事故发生，彼此"相安无事"便是最好的结果，至于教师有没有学到东西是次要的。而一些企业出于稳定性的考虑，对一些较关键岗位的技术保密、商业机密、资料存储等提出了特殊要求，这样，这些大中型企业不太欢迎教师到企业实践锻炼，或者对来企业实践锻炼的教师象征性地安排一些"打杂"性的工作。在这种情况下，教师很难获得实质性的锻炼，难以达到提升专业实践能力的目标。

四 政府的利益分析

政府是应用型高校建设的重要利益相关者。我国高等教育的管理体制是中央和省级政府两级管理，以省级政府为主。应用型高校主要由地方新建本科院校转型发展而来，以地方政府管理为主。因此，地方政府的利益趋向直接影响应用型高校建设及其师资队伍建设。

（一）地方政府的利益趋向

长期以来，关于政府利益的研究一直是国内外学者关注的重点。寻租理论认为地方政府基于追利性在市场中通过政府干预来寻取租金，并实现寻租最大化。美国经济学家诺斯（Douglass C. North）认为，政府最基本的目标有两个，一是租金最大化，二是社会产出最大化，政府的主要利益取向是实现自身利益最大化。在他看来，政府介入制度创新的目的也有一个效益最大化的原则，追求社会福利不是政府的根本目的。① 在理解我国地方政府的利益取向上，姚洋认为我国政府是一个不偏不倚的利益中性政府，政府的利益取向是实现社会整体利益的最大化。② 王连森从资源的视角出发，认为政府投资高等教育，办大学的利益诉求"是为了多出人才、多出成果，出好人才、出好成果"③。赵静等指出，地方政府兼具代理人和自利者的双重角色，既代理上级政府指令和地方公共事务，也追求自身的政治和经济利益，其利益取向是本地利益最大化。④ 本书较为同意赵静等学者的观点，认为政府的行为函数既是社会整体利益的最大化，努力促进社会福利的增进和人民生活的改善，同时也是政府自身利益的最大化，或者政府管理者利益的最大化，具有维护自身既得利益和促进自身利益增进的内在冲动。概言之，政府在履行其职能时，同时融合了社会福利、政府利益和官员利益的"三位一体"目标。事实上，政府是由官员组成的，而官员首先是理性经济人，政府行为不可能漠视官员的个人利益和政府的集团利益。在现实中，政府更趋向于自利，这种自利既包含经济利益，也包含政治利益。

（二）地方政府追求自身利益最大化

"虽然在理论上科层组织只是非人格的部门，但实际上它却形成了政府中独立群体，拥有本身的利益、价值和权力基础。"⑤ 随着我

---

① ［美］道格拉斯·C. 诺斯：《经济史中的结构与变迁》，陈郁、罗华平等译，上海人民出版社1997年版，第21—26页。
② 姚洋：《中性政府：对转型期中国经济成功的一个解释》，《经济评论》2009年第3期。
③ 王连森：《大学发展的经济分析：以资源和产权为中心》，高等教育出版社2013年版，第79页。
④ 赵静、陈玲、薛澜：《地方政府的角色原型、利益选择和行为差异——一项基于政策过程研究的地方政府理论》，《管理世界》2013年第2期。
⑤ ［德］马克斯·韦伯：《经济与社会》（上卷），林荣远译，商务印书馆1997年版，第610页。

国高等教育管理体制的改革和深化，在我国地方本科高校转型发展进程中，地方政府利益日趋相对独立化，成为有着自身利益的行动者，因此，地方政府在高等教育管理上已经不完全是中央政府的派出机构和行政代理人，而是具有一定相对独立性的地方利益实体。① 政府会遵循"收益—成本"原则，尽可能广泛地对制度变迁过程进行干预，在与各方面的利益博弈中实现自身利益最大化。② 从总体趋势看，政府引导地方本科高校向应用型转型，从中央政府到省级政府再到市级政府呈现出依次递减之势。其主要原因在于，随着政府层级的下移，各级政府从引导应用型高校转型发展中获得的利益剩余是依次递减的。根据新制度经济学的理论，只有在制度创新的预期收益大于预期成本时，地方政府才会对来自基层的诱致性制度变迁需求做出积极响应。

从利益的视角来看，中央政府往往是从国家利益、长远利益和全局利益来考虑我国高等教育的发展布局，而地方政府出于政治绩效优先的考虑，在高等教育发展上更加着眼于地方利益、当前利益和局部利益。各省级人民政府之间为促进本地区高等教育的发展，提供高等教育机会和服务，实现地方政府利益最大化目标，会展开争夺各类优质高等教育资源的地方政府竞争。③

现阶段，在"双一流"建设背景下，地方政府特别是省级地方政府往往重点扶持省级或国家"双一流"建设高校，在财政拨款、学科建设等方面给予这些高校大力度、体系化的扶持政策，推动它们向高水平、综合性大学发展。在"双一流"高校最大限度地获得招生指标分配、财政资金拨付、科研项目审批等国家资源的同时，

---

① 赵军：《民办高等教育制度变迁中的政府行为研究》，中国海洋大学出版社2014年版，第175页。

② 张应强、张浩正：《从类市场化治理到准市场化治理：我国高等教育治理变革的方向》，《高等教育研究》2018年第6期。

③ 张应强、彭红玉：《高等教育大众化时期地方政府竞争与高等教育发展》，《高等教育研究》2009年第12期。

对地方政府而言，则意味着诸如政绩、名誉、政治地位、地方经济社会发展等方面的回报，这样能够有效提升地方政府的政治竞争和经济竞争资本，特别是在我国以功绩制为基础的政治晋升锦标赛中，更是成为推动地方政府参与"双一流"建设的激励因素。例如，安徽省就明确提出将"双一流"建设工作纳入省政府目标绩效管理考核、省管领导班子和领导干部综合考核。① 地方高等教育发展的好坏直接关系到地方政府组织成员的政治升迁、地方经济社会发展与地方群众的认可与支持。可以说，"能否抓住机遇挤入国家'双一流'门槛，成为高校以及地方政府的核心关切，也成为地方政府参与高等教育竞争的驱动力"。②

相比之下，地方本科高校转型发展获得的国家政策红利较少，对高层次人才的聚集效应有限，对地方经济社会发展的支撑和服务能力较弱，民众支持和参与的积极性不高。因此，地方政府在推进地方本科高校转型方面则相对要"冷淡"一些，而处于高等教育边缘地带的应用型高校也处于相对被"冷落"的状态。相较于"双一流"建设中地方政府的迅速反应和积极参与，在地方高校向应用型转型发展上，地方政府重视不足、发挥作用不明显，③ 处于"缺位状态"。在调研访谈过程中，部分高校的院校负责人就谈到地方本科院校在转型发展过程中，地方政府思想认识不到位，未给予地方本科高校转型发展以足够的重视。正如中部地区 H 高校发展规划处处长谈到的：

> 就我了解到的情况，我们学校转型发展的实践并没有引起地方政府的足够重视，总感觉地方整体偏向那些国家或省级层

---

① 褚照锋：《地方政府推进一流大学与一流学科建设的策略与反思——基于24个地区"双一流"政策文本的分析》，《中国高教研究》2017年第8期。
② 崔海丽：《"双一流"建设中的地方政府竞争行为分析》，《江苏高教》2018年第6期。
③ 教育部规建中心：《对标！高校转型发展的这些短板，你们有哪项待突破？》，https://www.sohu.com/a/249496905_774717，2018年8月22日。

面的"双一流"大学，对我们这类院校支持非常有限，也缺乏实际举措。简单举个例子，就拿校企合作来说，学校学院层面很积极，行业企业也比较感兴趣，就总感觉政府这块儿不温不热的。还有就是去年学校与市里的开发区合作对接，地方政府配合不够积极，最后还是学校多次主动与开发区接洽，取得一些成果，地方政府的作用发挥不明显。

（三）地方政府掌握高校人事权

政府通过掌控高校人事权，维护国家的稳定和政府的权威。目前，政府通过控制总量、审批、备案、监管、任命学校领导等方式掌握着学校的事权、人权，管控高校的编制，许多地方高校并没有完全的进人用人自主权。在人事权上，政府掌控着高校教师的编制总量，决定一定的晋升和提拔标准，并根据高校管理人员的工作绩效决定其升迁，最终实现政府利益统领高校利益与教师利益。不少公立院校的书记、校长都是地方政府直接下派或者调任的，出于上下级的行政关系，高校领导多半会迎合政府意志，向上负责。其实，政府与高校之间存在利益交换行为，主要表现为政府管控高校生存与发展所需经费、人权、事权，换取对高校的直接控制，高校取得政府的财政自主、编制数量、行政职位而放弃相沿已久的大学自治。[①] 应用型高校作为地方院校，其办学经费、人事、招生等办学资源严重依赖于地方政府，由地方政府控制，因此，应用型高校要想发展，就必然会被政府干预。调研访谈中，西部地区C高校人事处副处长就谈道：

我们现在是省教育厅搞业务指导，财政投入主要来源于地方政府，现在学校每进一个人，都是市里的人事局批，人员编

[①] 李爱良：《高等教育收费制度的利益博弈》，湖南师范大学出版社2012年版，第82页。

制也是市里边给。省里边管着学校的校长、书记，但具体到学校的人事权还是在市里边，这对我们（学校）的发展束缚很大。吃着地方的财政，一定程度上就受地方政府的约束，当然，我们存在的价值和意义就是为了地方发展。

政府对应用型高校人事权的管控在一定程度上束缚了地方本科高校向应用型转变，制约应用型高校的发展。目前，应用型高校的教师编制数量普遍不足，为数不多的学校编制数量，地方政府还要将其留给博士人才引进。政府对应用型高校人事权的控制，限制了学校在人才流动上的主动性，削弱了应用型高校在教师管理制度改革中的效力，使得一些行业企业专业技术人才进不来，部分应用型管理人员上不去，一些不适应应用型高校发展的师资却不能流动出去，业界人才的职称评定也成为一大难题。这就导致应用型高校无法自由、自主地调整学校教师与管理人员的编制规模、职称、职务，难以改革学校教师管理制度，激励广大教师主动提升专业实践能力。我国高校因行政化的教师编制管理羁绊在学校组织机构设置及人员定额与职务分配等方面受到政府诸多限制[1]，严重束缚了高校教师管理制度改革的自由。

其实，随着国家不断深化事业单位人事制度的改革，部分省份出台了省级层面的"深化全省事业单位人事制度改革的实施意见"，一些地方政府也开始试点下放人事权给高校，如2016年广东省试点高校人事管理权的五个下放等[2]，这些试点改革在省重点高校进行的基础上，逐步延伸到地方应用型高校。然而，伴随着权力的下放，在地方高校转型发展上，地方政府陷入"管"与"不管"的两难境地。政府"管"多了，政府的权利存在泛化与僭越之举，高校嫌政

---

[1] 田贤鹏：《取消高校教师事业编制管理的理性之思》，《教师教育研究》2017年第1期。

[2] 陈越：《下放自主权 广东5高校试点人事制度改革显成效》，http://www.cnr.cn/gd/gdkx/20170907/t20170907_523938584.shtml，2017年9月7日。

府管得过多、过细、程序复杂、管理效率低，影响到高校正常教育教学工作的开展；"管"少了或"不管"，高校、社会嫌政府未积极作为，未履行统筹区域内产业、教育、科技资源的职能，导致产教融合"高校热、行业企业冷"的现状难以突破，从而造成由于政府失责而处于"缺位状态"的局面。

第四节　制度环境分析

应用型高校现行教师管理制度是导致其教师专业实践能力不强的症结所在。从外部制度环境来看，以国家评价评估体系为主的外在制度环境诱发应用型高校教师管理制度异化，而内在组织惯性束缚应用型高校教师管理制度创新。此外，"双一流"建设与"地方本科高校转型发展"形成政策上的冲突，诱使应用型高校教师管理制度偏离应用型定位要求。

一　外部制度环境诱发应用型高校教师管理制度异化

"制度分析的核心是在组织结构内部效率与外部制度环境之间建立联系，理解这一联系的合乎逻辑的推演是：一种制度的功能是否有效，一方面取决于组织内部构造是否合理健全，另一方面则取决于该组织所处的制度环境。"[①] 新制度主义学派认为，组织既受技术环境的影响，也受制度环境的影响。面对两种不同的环境，"组织理论家长期以来忽视了制度环境的重要性，一段时期以后，分析家们才逐渐认识到组织并不只是技术系统，同时也是人文系统、政治系统、社会系统及文化系统"[②]。制度环境主要指一个组织所处的法律

---

① ［美］约翰·E. 丘伯、泰力·M. 默：《政治、市场和学校》，蒋衡等译，教育科学出版社2003年版，第55页。

② ［美］W. 理查德·斯格特：《组织理论：理性、自然和开放系统》，黄洋、李霞等译，华夏出版社2002年版，第122页。

制度、文化期待、社会规范、观念态度被人们广泛接受的社会事实，具有强大的约束力量，规范组织的行为。① 组织要想生存和发展，既要适应技术环境，从技术的角度按照效率最大化原则来选择和确定组织结构与行为，同时也要适应制度环境，遵循外界的法律规章制度、文化期待、观念制度等人们广为接受的"合法性机制"。制度环境作为一种组织外在的游戏规则，对组织行为至关重要，常常要求组织消耗资源去满足"合法性机制"，使组织不得不采用那些在制度环境下广为接受的合法性的形式和做法，而不管这些形式和做法对组织内部运作是否有效率。②

社会学制度主义将组织划分为技术性组织和制度性组织两类。技术性组织运用复杂的技术与社会环境进行交换，其成功的关键是有效地调控生产进程，高效地生产产品；而制度性组织是处于社会环境、历史影响之中的一个有机体，其成功的衡量标准是"与组织所处的制度环境形成'同构'，从而获得合法性以及组织生存所需要的各种资源"③。高校属于强制度环境和弱技术环境类组织，受制度环境影响大，受技术环境影响小。④ 作为兼具学术性组织和制度性组织的机构，衡量高校成功的标准主要是对外界制度环境的适应度，遵从"合法性机制"，与自身所处的制度环境形成"同构"，产生规范的"大学人"行为机制。这样，高校才能被社会和高等教育的"大环境"认可和接受，才能获得自己生存和发展所需要的各种资源和未来空间，否则会引发自身生存和发展的合法性危机。

---

① 周雪光：《组织社会学十讲》，社会科学文献出版社 2003 年版，第 70—77 页。
② 周雪光：《组织社会学十讲》，社会科学文献出版社 2003 年版，第 72 页。
③ Meyer J. W. and Rowan B., "Institutitionalized Organizations: Formal Structure as Myth and Ceremony", *American Journal of Sociology*, Vol. 83, No. 2, September 1977, pp. 340–345.
④ 吴重涵、汪玉珍：《制度主义理论的新进展及其在教育中的应用》，《教育学术月刊》2008 年第 2 期。

高校评价评估是政府管理高等教育的一种手段，且目前政府评估在高校评价中占有重要地位和分量。以高校评价、院校评估等为基础的国家评价评估体系是应用型高校主要的外在制度环境。在中央和地方教育行政部门对高校的各类评价评估中，一个共性的问题就是以高水平大学为基准评价所有的大学。[①] 学科（专业）评估是典型的以排名来展现高校学科专业水平和整体办学实力的评价方式，这种评价注重高校的论文数量、科研水平，多以同一标准衡量所有本科高校，缺乏对应用型高校进行单独的评价，有悖于地方本科高校转型发展与应用型高校建设的理念与趋势。院校评估主要包括本科教学工作合格评估、本科教学工作审核评估等，体现了政府对高校的监督、管理与调控，然而现行的"普通高等学校本科教学工作合格评估实施办法与指标体系"的评估对象主要是新建本科院校，办学定位、教师队伍等部分指标体系设置不合理，针对应用型高校办学定位、"双师双能型"教师队伍建设等引导不明显，突出不够；而本科教学工作审核评估虽然强调"用自己的尺子衡量自己"，但由于一些高校的办学定位及未来发展方向不够明确，自我衡量的尺度模糊，以评促建、以评促改的效果有限。

国家对高校的评价评估影响学校自身的评价及其对教师的管理。在高校评估工作中，科研成果、高层次人才、论文数量等都是非常重要的指标。教师是高校评价评估最直接和关键的利益相关者，是完成科研成果的关键力量。无论哪种形式的评价评估，高校都将考核评估转嫁到对教师的考核上，将对学校的考核任务分摊到教师身上，最终都是由教师来分解、落实、完成。因此，评价评估作为一种外在制度环境影响着教师管理的"选、育、升、评"等重要环节。为达到相关评价评估指标对师资、科研等方面的硬性要求，并尽量获得好的结果，应用型高校普遍提高教师入职的学历、学术门槛，大力引进博士

---

① 朴雪涛：《现代性与大学——社会转型期中国大学制度的变迁》，人民出版社2012年版，第259页。

及具有各种学术头衔的高端人才；积极支持教师学历（学位）进修，提升学历层次；严格量化、细化教师职称晋升条件和考核评价指标，并出台科研奖励标准政策，激励教师学术科研产出。可见，现行国家评价评估体系形成的外在制度环境产生了一种无形的外在力量，诱发应用型高校教师管理制度"异化"，其结果导致应用型高校教师逐渐偏离"双师双能"素质定位而转向学术型方向发展。

此外，在趋同化的制度环境中，居于较高层次的制度性组织的社会认可度较高，其组织结构与实践为较低层次的组织提供了蓝本（模仿性力量）。当制度性组织面临的组织目标比较模糊，抑或在"合法性机制"和"生存资源"的压力下，较低层次的制度性组织可能会改变自己原有的行为与实践，模仿高层次制度性组织的结构与实践。在我国高等教育体系中，以新建本科院校为主体的应用型高校整体办学水平落后于研究型高校，总体处于我国高等教育的边缘地带。现阶段应用型高校总体处于转型试点阶段，一些高校对自身的办学目标还较为模糊，其所处的制度环境存在一定的不确定性。因此，应用型高校可能会按照高水平研究型大学的行为方式、管理制度来塑造自己，在教师管理制度建设等方面形成模仿机制。

二　内在组织惯性束缚应用型高校教师管理制度创新

外在制度环境是引致组织变革的外生变量，美国学者尼克尔（Nicker）和曾格（Zenger）认为，影响组织变革的因素除了外在的制度环境，还有来源于组织运行过程中的内在制度环境力量，组织惯性是主要的内在环境因素。1963年，赛尔特（Cyert）和马奇（March）提出组织生活中充满惯性。20世纪80年代以来，惯性概念在组织理论中得到广泛应用，用来描述组织结构和组织行为保持一致的趋势。[①] 惯性理论认为，每个组织都受到强大的惯性力量的控

[①] 赵杨、刘延平、谭洁：《组织变革中的组织惯性问题研究》，《管理现代化》2009年第1期。

制，当面临外在环境的改变冲击时，在一定时间内，它们很少能够在组织结构和管理制度上做出根本性改变，或者对于外部环境的要求反应缓慢。①组织惯性是组织的一种属性，反映了组织维持现状的趋势和对当前发展框架之外的战略性变化的抵制，通常表现为组织的思维惯性、行为惯性和制度惯性。

长期以来，国家在高等教育领域实施的是一种重点建设的行政逻辑，从20世纪90年代至今，先后启动"211工程""985工程""2011计划"及当下的"双一流"建设工程。国家在高等教育领域不断强化金字塔顶端高校的建设已成为高等教育政策体系的重要导向②，资源投资的方向不断向优质高等教育倾向。这种"好"大学优先发展的行政逻辑，对应用型高校的办学职能、人才培养、师资队伍建设产生着深刻的影响。多数地方本科院校仿照研究型高校，走学术型发展道路，坚持综合性大学的办学思路，以培养学术型人才为己任，形成不断向"好"大学靠拢的组织思维惯性，产生竭力追求办学层次提升、建设学术型师资队伍等方面的行为惯性，并在相应的制度建设上不断强化这种学校组织惯性。

2014年以来，随着国家引导地方本科高校转型发展战略的实施，国家开始要求这些地方本科高校重新定位，办学类型从传统的学术型、学科型向应用型高校或应用技术类高校转变，建设应用型高校，服务地方经济社会发展。地方本科高校转型发展"意味着人才培养方式、培养流程、教师的科研导向以及高校相应的组织结构和运行机制的变化"③，可以说是整个学校层面的一场彻底性的变革。然而受学校原有组织惯性的影响，多数高校在思想上对转型发

---

① 赵杨、刘延平、谭洁：《组织变革中的组织惯性问题研究》，《管理现代化》2009年第1期。

② 朱建新：《地方高校向应用型大学转型的制度性困境、成因与建构机制》，《高等工程教育研究》2018年第5期。

③ 郭建如：《地方本科高校转型发展中的核心问题探析》，《黄河科技大学学报》2017年第1期。

展本身秉持一种质疑、抵制、观望甚至畏惧的态度，在转型发展上"停滞不前"，或者处于一种被动转型的慵懒状态。加之处于起步阶段的应用型高校"势单力薄"，且彼此之间缺乏有效的协同机制，缺乏能够集体发声的利益诉求与话语体系，更加难以突破内在学术倾向组织惯性的束缚。

制度惯性即制度的路径依赖，制度演进的过程充满了路径依赖和创新。[1] 诺斯认为，制度存在报酬递增机制，制度的报酬递增会导致自我强化机制的发生，进一步增强早期选择的路径方向。高校制度具有"路径依赖"的特征，过去的学校制度会影响现在的学校制度，早期选择影响后期的发展，这种路径依赖会限定教师的行为选择。[2] 转型之前地方本科高校已形成相对稳定的、学术导向鲜明的教师管理制度，这些制度中一些学术性的内容规定往往已渗透到教师的日常教学科研活动中，成为教师的思想观念与行为习惯，并产生既定的利益格局。然而在高校转型发展、"双师双能型"教师队伍建设的背景下，高校教师往往会因为教师专业实践能力提升的交易成本过高，或受既有行为习惯的影响，倾向于迎合既有制度安排，从而放弃改变现状，使教师管理制度变革受阻。

三 "双一流"建设诱使应用型高校教师管理制度偏离办学定位

在国家教育行政部门倡导转型之际，无论积极转型还是消极观望，地方本科院校无疑都面临新的选择和发展机遇。2015年10月，国务院颁布统筹推进"双一流"建设总体方案，开启"双一流"建设之路，之后不少省市也相继推行地方性"双一流"建设方案，并从省级层面提出了重点支持的"双一流"建设高校名单，一些地级市也相继出台支持所在地区新建地方本科院校建设区域一流大学和

---

[1] [美]科斯、诺思、威廉姆森等：《制度、契约与组织——从新制度经济学角度的透视》，刘刚、冯健等译，经济科学出版社2003年版，第40页。

[2] 庞岚、左峥嵘：《基于教师行为选择的大学教学与科研关系研究》，中国地质大学出版社2014年版，第73页。

一流学科的实施意见。2017 年，教育部等三部委公布了"双一流"建设高校名单，"转型"碰上"双一流"。这时，地方本科高校陷入两难：是努力追逐"双一流"，还是切实实施应用型"转型"？

在全国上下大力推进"双一流"建设的背景下，地方本科高校转型发展战略受到很大冲击，"双一流"建设的声音盖过了"转型发展"，甚至有的声音说，"转型发展"已经过时，社会上对应用型教育价值的认识出现严重矮化和窄化现象。这种状况导致地方本科高校担心向应用型转型会降低学校身价，得不到教师认同而导致优秀教师流失，得不到社会、用人单位、考生及其家长的认同而丧失社会声誉和获取社会资源的能力。[1] 因此，一些地方本科高校表面上寻求转型发展之路，实际上学校发展、学科建设、师资队伍建设等方面却瞄准"双一流"，想借助"双一流"机遇，乘势而上，提升学校的办学层次和社会声誉。趋利避害是人的本性，作为组织的大学也不例外。学界甚至一些高校认为转型发展意味着"降格"，意味着"走职业道路"，这样就会在高等教育体系中被边缘化；而寻求"双一流"发展，哪怕是地方或区域内的"双一流"，也是在实现办学层次、社会地位的提升，是在向我国高等教育体系的"中心"靠拢。目前无论国家还是地方的"双一流"建设，都是一个开放、竞争的机制，这使得应走应用型发展之路的地方本科高校更加跃跃欲试。因此，就短期利益来看，相比转型发展，"双一流"建设给应用型高校带来的现实利益更多，自然也就成了以地方新建本科高校为主体的应用型高校竞相追求的目标。

其实，"双一流"建设与地方高校转型发展是两个不同的逻辑体系。"双一流"是一种"学科逻辑"或"社会制度逻辑"，本质上是一种"学术逻辑"，这种逻辑侧重对学科的评定，强调学科评估排名、高质量的学术科研成果，无疑需要高起点、高水平的师资，需要创新性科研成果，追踪前沿，发表论文；而转型发展、应用型高

---

[1] 张应强：《实现地方本科高校转型发展》，《人民日报》2016 年 10 月 21 日第 7 版。

校建设则是一种"应用逻辑""产业逻辑",这种逻辑注重市场导向、实践教学、"双师双能型"教师、应用研究等。(如表4-3所示)"学科逻辑代表了高等教育的内部适切性,而应用逻辑则彰显了高等教育的外部适切性。"① 目前,我国的本科教育体系基本上是学科逻辑对高等教育系统的垄断。

表4-3　　　　　　大学重构中主导性的制度逻辑②

	学科逻辑	应用逻辑
广义情境	社会期望、学术共同体	市场力量、经济驱动
服务社会的传统	多重的,包括教育、公民、知识保存和发展	通过技能训练和研究应用为经济发展作出贡献
对变动所需的适当反应	停下来讨论	审视并重新定位
知识的中心价值	思想的内在价值,有独创性的学术	收入生成,商业化潜力
时间水平线	长期	短期
资金提供者视角的主导理论	投资于探究,包括基础和应用研究;投资于未来一代	致力于应用研究和教育服务
知识的塑造者	学科,教授导向;知识生产模式Ⅰ	市场,需求导向;知识生产模式Ⅱ
理想的学术结构	综合的;延续和变革由教授控制	有选择的和弹性的;受管理者限制
继续面对的学术挑战	在资源紧缩之下坚持综合性的学术境况;内部不和谐;公众信任丧失	面对变革固定化的支出;不完备的信息;在话语和结构之间缺乏一致性

"师资队伍水平决定着高校办学水平的上限,多高水平的师资队伍就能有多高的办学水平。"③ 为了向"双一流"指标体系靠拢,加

---

① 姚荣:《应用逻辑的制度化:国家工业化与高等教育结构调整》,《清华大学教育研究》2018年第5期。
② 帕特丽夏·J. 加姆波特:《大学与知识:重构智力城》,李春萍译,《北京大学教育评论》2004年第4期。
③ 宋永华:《"双一流"建设背景下师资队伍建设的特征与举措》,《教育发展研究》2017年第19期。

快实施区域一流大学、一流学科建设的战略部署,提升学校的办学层次和学科排名,各应用型高校在教师招聘中开展"抢人大战",大力引进高层次学术人才,通过教师考评、职称评审等制度安排,通过大幅提高科研成果奖励标准,进一步激励教师投身于学术科研,增加学校的学术科研产量,以求在同类高校的竞争中占得先机,向研究型高校靠拢。以西部地区 T 高校为例,为全面实施 T 高校"双一流"建设的各项部署,2018 年,T 高校向全校印发《T 学院一流大学和一流学科建设成果奖励办法》,激励教师增加科研产出,提升学校的学术水平和办学层次。由表 4-4、4-5、4-6、4-7 可以看出,T 高校对教师学术论文、科研立项的奖励不可谓不高。例如,普通教师在 CSSCI 来源期刊(C 类)发表一篇文章即可奖励 3 万元,在 SCI 2 区、3 区发表一篇文章可奖励 4 万和 1.5 万元。在利益驱使下,一些教师挖空心思造文章,甚至出现学术造假现象,教师哪儿还有心思赴企业实践锻炼,哪儿还有动力提升自身专业实践能力?

表 4-4　　T 高校自然科学类学术论文(全文)奖励标准　　(万元/篇)

分类	分区与细类		奖励标准	备注
CIE 论文	1 区	Science、Nature、Cell 或 IF ≥ 35 的期刊上发表的论文	20.0 万	SCI 分区表以文章发表当年参考最新的中科院文献情报中心发布的分区表(大类),IF 以报奖当年的最新公布为准
		在 Nature 子刊、PNAS 或 IF ≥ 25 的期刊上发表的论文	10.0 万	
		15 ≤ IF < 25	7.0 万	
		10 ≤ IF < 15	6.0 万	
		IF < 10	5.0 万	
	2 区	/	4.0 万	
	3 区	/	1.5 万	
	4 区	/	0.5 万	
EI 论文	EI Compendex(核心版)		0.5 万	
CPCI(ISTP)	会议论文		0.1 万	

表4-5　　　T高校哲学人文社科类学术论文（全文）奖励标准　　（万元/篇）

分类	分区与细类	奖励标准	备注
SSCI 论文	IF≥6	5.0万	IF 以报奖当年的最新公布为准
	3≤IF<6	2.0万	
	1≤IF<3	1.2万	
	IF<1	0.9万	
A&HCI 论文		0.6万	
CPCI-S 和 CPCI-SSH（会议论文）		0.1万	

表4-6　　　T高校国内期刊人文社科类学术论文（全文）奖励标准　　（万元/篇）

级别	奖励金额（人文社科）	奖励金额（自然科学）	备注
A 类	5万	4万	详见附件2《T高校国内期刊分类办法》
B 类	4万	3万	
C 类	3万	2万	
D 类	0.3万	0.2万	

表4-7　　　　　　　　T高校科研立项奖励标准

项目级别	奖励标准	备注
国家级项目	按立项资助实际入账经费额的30%进行奖励	自然科学类及人文社科类纵向项目最高奖励30万元
省部级项目	按立项资助实际入账经费额的8%进行奖励	
市厅级项目	按立项资助实际入账经费额的5%进行奖励	

在国家推出面向研究型高校的"双一流"建设和面向职业教育的"双高计划"之后，作为高等教育中坚力量的应用型本科高校缺乏相应国家层面的项目，从某种程度来看，应用型高校已成为我国高等教育体系中的"中部塌陷区"，这也就使得地方本科高校向应用型转型成了一种高校自愿的项目，这种情况不利于调动应用型高校的办学积极性。应用型高校是我国本科教育的主体，只有把这些高校办出特色，办成高水平应用型大学，我国普通本科教育的整体质

量才能显著提升。目前一些地方政府已出台"关于推进一流应用型本科高校建设的实施意见"。"十四五"期间正是地方高校向应用型院校深度转型的关键时期,当"转型"碰上"双一流",应用型高校应坚定走"应用型"之路,不断拓展其应用型发展空间,而不是忙着"挤进"区域一流、国家一流。盲目地追求"双一流",不管挂着何种名号,只能让自己在"双一流"的夹缝中越走越窄。

第五章

应用型高校教师专业实践能力提升的经验借鉴

国外应用型高校产生较早，较为典型的应用型高校主要有德国应用科学大学、英国的多科技术学院、日本的科学技术大学等，它们在发展进程中经历挫折，也积累了十分宝贵的经验。我国应用型高校建设处于初始阶段，虽然我国与国外的社会制度、教育体制存在较大差异，但作为同类型大学的建设，国外应用型高校在师资队伍建设方面的制度性经验，对我国具有一定的启发和借鉴价值。

第一节 国外应用型高校教师专业实践能力提升的经验借鉴

应用型高校属于我国大职业教育范畴，属于我国高等职业教育体系的本科阶段。国外应用型高校教师专业实践能力建设方面的政策规定、先进做法，对提升我国应用型高校教师专业实践能力具有重要的借鉴价值，值得我们学习。

一 德国应用科学大学教师专业实践能力提升的经验借鉴

(一) 德国应用科学大学的产生与发展

应用型科学大学是德国除了综合性大学之外的第二大类高等教育机构，是德国高层次应用型人才培养的主体。德国的应用科学大学创建于20世纪六七十年代，是在战后德国高等教育入学人数急剧增多以及知识经济迫切需要大批高素质应用型人才的背景下形成的，主要致力于培养运用科学知识解决社会实际问题的高层次应用型人才。[①] 第二次世界大战之后，特别是进入20世纪60年代后期，随着现代科学技术的广泛应用，德国的产业结构更新升级加快，为满足社会发展和产业结构变化的需求，迫切需要大批高层次的应用型人才。然而，"德国自19世纪开始建立的工程师学校、高级技术学院、机械学院已经不能满足从产业升级带来的对高层次技术人才的需求，而德国原有的大学，如洪堡大学等，由于定位于学术型人才培养，无法满足经济社会新的发展需求"。[②] 这时，为了填补以理论传授为导向的大学教育和双元制培训体系之间在结构上的空隙，应用科学大学在原工程师学院、高级技术学院等学校的基础上改建后应运而生，在德国传统的高等教育框架内"升格"成为一种新型的高等学校。1976年，德国颁布的《高等教育总法》正式确立应用科学大学作为高等教育机构的法定地位，以立法的形式为应用科学大学的建立和发展提供了政策、法律依据。1985年的《高等教育结构法》明确规定"不同的高校形式作为不同类型的高校体系中等值的要素而相互存在"，即从法律地位上说明了应用科学大学和综合性大学及其同类学校是"不同类型，但是等值"的，界定了应用科学大学的法

---

① 沈国琴：《德国高等教育的新发展》，《高等教育研究》2015年第8期。
② 邓泽民、董慧超：《德国应用科学大学研究》，科学出版社2017年版，第1页。

律地位。①

应用科学大学教学偏重应用技术，培养能将理论知识转化为实用技术的"桥梁式"人才，特别是工程技术人才。从 20 世纪 60 年代末发展至今，应用科学大学已成为德国高等教育体系中的重要组成部分，培养了大批高级应用型人才，在德国经济社会发展中发挥着重要的作用。在前期发展过程中，应用科学大学重在高层次人才培养，较少从事科研活动，科研任务主要由综合性大学来完成。20 世纪 90 年代中后期以来，不少应用科学大学依托企业需要发展开始涉及应用研究，重视应用技术研发，尤其侧重于区域社会经济发展所需的应用型研究，其办学功能得到进一步拓展。截至 2018/2019 学年度，德国共有 246 所应用科学大学，占当年高校数量的 57.7%。②

（二）严格的教师资格准入制度

德国针对不同层次、不同类型教师，确定了不同的教师准入制度内容，并通过严格的岗前培训和系列岗前考试，将准入制度落到实处，体现教师资格证的权威性。③德国《职业教育法》和《实训教师资格条例》规定，只有在品格和专业上均适合于教育教学工作，具备教师资格条例所要求的专业和教育学知识并通过相应考试的人，才可以作为教师从事教育教学工作。在德国，获得职业教师资格证，必须在规定的大学毕业之后，通过第一次国家考试取得实习资格，再经过不少于 18 个月的实习，通过第二次国家考试。（如图 5 - 1 所示）④

---

① 邓泽民、董慧超：《德国应用科学大学研究》，科学出版社 2017 年版，第 16 页。

② 彭湃：《德国应用科学大学的 50 年：起源、发展与隐忧》，《清华大学教育研究》2020 年第 3 期。

③ 张巾帼：《德国职业教育对我国高等职业教育师资队伍建设的启示》，《职业教育》（下旬刊）2013 年第 2 期。

④ 邓泽民、董慧超：《德国应用科学大学研究》，科学出版社 2017 年版，第 81 页。

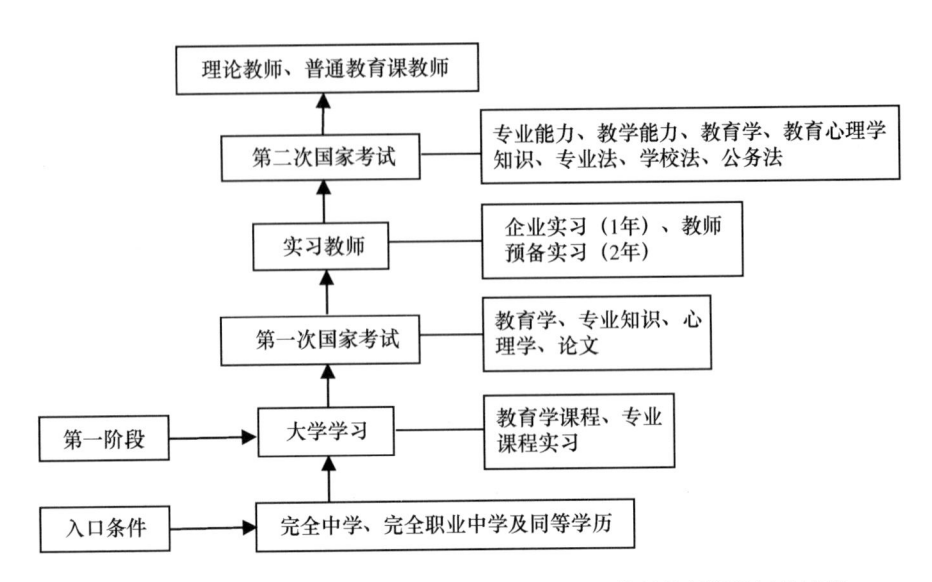

```
┌──────┐      ┌──────────────┐
│理论教师、普通教育课教师│
└──────┘      └──────────────┘
         ↑
┌──────────┐   ┌────────────────────────────┐
│第二次国家考试│──│专业能力、教学能力、教育学、教育心理学│
└──────────┘   │知识、专业法、学校法、公务法      │
         ↑     └────────────────────────────┘
┌──────┐      ┌────────────────────┐
│实习教师│──────│企业实习（1年）、教师│
└──────┘      │预备实习（2年）      │
         ↑     └────────────────────┘
┌──────────┐   ┌────────────────────┐
│第一次国家考试│──│教育学、专业知识、心│
└──────────┘   │理学、论文          │
         ↑     └────────────────────┘
┌──────┐  ┌──────┐   ┌──────────────┐
│第一阶段│──│大学学习│──│教育学课程、专业│
└──────┘  └──────┘   │课程实习      │
                      └──────────────┘
         ↑
┌──────┐  ┌────────────────────────────┐
│入口条件│──│完全中学、完全职业中学及同等学历│
└──────┘  └────────────────────────────┘
```

图 5-1 德国职业教育理论教师和普通教育课教师获得教师资格证的过程

在德国，只有具备一年以上的企业实习等工作经历，才能成为职业教师培养的合格生源。① 在德国，一般的理论课、普通教育课教师经过两个阶段的考试才能获得职业教育的教师资格。第一阶段是大学学习完成后进行的第一次国家考试，主要考察教师的教育学、专业知识、心理学等内容；之后是为期一年的企业实习和两年的教师预备实习，以了解生产一线的工艺流程、用人标准、管理制度，及在进修学校和职业学校积累教育教学经验。在教师预备实习结束前，实习教师要进行第二次国家考试，主要考察其专业实践能力、教学能力、教育学、教育心理学知识、专业法、学校法、公务法等内容，只有通过第二次国家考试，才能获得教师资格证。而对于技术教师和实训教师，其从学校毕业后，首先要有五年的企业工作经历，之后经过企业专业技能考评，再经过一年的教育学基础学习和半年的专业培训，最后经过企业统一考试，才能获得职业教育技

---

① 陈祝林、徐朔、王建初：《职教师资培养的国际比较》，同济大学出版社2004年版，第63页。

教师、实训教师的教师资格。由此可见，具备较强的教师专业实践能力是成为德国职教教师的重点。

(三) 高标准的教师聘任资格

德国应用科学大学的办学优势主要体现在理论与实践的紧密结合，对入职教师的学历和工作经验的要求非常高，对于教师专业素质能力的要求有别于普通大学。德国的大学只设教授，不设教授以外的教师职称，教授丰富的实践经验是应用科学大学最重要的办学特色。《高等学校框架法》规定应用学科大学教授入职资格要求是"在多年专业实践中应用或发展科学知识和方法方面取得特殊成就"。[①] 德国《高等教育总法》规定，应聘为德国应用科学大学的教师，应具备以下三个条件：一是具备学术性，即获得博士学位。一般而言，应用科学大学普通科目的教师必须获得博士学位，具备较好的学术造诣、较强的自主且深入进行学术科研的能力，是某一学科的专家，并通过高等学校教授资格考试。二是实践性，即要求其教师和研究人员具有相关的从业经验。在应用科学大学，除了外语和数学专业，其他专业教授应具有在本专业从事至少五年以上的职业实践经验，并做出特殊的成绩，其中，至少三年在高等学校以外的领域工作，实践经验还必须具有专业匹配性。三是教育性，即应聘者必须通过实践经验证明其在教育学和教学法上的适合性，在应聘之前就已经在高校积累了两年以上的教学经验，如在高校做过兼职教师或科研助理等。[②] 对应用科学大学教授的三重资格要求是德国应用型科学大学办学成功的有效保障。

值得注意的是，为避免教授之间的"近亲繁殖"，德国规定，在本校获得教授资格的不能应聘本校的教授职位，唯有外校毕业或工

[①] 彭湃：《德国应用科学大学的50年：起源、发展与隐忧》，《清华大学教育研究》2020年第3期。

[②] [德] Hendrik Lackner、陈颖：《应用科学大学教授的职业路径——提高德国应用科学大学教授岗位的吸引力为何迫在眉睫》，《应用型高等教育研究》2017年第3期。

作的教授才具备聘任资格。从聘任条件可以看出，德国应用科学大学教师聘任条件非常严格，教授除了具备较高的理论水平、深厚的学术教育背景及较长的教育学习经历，还要有很强的企业实践经历，具有丰富的理论联系实际的实践经验。此外，在教师的续聘方面，应用科学大学的教授需要得到企业至少5年的资金支持才能继续受聘于大学。德国应用科学大学对教师的入职要求一定程度上保证了应用型人才培养的实践性以及教师知识和技能的不断更新，也保证了人才培养、应用研究与行业企业需求之间的持续良性互动。

（四）重视兼职教师队伍建设

德国应用科学大学非常重视兼职教师队伍建设，从企业、政府、金融机构等聘任了很多兼职教员，约三分之一的教师是来自经济界、企业和其他社会机构的校外（企事业单位）特聘讲师，部分高校的兼职教师队伍比例甚至超过50%。这些人大多具有丰富的行业和专业经验，很大程度上保证了学校教学与研究工作的实践导向，有利于不断更新专业知识与职业技能，也促进了社会经济活动与大学应用型研究之间的良性互动循环。例如，柏林经济与法律应用科学大学（hochschule für Wirtschaft und Recht Berlin）有156名教授，495名校外特聘讲师；卡尔斯鲁厄工程和经济学院（Hochschule Karlsruhe-Technik und Wirtschaft）有176名教授，330名校外特聘讲师。[①]他们具有丰富的实践经验，将实践中的最新知识和问题带到学校，在为学生授课的同时，还会举行各种讲座，将企业技术发展动态等内容介绍给学生，从而有效保证应用型人才培养、科学研究与企业需求充分接轨。2007年德国联邦政府与州政府共同出台了中长期教育发展规划《高等教育协定2020》，明确强调要增加校外特聘讲师，之后，应用科学大学外聘教师的数量明显增长。通过聘任具有丰富实践经验的技术人员或专家学者作为应用科学大学的兼职教师，实

---

① 《超实用！提高实践教学能力的3种模式》，https://www.sohu.com/a/74903027_121294，2016年5月12日。

现了高校与外界行业企业的充分对接，有利于兼职教师将最新的技术发展动态引入高校并传授给学生，避免了应用型人才培养过程中理论与实践的脱节。

（五）教师培训突出实践导向

德国应用科学大学教师培训的实践导向鲜明，政府和学校通过多种举措推动、激励教师提升自身专业实践素质。应用科学大学教师培训可以在校内继续教育培训中心完成，可以在企业完成，但更多的是教师赴企业参加实践培训、接受实践锻炼。为提高教师的专业实践能力，部分应用科学大学实行教授定期"调研休假"的制度，即从教期间，教授定期到专业对口企业从事实际工作或应用研究，以熟知企业的生产流程、工艺要求和产品质量标准，了解企业实际工作中的最新问题、最新动态，更新和扩充知识。[①] 一些应用科学大学则在校内提供专门的教师培训和进修机构，培训内容由学校根据社会发展需求和人才培养需要设定，缺什么补什么。安贝格－魏登应用技术大学（Osbayerische Technische Hochschule Amberg-Weiden）是德国拜仁州的一所公立高校，该校规定教师要定期在校外行业企业参加进修和继续教育活动，而且学校本身也设立了继续教育培训中心，以便向教师提供培训。有些学校建立了州—州所辖行政区—行政区下属教育局—本校内部培训四级教师进修网络，一些学校还规定教师若要参加实践导向的进修，可以在相关企业实践一个学期，以了解技术、工艺发展的新动态，也可以通过参加学校的各类培训班来完成，但这种进修4年才有1次机会。在岗前培训方面，应用科学大学教师入职岗前培训充分体现职业教育的特色，培训内容以基本教学能力和实践能力为主，实践导向鲜明。通过岗前培训，入职教师能够加深对应用型人才培养的理解和体验，增强对社会行业企业需求的直观认识，为消除人才培养和社会需求之间的隔阂奠定

[①] 邓泽民、董慧超：《德国应用科学大学研究》，科学出版社2017年版，第87页。

基础。

二 英国多科技术学院教师专业实践能力提升的经验借鉴

（一）英国多科技术学院的产生和发展

英国多科技术学院的发展经历了多科技术学院的建立与多科技术学院更名为大学的两个时期。1963年，为满足英国当时经济社会发展对各级技术技能人才的需求，英国高等教育委员会发表了《罗宾斯报告》，提议建立多科技术学院。1966年英国教育与科学部颁布了《关于多科技术学院与其他学院的计划》白皮书，将原有地方学院、区域学院、社区学院按区域合并成新型高校——多科技术学院，并正式提出成立以多科技术学院为主体的公共高等教育体系。随后几年英国成立了30多所多科技术学院，逐步形成了本科层次职业教育体系。多科技术学院办学特色鲜明，课程形式灵活多样，课程设置侧重应用科学和职业培训，在高层次应用型人才培养以及高等教育规模的扩张和结构改革方面发挥了重要作用，是英国高素质应用型人才的主要培养基地。多科技术学院的建立使英国形成了非大学与大学共同构成的高等教育"双重体制"。

1988年英国颁布《教育改革法》，成立由中央政府拨款的"多科技术学院与其他学院基金委员会"，多科技术学院脱离地方政府控制，接受中央政府直接管理，获得独立法人地位。1992年，英国政府出台《继续教育与高等教育法》，同意多科技术学院升格为大学，赋予其独立授予学位的权力。之后34所多科技术学院及部分其他学院逐渐更名为大学，并不断提升学位授予层次，英国的高等教育体系由"双重体制"回归"一元体制"时期。更名后的多科技术学院（英国新建本科高校）通常被称为"1992后大学"（或"新大学"），其向应用型转变就比较成功，虽然这类高校自产生之日起就或多或少存在"学术漂移"与"模式趋同"现象，但多数学校仍保持着其原有的"职业""应用"特色，保持其清晰的地方性、服务性办学定位，面向企业实施专业技术教育，提供职业性课程，开展应用性研究，与传统大学在学术影响、社会认可等方面的差异依然存在。

（二）教师聘任注重教师的实践经验

1974年，多科技学院委员会在明确多科技学院教师选拔资格条件时提出："发展具有多科技学院特色的教师，不能只是单纯地去模仿大学的教师模式，应该有自己的世界观和独特的教学经验。高级教师更应该热爱教育事业并具有广泛的社会经验。"[①] 因此，在教师聘用方面，多科技学院注重教师的实际应用经验，倾向于引进实践经验丰富的工程技术人员和一线管理人员担任专任教师。

多科技学院大多数教师具有丰富的生产和管理经验，了解真实的工作场景，动手操作和应用研究能力强，能够引导学生将所学的理论知识应用于生产实践，并能根据行业企业发展的新趋势、新要求，及时调整教学内容和方法，传授新的知识和技能，有针对性地开展教学。随着英国多科技学院的发展，多数学院对教师专业素质进行了严格规定，一方面，教师要不断努力提高自己的学历水平和研究能力；另一方面，多数学院鼓励教师深入企业一线进一步接触企业的"真实情境"，了解生产实际中不断发生的新情况、新问题，不断提升自身的专业实践能力，以更好地掌握指导学生实践、实习的技术和本领。许多学校与厂矿企业、技术部门建立良好关系，经常聘请有丰富经验的技术人员和管理人员做兼职教师、开设讲座和新兴课程，[②] 传授生产实际中的新知识、新技能。有关资料显示，1980年，多科技学院的教师队伍以兼职教师为主，兼职教师有5.5万人，而专职教师只有2.8万人。[③] "1992后大学"中的多数教师来自行业企业一线，例如被誉为"企业家和工程师摇篮"的赫特

---

① Pratt John, *The Polytechnic Experiment*: 1965–1992, UK: Open University Press, 1997, p. 165.

② 易红郡：《战后英国高等教育政策研究》，湖南师范大学出版社2012年版，第80页。

③ 张建新：《高等教育体制变迁研究——英国高等教育从二元制向一元制转变探析》，教育科学出版社2006年版，第76页。

福德大学约 70% 的教师来自工商业界的第一线；伯恩茅斯大学媒体学院的专业教师不仅有学术专家，而且还聘请了大量的企业技术人员担任部分课程主讲教师，并且很多教师都拥有 5 年以上的企业实践经验。[1]

（三）教师培训注重对教师实践能力的培养和提升

多科技术学院成立的最初几年，教师培训相对未受到重视。1974 年，多科技术学院教育发展委员会的成立，促使多科技术学院将教师培训作为一项重要的政策实施，各学院的教师培训才逐渐系统化。多科技术学院教师培训的形式主要包括脱产学习、学术会议、研究咨询等，同时也会组织一些短期培训项目，一般由系主任对本系教师的培训情况进行完备的记录，部分学院还会开展年度教师培训工作评估。[2] 各学院一般有较为明确的教师培训政策，定期派遣教师到行业企业一线相关岗位进行在岗培训，以增强教师专业素质，提高教师的专业实践能力。在教师赴行业企业实践锻炼期间，经验丰富的技术和管理人员担当指导员，帮助他们制定培训方案和行动计划，并监控培训进程和培训效果的考核。同时，教师在企业的实践考核也作为学校决定教师续聘、晋升和提高薪资水平的重要依据。从整个职业教育来看，英国非常注重在行业一线培养职教教师。1983 年，英国政府在引入职业教育方案中首次提出为在职教师提供到企业培训锻炼的机会。[3] 在政府的推动下，职业院校与企业建立了良好的合作关系，逐渐形成了职前培养、入职辅导和职后培训"三段融合"与大学、职业学校和企业"三方参与"的职教师资培养模式，大量在职教师在行业一线得到充分的实践锻炼。

---

[1] 罗敏、陆素菊：《职教本科发展的英国经验与启示——以伯恩茅斯大学为例》，《职教通讯》2020 年第 10 期。

[2] 孙敏：《英国多科技术学院调研报告》（中），《世界教育信息》2013 年第 10 期。

[3] 李梦卿、熊健民、罗莉、王宪成：《双师型教师队伍建设比较研究》，华中科技大学出版社 2010 年版，第 115 页。

（四）围绕学校办学目标开展教师评价

多科技术学院对教师的考评主要包括专业理论知识和实践技能水平两方面，但相比于理论性的科研成果、学术论文，其更加注重对教师实践操作、技术开发、应用研究能力的考评。在多科技术学院的基础上，"1992后大学"在办学职能上强调教学、学生需求和社会服务，教学目的、教学内容、教学方式紧跟学校发展目标，因此，这类高校在考评教师时往往淡化学术性要求，更加注重学生的满意度以及教师对学校和社会的贡献度。以博尔顿大学为例，博尔顿大学前身为博尔顿大学技术学院与博尔顿教师培训学院合并而成的博尔顿高等教育学院，1990年获得本科学位授权，2005年更名为大学，从其"教师绩效评价指标"可以看出（见表5-1），博尔顿大学将教师教学、引导学生发展、对学校发展的贡献度作为评价教师的重要指标；在评价教师的学术活动时主要是衡量教师与学校发展战略的相关度，而非科研项目、学术论文、论著等具体可量化的学术性指标，从而引导教师将主要精力放在教学、人才培养或学校办学目标的实现上，同时通过教师评价引导教师关注学生就业、注重研究成果的转化以及为社会服务。

表5-1　　　　　　　博尔顿大学教师绩效评价指标[①]

一级指标	二级指标
教学	学生反馈；模块与项目领导力；教学质量
学生体验	教学模块和学生成就；项目和论文指导通过率；课程贡献度；研究生指导：进展和完成情况；个体辅导：具体成效
研究与学术活动：与学校发展战略相关度	职工资质；进展和成就；专业认证和再验证；研究成果与学校发展战略的相关度；应用型研究资金所得

---

① 杨琼：《应用型本科高校教师绩效评价研究——以英国博尔顿大学为例》，《教育发展研究》2017年第7期。

续表

一级指标	二级指标
就业和企业工作	学生就业能力：高校学生就业结果；学生实习：学位论文和其他项目；对行业顾问委员会的贡献；组织行业人员讲座；其他邀请雇佣单位参加的活动；知识转化
学院愿景和大学贡献	招生（最近一学年）；指导培训初级员工或新教师；其他团队合作性工作及其成就

三 日本应用型高校教师专业实践能力提升的经验借鉴

（一）日本应用型高校的产生和发展

日本本科高职教育的发展始于 20 世纪 60 年代。第二次世界大战后，为打破单一教育结构导致的人才培养规格单一问题，满足经济发展和产业结构调整对高级专业技术人才的需要，1971 年，日本中央教育审议会发表了《关于今后学校教育综合扩充、整顿的基本对策》[1]，确立要建立技术科学大学。长冈和丰桥两所技术科学大学于 1974 年开始筹备，1976 年日本政府颁布《国立学校设置法部分修正法案》，宣布正式建立丰桥技术科学大学与长冈技术科学大学。作为一种"专科后"技术教育，技术科学大学的建立增加了一种新型的高等职业教育专门机构，为职业技术人才接受更高层次职业教育提供了可能，使得日本职业教育的层次结构更加合理。[2]

技术科学大学既具有本科院校的特征，又具有职业院校的属性，是一类举办本科和研究生教育的高等职业院校，[3] 旨在通过 4 年的专

---

[1] 祖灿：《应用型本科教育发展比较研究》，硕士学位论文，江西财经大学，2012 年，第 19 页。

[2] 贺国庆、朱文富等：《外国职业教育通史》（下卷），人民教育出版社 2014 年版，第 147 页。

[3] 叶磊：《日本技术科学大学的办学特色及其经验启示》，《职教论坛》2014 年第 16 期。

业教育，培养具有创造力和研究开发能力的"指导性技术人员"①。20世纪90年代初，日本本科高职教育得到迅猛发展。四十多年来，日本技术科学大学专注于人才实践能力培养与应用研究，通过应用型本科与专业学位研究生的衔接、贯通，培养社会需要的高层次应用型人才，成为具有鲜明职业特色、较高办学质量和声誉的本科高职大学。20世纪90年代以来，随着日本本科教育规模的进一步扩大，日本在高等专门学校创设专科攻本科（专攻科）制度，高等专门学校毕业生可直接进入"专攻科"学习并获得学士学位，部分高等专门学校开始举办本科高职，以便专科生取得准学士和学士学位资格。

（二）明确教师入职资格标准，严把入口关

日本《学校教育法》对职业教育教师资格做出了严格规定，对于承担专门课程、一般课程、高等课程等不同课程的教师规定了不同标准。根据《学校教育法》，日本文部科学省制定了针对不同类型高职院校的基准性政策法规。高等专门学校方面，如表5-2所示，日本文部科学省颁布新修订的《高等专门学校设置基准》对高等专门学校各职称教师的入职资格做出了明确规定。但《高等专门学校设置基准》对各院校不同职称教师的入职资格规定是基本的、通用性的参照标准，高等专门学校在人才招聘中往往结合自身的办学实际、用人需求，制定具有校本特色的教师聘任标准。日本东京工业高等专门学校是一所典型的具有"专攻科"制度的高校，该校在招聘副教授、讲师或助教时要求必须符合以下各项条件：获得博士学位，且所获学位与应聘学科专业相同；能够胜任高专低年级教学和专攻科学生的指导工作，并促进二者衔接教育；能够开展实践教学，并不断改进实训实习教学方法；具备产学研合作、服务地方的能力；具备在大学、高等专门学校的教育教学经验；能够承担班主任工作，

---

① 李均、赵鹭：《发达国家本科层次高等职业教育研究——以美、德、日三国为例》，《高等教育研究》2009年第7期。

对学生开展生活指导等。① 日本的技术科学大学非常注重师资队伍建设，要求教师既要有理论积淀，更要有丰富的实践经历。日本技术科学大学在专业教师聘任方面严格遵循学校的相关制度，在强调过硬专业能力的同时，注重考察教师的实践能力与实践经验。② 技术科学大学还常年聘请高等专门学校教师任教，聘期一般为1—2年。③

表5-2　　高等专门学校专门课程教师入职资格政策规定

政策文本	入职资格条件	
《高等专门学校设置基准》（最新修订平成二十二年文部科学省令第十五号）	教授招聘条件：被认为有担当高等专门学校教育教学能力并且必须符合以下条件之一者	①获得博士学位者
		②获得专业硕士学位，有相关专门领域的业务实绩
		③有在大学、短期大学、高等专门学校任教授、副教授、专任讲师经历者
		④学校、研究所、实验所、调查所的在职人员，有教育研究实绩，或者工厂、事业单位的在职人员，有技术业务实绩
		⑤被认为在特定的领域有丰富的知识和出色的才能
	副教授招聘条件：认为有担当高等专门学校教育教学能力并且必须符合以下条件之一者	①符合教授入职资格条件之一者
		②有在大学、高等专门学校做助教或者有与此大体相同的职务经历者
		③获得硕士学位或者获得专业硕士学位
		④被认为在特定的领域有丰富的知识和出色的技能经验

资料来源：根据日本文部科学省《高等专门学校设置基准》（http：//law.e-gov.go.jp/htmldata/S36/S36F03501000023.html.）内容整理而成。

---

① 《国立東京工業専門学校教職員採用情報》，http：//www.tokyo-ct.ac.jp/ippan/596/000646.html。

② 王宁宁、吴涛：《日本技术科学大学人才培养：经验与启示》，《教育探索》2015年第7期。

③ 严世良、夏建国、李小文：《战后日本技术教育体系构建的历史沿革、现状特色及启示——以"高等专门学校-技术科学大学"技术教育体系为例》，《教育发展研究》2019年第Z1期。

（三）多渠道引进师资，加强兼职教师队伍建设

为吸收社会人士充实职教教师队伍，1988 年日本修订的《教育职员许可法》提出了设立特别资格证书和兼职教员的制度，这就为职教聘用各行各业富有专业理论和实践经验的业务骨干来担任教学工作开了绿灯，拓宽了师资来源。日本的技术科学大学非常注重以专职或兼职的形式招聘具有较强理论基础和实际操作经验的企业人员进入教师队伍中。[①] 为促进理论教学与技术实践的结合，增强实践教学的实效，技术科学大学直接从企业聘请大量有丰富实践经验的高级研究人员到学校任教。以长冈技术科学大学系统安全专业为例，2014 年的统计数据中，系统安全专业有 11 名专职教师、10 名兼职教师、15 名外聘讲师、3 名名誉教授。其中，专职教师中，7 名教授、3 名副教授、1 名讲师，3 名教师在企业中担任职务。[②] 此外，为积极推动教师队伍结构的多元化，提升教师解决实际问题的能力，技术科学大学积极将自身教育体系培养的优秀毕业生留下任教，并使之在师资结构中达到一定比例。2015 年，长冈技术科学大学 219 名在职教师中有 49 名来自高等专门学校——技术科学大学教育体系，所占比例为 22.4%；丰桥技术科学大学 213 名在职教师中有 50 名来自该体系，所占比例为 23.5%。[③]

（四）采用灵活多样的教师进修制度

日本的《教育公务员特别法》对教师进修作了专门规定。在该项法律的指引下，日本建立了从中央到地方的各级教师进修制度。高等职业教育教师在职进修主要包括校内进修、校外进修及海外考

[①] 陈君、田泽中：《新世纪以来日本技术科学大学的教学改革及启示》，《高等理科教育》2017 年第 3 期。

[②] 孟秀丽、杨连生、王松婵：《日本长冈技术科学大学工程硕士培养探析》，《研究生教育研究》2014 年第 6 期。

[③] 鎌土重晴：《長岡豊橋技術科学大学から見た高専》，http：//www.mext.go.Jp/b_menu/shingi/chousa/koutou/067/gijiroku/_ics Files/afieldfile/2016/01/05/1365635_1.Pdf，2015 年 10 月 27 日。

察进修等形式。根据日本职业学校教师在职进修制度的规定，新教师在录用后要经过1年的实习试用期，在试用期内，职业学校教师在从事授课工作的同时，每周必须保证的进修时间在校内2天，在校外1天。① 为提高教师的实践能力和国际化视野，技术科学大学非常注重教师海外考察进修，每年都会派大量教师到海外考察学习。"丰桥技术科学大学每年至少派出300名教师赴海外研修交流，从事科技合作，年均派出人数几乎占到全校专任教师总数的90%。"② 长冈技术科学大学仅2013年一年派赴海外的教师就达到541人。③ 长冈技术科学大学还通过与企业建立的共同研究制度实现学校教师与企业高级技能人才的互派，企业兼职教师可被授予名誉教授、副教授等称号。④ 日本这种灵活多样的教师进修制度，便于高职教师掌握企业最新的技术，了解技术革新的最新动态，保证教学质量和应用型人才培养质量不断提高。

（五）灵活的职称评定机制

日本新的《学校教育法》规定高校职称岗位分为助手、助教、准教授、教授。日本高校的职称评定机制灵活，并非每年定期评定职称，而是由教师本人根据自己的工作年限和业绩积累，并根据学校订立的标准，随时向学校提出申请。因此，在日本只有当教师提出申请时，才进行职称评定。⑤ 各级职称评审的条件也相对比较灵活，在日本，科研工作也是教师职称晋升的重要条件，但学校一般

---

① 李梦卿：《双师型职教师资培养制度研究》，华中科技大学出版社2012年版，第123页。

② 叶磊：《日本技术科学大学的办学特色及其经验启示》，《职教论坛》2014年第16期。

③ 长冈技术科学大学：《国际交流》，htpp：/www.nagaokaut.ac.jp/j/annai/kouryukyotei.html，2014年5月6日。

④ 李博：《日本高职本科专业课程建设研究及启示——以长冈技术科学大学为例》，《南通职业大学学报》2017年第1期。

⑤ 温才妃：《日本大学怎样严格职称评审？》，https：//www.sohu.com/a/162083571_800517，2017年8月3日。

对教师的科研任务不做硬性要求，不把论文的数量和级别作为主要参考依据，而是实行教授集体审议制，即聘请行内的专家对教师个人的科研成果进行评审鉴定。教师的职称晋升权主要在校级层面，由学校公布各级职称的名额，制定职称晋升的条件。以丰桥技术科学大学为例，根据丰桥技术科学大学章程及相关规定，该校在各级职称晋升条件中（见表5-3），并非将学历、科研等作为硬性条件。可以看出，丰桥技术科学大学教员选拔考核条件的弹性相对比较大。

表5-3　　　丰桥技术科学大学教员选拔考核条件

晋升职称	条件
教授	应符合下列各项中的任意一项，并具有相应能够承担大学教育研究的能力： （1）博士学位（包括国外授予的具有同等学力的学位） （2）有相应研究成果，且研究成果已发表 （3）具有学位规定（昭和28年文部省令第9号）第5条第2点规定的专业学位（包括国外授予的具有同等学力的学位），且具有该专业学位专业领域内实际成果 （4）曾在高校有过担任教授、副教授或专业讲师的经历（包括在国外担任教员的经历） （5）在艺术、体育方面具有特殊技能且有教育经验 （6）在专业领域具有丰富的知识和经验
副教授	应符合下列各项中的任意一项，并具有相应能够承担大学教育研究的能力： （1）符合前条各项之一者 （2）曾在高校担任过助教或同等级教员的经历（包括在国外高校担任教员的经历） （3）拥有硕士学位或学位规定（昭和28年文部省令第9号）第5条第2点规定的专业学位（包括国外授予的具有同等学力的学位） （4）在研究所、考试所、调查所工作且有实际成果 （5）在专业领域具有丰富的知识和经验
讲师	应符合下列各项中的任意一项，并具有相应能承担当大学教育研究的能力： （1）满足前两条规定的教授或副教授的条件 （2）在其他特殊专业领域内，具有在大学担任教育研究的能力

续表

晋升职称	条件
助教	应符合下列各项中的任意一项，并具有相应能够承担大学教育研究的能力： （1）符合第三条规定的讲师的条件 （2）具有硕士学位（医学、牙科、药学、兽医学士学位）或者拥有硕士学位或学位规定（昭和28年文部省令第9号）第5条第2点规定的专业学位 （3）在专业领域具有丰富的知识和经验

第二节　国外应用型高校教师专业实践能力提升的经验启示

师资是应用型高校发展的关键。国外并没有使用"双师双能型"教师或"专业实践能力"的明确提法，但对应用型高校教师的内涵要求与我国是一致的。国外发达国家本科职业教育起步较早，在师资队伍建设方面积累了许多成功经验，对提升我国应用型高校教师专业实践能力有着重要的现实意义和启示。

一　注重对教师实践经历的要求

高校职能定位的不同、人才培养目标的不同，对教师的专业素质要求也就不同。国外应用型高校教师的选用条件相当严格，除注重教师职业道德素养和敬业奉献精神外，对教师的实践经历有着明确的要求，强调任职教师必须具有一定行业企业实践经历。国外应用型高校招聘的教师往往在大型企业、公司、社会组织或者政府部门担任过相应的职务，很多任职教师既是高校的名师，又是企业的核心技术人员、高管或智囊。这些教师不仅受过专门的高等教育，具有某种层次的学历学位，还接受过某些必备技术训练，拥有一定的实际经验和实际操作技能。例如，在德国，受聘于应用科学大学的教授要学术性、实践性、教育性兼备，他们必须具备至少五年的业界实践经验才能够申请成为一名指导教师。没有工作经验，对企业环境不熟悉，这样的教师很难培养出高素质的应用型人才。现阶段，我国应用型高校在人才引进中一般对教师的学历、学术科研能力要求较高，但对教师的工作经验基本不做硬性要求。鉴于此，我国应用型高校在人才引进过程中，应借鉴国外应用型高校教师的任职资格要求，既要注重教师的学术性和教学性，也要注重其实践性，从源头上把好入职关，调整和完善人才聘任政策体系，重视应聘者的实践经历与经验要求。

二　建设专兼职结合的教师队伍

国外应用型高校非常重视兼职教师队伍建设，普遍实行专兼职教师结合的师资队伍建设模式，专职与兼职教师的比例一般为1∶1，许多应用型高校如英国多科技术学院等，其从业界聘请兼职教师的人数和比例要高于专职教师，德国部分应用型高校兼职教师比例甚至超过70%。国外应用型高校大力从行业企业聘请兼职任教，这些兼职教师主要由企业专业技术人员、企业管理人、能工巧匠等人员担任，他们主要讲授专业性和职业性强的课程，能够将职业领域内的新知识、新技术、新工艺、新方法带进课堂，这样不仅大大提高了应用型人才培养质量，同时也可以减少学校教师的实践培训成本。目前我国应用型高校的教师绝大多数是专任教师，从行业企业聘请的兼职教师人数较少，这种现状不利于高质量应用型人才的培养。因此，应用型高校应加大兼职教师的聘请力度，积极聘请行业企业优秀人才入校从教，建设专兼职相结合的教师队伍。

三　发挥政府的立法、统筹和引导作用

严格的法律法规是提升教师专业实践能力的重要保障。国外应用型高校建设首先重视立法，有国家层面的教育立法作为保障，并通过颁布附属立法和认证标准来保障其办学质量，以立法的形式加强教师队伍建设。例如德国的《德国高等教育法》、英国的《应用

技术学院和其他学院发展计划》、瑞士的《应用科技大学联邦法》等法律法规；日本文部科学省根据《学校教育法》分别制定了《专修学校设置基准》《短期大学设置基准》《高等专门学校设置基准》等基准性政策法规，[①] 对各类职业院校教师入职资格都做出来详细、明确的规定，为不同类型学校的教师招聘提供基本标准和政策依据。可见，为加强应用型高校建设，国外首先通过国家层面的法令法规确立应用型高校在高等教育系统中的法律地位、建设标准，为教师队伍建设提供大环境的制度保障。鉴于此，我国应进一步建立健全《教育法》《教师法》《高等教育法》《职业教育法》等相关法律法规，通过国家层面的法律法规保障应用型高校的办学地位、办学质量，明确其办学标准和师资队伍建设标准，推进应用型高校教师专业实践能力建设的制度化、规范化和法制化。

四 重视教师实践培训，加强教师考评管理

加强实践培训是提升应用型高校教师专业实践能力的有效途径。国外应用型高校师资培训体系相当完善，许多发达国家非常重视对教师的培训及继续进修，甚至采取立法的形式来对教师的实践培训加以规范，如德国把教师不断接受新知识、新技能的培训作为教师必须履行的一项义务[②]。与国外相比，我国应用型高校教师实践培训的力度明显不够。现阶段，我国应用型高校教师培训主要以"校—校"间教师培训模式为主，培训模式单一，且学术化、理论化、学科化倾向严重，很难从根本上解决教师队伍实践能力不足的问题。为此，应用型高校应积极寻求政府支持，加强校政产学研合作，建立校企合作的有效平台，不断拓展和丰富应用型高校教师培训的模式和内容。此外，国外成功的应用型高校都有科学的考评体系，德

[①] 李梦卿、安培：《日本高等职业教育教师入职资格研究》，《现代教育管理》2016年第2期。

[②] 张韵：《与发达国家相比我国应用型高校师资问题及对策》，《辽宁科技学院学报》2016年第1期。

国、英国、日本等国基本上都形成了系统严格的考核鉴定制度和健全完善的师资质量保证体系。[①] 考评内容方面，专业理论知识和实践技能水平始终是这些高校关注的两个主要内容，与科研项目、学术论文等学术成果相比，国外应用型高校更加注重对教师技术开发和技术应用能力的考评。

五 享有充分的高校教师管理权

国外发达国家应用型高校享有充分的教师管理权，在教师评聘、职称晋升、教师培训等方面具有高度的灵活性和选择性，较少受政府的影响，从而使得应用型高校能够根据实际发展需要形成具有自身特色的教师管理制度体系，选择符合自身办学目标与定位的应用型师资，如日本应用型高校灵活的职称评定机制等。相比而言，目前我国虽然在相关文件中强调高校职称评审权的下放，但高校在人才引进、职称评定等方面仍然受行政权利的约束，教师管理的自主权相对有限。鉴于此，政府在对应用型高校进行宏观调控的同时，要进一步向应用型高校下放管理权限，使其享有充分的教师管理权。

[①] 韦文联：《应用型本科院校教师实践能力建设研究》，《全球教育展望》2014年第5期。

第 六 章

应用型高校教师专业实践能力提升的制度改革

应用型高校教师专业实践能力的提升是一个复杂的、影响面广的系统工程，既要重视高校内部因素，也要关注高校外部因素。应用型高校嵌入在多元环境中，教师专业实践能力提升的制度改革须遵从"域性"而非"线性"的思维，遵从国家、地方、高校等多重制度改革逻辑与制度框架设计理念，统筹考虑宏观层面上制度环境创设、中观层面上条件保障优化及微观层面上制度安排与教师行为同构之间的联系。

第一节 应用型高校教师专业实践能力提升的制度改革逻辑与原则

制度逻辑强调制度的多元性，应用型高校教师专业实践能力的提升应遵从多重制度改革逻辑，打好组合拳，遵循协同推进、激励相容、循序渐进的制度改革原则。

一 教师专业实践能力提升应遵从多重制度改革逻辑

"制度逻辑指某一领域中存在的制度安排和相应的行动机制，这些制度逻辑诱发和塑造了这一领域中相应的行为方式。"[1] 制度逻辑塑造或决定了组织环境中的"游戏规则",在组织层面,制度逻辑能帮助决策制定者做出合乎逻辑的决策;在外部环境层面,制度逻辑不断强化组织内外部利益相关者对组织身份和组织战略及行为的理解和认同。[2] 根据 P H Thornton 等[3]的研究,制度逻辑影响和塑造组织获取合法性行为主要存在四种机制:一是通过组织和个体的集体身份认同,特定的制度逻辑能够塑造行为主体的群体特征;二是制度逻辑通过分层分类塑造个体行为对主体的认知;三是制度逻辑通过改变组织决策者的注意力配置来影响组织和个体的行为;四是制度逻辑影响对权利和身份的争取。通过这四种机制,制度逻辑能够在一定程度上避免组织趋同的现象,引导组织合法性行为走向差异。制度逻辑强调制度多元性,建立了宏观层面的社会层次同构与微观层面的组织场域层次同构之间的联系,[4] 提供了宏观层次的制度安排与微观层次的可观察行为之间的联系,从而为认识制度改革的微观基础提供了一个分析角度。

当高等教育情境或高校对教师的角色要求发生变化或失衡时,高校教师管理改革就会发生。制度逻辑是高校背后的神秘力量,从某种意义上说,高校系统中各种各样的行为其实都是被制度逻辑所编程后的结果。高校的制度改革应遵从一定的制度逻辑。新制度主义认为,制度逻辑的首要任务是赋予有关组织以身份。任何组织与学校进行交往,首先需要对"什么是学校"形成一种共识,而这种共识就是制度逻辑赋予学校的合法身份。应用型高校教师管理制度

---

[1] 周雪光、艾云:《多重逻辑下的制度变迁:一个分析框架》,《中国社会科学》2010 年第 4 期。

[2] 刘振、崔连广、杨俊、李志刚、宫一洧:《制度逻辑、合法性机制与社会企业成长》,《管理学报》2015 年第 4 期。

[3] P H Thornton and William C Ocasio, *Institutional Logics*, London: Sage, 2008, pp. 99–129.

[4] P H Thornton and William C Ocasio, *Institutional Logics*, London: Sage, 2008, pp. 99–129.

改革，首先要从政府层面明确赋予学校"应用型"的身份，如果没有这一前提，任何高校内部的改革都存在合法性危机。而为了维持自身的合法性以及能够在组织域中继续得以生存，高校就会发展出一套相应的学校教育法则，以高等教育的各种行为与要素进行结构化控制，使之呈现出某种可预期与可识别的稳定模式。①

基于解决某一问题的某项制度改革，绝不仅仅是对该项制度本身及其制度安排进行调整、完善或更替，而是一个复杂的系统工程。现代社会中，应用型高校往往嵌入在多元制度环境中，因此，提升教师专业实践能力，必须遵从"域性"而非"线性"的思维，以系统的视角来综合考虑和改革教师管理制度。"以'域性'的意义理解大学教师发展制度创新，就不能孤立地谈论某一项制度的作用，而是要关注一定场域内整体制度框架的设计，注重框架内各项制度之间的相互联系、相互作用，以更准确地把握、预测和优化改进各类主体的行为。"② 教师专业实践能力提升的制度改革是一个域性的过程，既要对教师管理制度体系进行整体关照，调整、完善或更替现有教师管理制度，也要超越高校领域，对多元主体参与的制度体系进行整体关照，关注教师专业实践能力提升背后的制度逻辑，实现"多主体协作"下多重制度逻辑共存与整合的教师管理制度改革模式。从制度逻辑考量，基于教师专业实践能力提升的教师管理制度设计与改革既要关注高校层面，也要关注外界环境层面，关注如何从政府层面更加有效地赋予"应用型高校"的身份，关注如何从学校层面更加有效地赋予"应用型师资"的角色。

制度逻辑是由一定的制度环境决定的。应用型高校教师专业实践能力提升必须重新审视教师专业实践能力建设面临的"大环境"，调整制度改革的逻辑。教师专业实践能力既受学校制度环境影响，

---

① 曹如军：《制度创新与制度逻辑——新制度主义视野中地方高校的制度变革》，《高教探索》2007年第5期。

② 姜超：《大学教师发展制度创新的主体关系与路径突破》，《全球教育展望》2018年第11期。

还受地方政府和中央政府的大环境影响。制度逻辑强调制度多元性，提供了宏观层面上制度环境创设、中观层面上条件保障优化及微观层面上制度安排与群体行为同构之间的联系，为应用型高校教师专业实践能力提升的制度改革提供了一个分析框架与视角。"个体或组织行为是制度因素所塑造的，而这些制度因素又嵌入在更高层次的社会系统中。"[1] 因此，应用型高校教师专业实践能力提升的制度改革必须把教师与高校放在更高层次的制度环境中，自上而下从国家、地方政府、高校三个层面的制度逻辑出发，形成制度改革合力。这样才能层层递进、统筹推进，才能有效提升应用型高校教师的"双师双能"素质。

二 教师专业实践能力提升的制度改革原则

（一）遵循协同推进的原则

协同治理已经成为一种提供公共产品和履行公共服务的关键制度形式。[2] 应用型高校教师专业实践能力提升是一个内部系统与外部环境相互联系的复杂系统，涉及各级政府、应用型高校、行业企业、高校教师等多元利益主体，需要通过多主体安排来解决单一主体难以解决的问题。因此，应用型高校教师专业实践能力提升的制度改革，应根据应用型高校办学目标与定位，结合应用型高校教师队伍的建设要求，以制度建设为中心，宏观上从分类评价管理、国家标准建设、专项财政投入、法律条文修订等方面推动，中观上从构建新型政校关系、落实转型发展职责、扩大办学自主权、深化产教融合等方面推进，微观上从认证准入、培养培训、职称评审、考核评价等方面着手，通过协同推进，自上而下建立多元主体协同共治、

---

[1] 毛益民：《制度逻辑冲突：场域约束与管理实践》，《广东社会科学》2014年第6期。

[2] ［美］邓穗欣：《制度分析与公共治理》，张铁钦、张印琦译，复旦大学出版社2019年版，第226页。

多维活动联通法制、多级要素融合精治的应用型高校教师专业实践能力提升策略。这样才能形成系统完备、衔接有效、协同联动的立体理论框架与制度结构，用"制度之力"推进应用型高校教师"双师"素质之治。

（二）遵循激励相容的原则

激励相容是由美国著名经济学家哈维茨（Hurwicz）提出。在市场经济中，每个理性的"经济人"都会有追求自身利益的一面，其个人行为会按照自身利益的规则行动，在这种情况下，如果能有一种制度安排，使"经济人"追求个人利益的行为恰好与企业实现集体价值最大化的目标相吻合，这种制度安排就是所谓的"激励相容"。① 地方政府、高校、企业、教师都属于理性的经济人，其行为目标很大程度上都是在追求实现自身利益的最大化，利益的背离，或者说是利益激励和利益分配的不合理，会造成他们只关注自己的目标和利益，而相对忽视应用型高校的整体利益与目标达成。其实，"对绝大多数人来说，最终决定他们是否以及在多大程度上参与或支持教育改革的主要因素，是对利益的权衡"②。而且，教育改革在制度上的变迁或创新，表面上似乎是规范教育改革活动主体的行为，实际上是对教育方面利益分配的制度化。教育改革就是要改变人们之间在教育资源上的利益分配格局和关系。③

没有好的利益激励或者协调不好政、校、企、师之间的利益冲突，应用型高校教师管理制度改革的动力就会大打折扣，"双师双能型"教师队伍建设、教师专业实践能力提升也会变成"一阵风"。因此，政府或应用型高校在设计和改革教师管理制度时，应参照激励相容的原则，加速常规制度由集体化向个体化转化，实现教师专

---

① 钟春洋：《经济发展方式转变的利益关系研究》，浙江大学出版社2015年版，第189—190页。

② 吴康宁：《中国教育改革为什么会这么难》，《华东师范大学学报》（教育科学版）2010年第4期。

③ 马健生：《教育改革论》，安徽教育出版社2007年版，第43页。

业实践能力提升由学校管理下的制度规约向教师自我内向化和习惯化转变，实现教师个体利益与学校整体利益的统一。一方面，政府对应用型高校管理的侧重点应由传统规制转变为激励，积极协调应用型高校、行业企业、高校教师等利益相关者的利益，使其在追求各自利益的同时，尽可能追求应用型高校办学目标、人才培养目标的利益最大化；另一方面，应用型高校对教师应约束与激励并重，着力健全有压力、有动力、有约束、有激励的教师管理机制，多举措鼓励教师产教合作开展实践教学、应用科研，提升教师应用科研与实践育人能力，提升教师行业企业实践和社会服务能力。

（三）遵循循序渐进的原则

制度建设是一个渐进的过程，在这一过程中，制度改革应遵循"梯架原理"，前设制度与后设制度循序渐进，衔接配套，各制度安排之间要方向一致，避免较大的制度夹角。[①] 制度的形成不是崭新制度的出现，而是既有制度要素得到部分修正的结果，即"制度的精致化"的过程。可以说，制度的变革在某种意义上是制度构成要素的重新组合，而非新制度对现有制度的替代，即使制度发生变化也不会与既有制度完全断绝关系，而是会出现既有制度要素和模式依然存续的"存续变形"现象。以提升教师专业实践能力为目的的教师管理制度改革应是在制度变迁和制度衔接中的创新，而不是完全否定性的创新，更不能"一刀切"。在教师管理制度改革过程中，会触及不同的既得利益者，为避免矛盾的激发，避免多种制度要素之间的冲突和矛盾，应用型高校教师管理制度改革不宜采取激进式改革，而是一个夹杂着"时滞"和"路径依赖"的长期螺旋式的渐进变迁过程，既要顺时变迁，又应保持稳定，既要保留已有制度的要素，也要不断推陈出新，不可一蹴而就。

---

① 王为民：《高职教师供给如何走出"制度陷阱"》，《中国教育报》2017年1月10日第9版。

第二节 应用型高校教师专业实践能力提升的国家逻辑

应用型高校教师专业实践能力提升既是高校内部的事情，也与其外在的制度环境紧密联系在一起。国家层面的制度逻辑旨在通过创设有利于应用型高校建设的外部制度环境，对不同类型的高校设定不同的建设目标，采用不同的评价机制，合理引导各类本科高校遵循办学规律，找准办学定位，为应用型高校教师管理制度的诱致性变革及教师专业实践能力的提升创造条件。

一 建立普通本科高校分类评价管理机制

高校评估是高校办学的风向标。不同类型高校的办学定位与人才培养目标不同，国家对其评估的指标体系及评价要求也应有所差异。提升应用型高校教师专业实践能力的首要之举是尽快改革我国高等教育管理和评价制度，从国家层面出台"普通本科高校分类评价评估管理实施办法"，制定应用型高校评价评估管理办法，按照高校类型分类评估、分别评价。

院校评估方面，一是在当前针对新建本科学校开展本科教学工作合格评估的基础上，国家应依据高校类型，修订完善《普通高等学校本科教学工作合格评估实施办法》，调整优化《普通高等学校本科教学工作合格评估指标体系》，制定应用型高校教学工作评估实施办法与指标体系，所涉指标应均为反映应用型高校关键特征的核心指标。在新一轮的本科教学工作合格评估办法中，国家应更加注重对应用型高校实践和应用方面的考核评估，明确提出具备专业资格标准和任职经历的教师的数量和质量要求，降低对硕士、博士学历指标的强调①。二是国家要严格界定不同类型高校审核评估的范围与重点，在时间和空间上把控好审核评估中高校自制的这把"尺子"，以此增强审核评估在应用型高校自我评估、自我检验、自我改进方面的功能作用，推进应用型高校深化转型发展，推动应用型高校教师管理制度逐渐向提升教师"双师双能"素质转向。三是应用型高校学科评估的指标体系及其权重分配要凸显实效应用特色，师资队伍、科研水平、人才培养等指标要尤其凸显教师的"双师双能"素质。四是建立完善评估结果的运用机制，重视对应用型高校院校评价评估制度的配套改革，健全完善财政拨款、大学更名、学位授权与评价评估结果的联系机制，通过评价评估体系及其配套制度改革，真正促使应用型高校把办学思路转到服务地方经济社会发展上来，转到产教融合上来，转到培养高素质应用型人才上来。

二 设立研究型高校与应用型高校之间的隔离机制

长期以来，由于国家对本科高校功能定位划分不清，使得处于我国高等教育体系边缘地带的应用型高校办学目标模糊，造成应用型高校自我认同感缺乏，长期依附于研究型高校发展。迪玛奇奥（Dimaggio）和鲍威尔（Powell）研究发现，组织目标越模糊不清，越能导致组织之间结构上的趋同。② 提升应用型高校教师专业实践能力应充分考虑到应用型高校发展进程中的"学术漂移"倾向、"组织趋同"趋势，在应用型高校与研究型高校之间设立合理的隔离机制，以此实现二者的差别化竞争、特色性发展。一方面，国家要切实把握好推动地方本科高校转型发展与应用型高校谋求办学层次提升之间的内在联系，掌控好推进应用型高校建设与获得硕博士授权

---

① 杜云英：《应用型本科高校教师发展政策转向及落实效果探析》，《职教论坛》2019年第12期。

② Paul J. Dimaggio and Walter W. Powell, "The Iron Cage Revisited: Isomorphism and Collective Rationality in Organizational", American Sociologcal Review, Vol. 48, No. 2, April 1983, p. 43.

资格审批、"大学"更名审批等事项之间的尺度，合理确定应用型高校在获得硕博士授予点、"大学"更名等方面有别于研究型高校的指标体系与权重，以此下沉其"学术漂移"的倾向；另一方面，国家应建立应用型高校建设的国家标准，从办学定位、办学条件、教师队伍建设、科学研究、学校管理制度等方面对应用型高校设置标准做出详细规定，不断增强其独立的身份认同感。

三 构建应用型高校建设的国家标准

2018 年，教育部在发布的《关于完善教育标准化工作的指导意见》中提出，加快制定、修订各级各类学校设立标准、学校建设标准、教师队伍建设标准、学校运行和管理标准等。地方本科高校转型发展至今，从国家层面到地方层面，缺乏系统的、具有指导性的应用型高校设立标准、建设标准、教师队伍建设标准及学校运行与管理标准，使得一些高校在转型发展上存在一定的盲目性。为更好地引导应用型高校明确办学定位，加快特色发展，国家层面应加快构建应用型高校建设标准，从办学定位、办学条件、学科专业建设、教师队伍、科学研究、人才培养、社会服务、学校管理制度等方面对应用型高校设置标准做出详细规定。各省级层面可参照国家指导性文件，制定具有省级地方特色的地方应用型高校建设标准，指导地方本科高校更好地向应用型深度转变。

国家应建立健全分层分类的职教教师专业标准体系，从国家层面构建应用型高校"双师双能型"教师专业素质标准，更好地为应用型高校教师资格制定、人才引进、任用管理提供基准参考，为引导和选派教师到企业实践及教师职称评审、考核评价提供政策依据。为此，国家教育行政部门应组织有关专家学者，从教师的实践经验、实践教学能力、应用研究能力等方面细化教师专业实践能力的内容，研制教师专业实践能力标准，以此解决当前各应用型高校对"双师双能型"教师队伍建设重视程度不一、衡量标准不一、效果难以监测等问题。此外，为深化企业与职业教育之间的合作关系，国家层面应在《国家职业教育改革实施方案》(职教 20 条)的基础上,出台专门针对校企合作、产教融合的政策法规,对合作双方的职责及相关激励与约束举措进行明确规定,为教师专业实践能力提升提供专门的政策法规支持。如在国家层面制定《应用型高校教师企业实践规定》,对应用型高校教师企业实践的内容和形式、组织和管理、保障措施等做出具体规定。

四 加大中央对应用型高校建设的专项财政投入

应用型高校建设是一项关乎高校办学职能、师资队伍建设、人才培养目标的重大改革,需要大量的经费投入。而应用型高校原本办学基础差、底子差,加之地方政府财政拨款有限,办学经费的短缺常常使其面临着"纵深推不动、横向铺不开"的发展困境,严重阻碍了教师管理制度的改革进程。面对制约应用型高校发展的经费短缺问题,国家应加大对应用型高校的经费投入,解决应用型发展的经费瓶颈,保障应用型高校建设及"双师双能型"教师队伍建设的基础条件。一是从中央政府层面设立针对地方本科高校转型发展、应用型高校建设的专项资金,对应用型高校的办学经费予以倾斜支持。启动实施"中国特色高水平应用型高校建设计划",加大中央财政投入,建立与国家"双一流"或"百所示范性高等职业院校建设工程"同等地位、常态化、引导性的中央财政投入机制。二是遵循"中央引导、地方为主、突出重点、协调发展"的原则,从申报转型的地方本科普通高校中分批遴选 100 所左右进行重点建设。中央财政通过高校相关资金引导支持中国特色高水平应用型高校建设,重点向办学水平高、特色鲜明的地方高校倾斜,在公平竞争中体现扶优扶强扶特;中央基建投资对地方高校转型相关基础设施给予支持,地方财政统筹安排资金支持。三是中央设立专项资金实施应用型高校教师专业素质提高计划与专业实践能力提升工程,支持应用型高校开展教师实践培训工作、教师实践实训平台建设,帮助应用型高校教师尤其是青年教师走出校园、走向社会,以此引领带动"双师双能型"教师队伍建设。

五 修订《教师法》，完善教师资格条例

自 1994 年全国人民代表大会常务委员会颁布实施《教师法》，至今已有 27 年。期间我国高等教育发展形式和师资队伍状况发生了巨大的变化，现行《教师法》的部分内容已很难适应高等教育改革发展和教师队伍建设需要，特别是在地方本科高校转型发展、"双一流"建设的背景下，不同类型高校发展与不同类别教师队伍建设都对《教师法》提出了新的要求，可以说《教师法》的修订迫在眉睫、势在必行。因此，国家要在现有《教师法》的基础上，加快推进《教师法》修订工作。首先，《教师法》修订要体现分类施策。当前，我国高等教育办学类型多元，新修订的《教师法》要针对高职高专、应用型高校、研究型高校等不同类型高校的教师队伍特征、素质要求，提出有针对性的内容，明确新时代不同类型高校教师队伍建设定位，体现精准治理。其次，在新修订《教师法》的基础上，加快修订《教师资格条例》，制定新的《〈教师资格条例〉实施办法》。现行《教师资格条例》中关于高等学校教师资格分类属性不明显，已不能适应目前多元化的高校教师队伍建设要求。因此，为提高应用型高校教师素质，加强"双师双能型"教师队伍建设，国家要加快修订《教师资格条例》，构建和完善体现分类施策的高校教师资格制度，建立"双师双能型"教师资格认证制度及实施细则，提高应用型高校教师入职的实践能力门槛，为应用型高校把好教师入口关提供法律依据。最后，新修订的《教师法》要在现有基础上进一步完善不同类型高校教师在职培训和在职进修的支持服务体系，提高应用型高校教师在职企业实践培训等方面的权利；同时要从国家法律层面进一步理顺不同类型高校教师管理体制机制，实现高校教师管理人权、事权、财权三者的统一。

第三节　应用型高校教师专业实践能力提升的地方逻辑

引导地方本科高校转型发展，顶层设计在中央，责任落实在地方。全面推进地方本科高校转型向纵深发展，地方政府特别是省级政府扮演着十分重要的角色，"由于路径依赖和政治风险的约束，主导制度变革的恰恰只能是政府，它以强势的话语系统和合法者的身份主导着制度改革的进程"[1]。地方层面的制度逻辑旨在构建地方政府与应用型高校的新型关系，通过省级政府落实统筹协调责任，完善扶持政策体系，破除体制机制束缚，优化应用型高校发展的外部保障条件和实现要素。

一　构建地方政府与应用型高校的新型政校关系

地方政府是应用型高校管理的主体，推进地方本科高校转型发展、加强"双师双能型"教师队伍建设首要的是转变地方政府的教育行政职能，构建地方政府与应用型高校的新型政校关系。一是正确理顺应用型高校对外部行政权利的依附关系，实现转型发展下的应用型高校自治。应用型高校在建设过程中，不仅受中央政府高等教育政策的约束，更主要的是受到地方政府的约束。地方政府对地方高校的人事、干部、编制、办学环境、校地关系等诸多方面的干预和约束甚多，使得地方高校的办学自主权更加有限。[2] 由此，现阶段，地方政府在依法行政，依法对应用型高校进行管理，加强对应用型高校宏观调控的同时，要尽量减少对应用型高校的干预和约束，

---

[1]　尹晓敏：《利益相关者参与逻辑下的大学治理研究》，浙江大学出版社2010年版，第130页。

[2]　张应强：《从政府与大学的关系看地方本科高校转型发展》，《江苏高教》2014年第6期。

慎重选择干预应用型高校的范围、程度与方式，不断扩大应用型高校办学自主权，深化落实地方高校转型发展的责任，使其真正成为面向市场需求、拥有高度办学自主权的法人组织。只有这样，地方政府与应用型高校才能建立良好的互助合作关系，才能更好地满足经济社会发展对应用型高校建设、高层次应用型人才培养的需求。二是省级统筹，优化地方高等教育分类发展和管理。省级政府要按照"层次＋功能"的方法，优化高等教育分类发展和管理，强化功能定位。"层次"上优化高校分类推进与差别化发展，"功能"上实行应用型人才与学术性人才分类培养与特色化竞争机制，实现校校有特色、有个性、有优势，在属于自己的层次上，将功能发挥到极致，打造核心竞争力。

二 深化落实地方本科高校转型发展的职责与方案

按照国家的要求，地方本科高校转型发展由省负责统筹，多数省份在三部委《指导意见》颁布之后出台了省级层面的转型指导意见。省级政府是引导地方本科院校向应用型转变的责任主体，要对地方本科院校转型发展给予足够的重视，补齐转型发展的政策和资金短板，落实主体责任，在省级层面填补转型政策体系的中空。

（一）高度重视地方本科高校转型发展，加强应用型高校建设的省级统筹

地方政府特别是省级政府是引导地方本科院校转型发展、深入推进应用型高校建设的责任主体，是调动各主体积极性的主要推动要素。其一，地方政府要深入落实国家及省级层面转型发展的政策方案，从办学定位与特色、师资队伍、教学资源、人才培养、科研与社会服务等方面制定应用型高校建设的指导标准，填补高校转型发展的地方性政策体系中空。其二，省级政府应通过开展应用型高校建设与发展推进会、树立先进典型等活动，以扎实有力的实际举措引导应用型高校进一步深化思想认识，明确办学定位、建设思路与建设举措。其三，省级政府要加强应用型高校建设的省级统筹，

在省级层面充分整合区域性的应用型高校资源，加强应用型高校教育联盟建设，扩大应用型高校建设的整体规模和联盟范围，以此打造共享开放的教学资源平台，提高实践场所、实验仪器设备等教学资源的利用率，最大限度地实现不同应用型高校资源共建共享、优势互补、集群发展。

（二）深入推进产教融合、校企合作

随着产教融合上升为国家教育改革和人才培养结构性改革的一项重要制度安排，产教融合已成为推动地方本科高校向应用型转变的重要路径，同时也为应用型高校教师转型发展和教师"双师双能"素质提升创造了良好契机。产教融合为推动教师观念转变提供"催化剂"，为应用型高校教师深入接触行业企业提供渠道，为教师专业知识的更新和专业能力的提升提供了"源头活水"，也为应用型高校师资多元化提供了充足的人才资源库，同时产教融合还能够倒逼应用型高校教师管理制度改革。[①] 地方政府要把产教融合作为应用型高校教师专业实践能力提升的关键抓手。

第一，地方政府要按照国家《深化产教融合的若干意见》，同步规划地方层面产教融合发展政策，在与地方应用型高校充分沟通、交流的基础上，细化应用型高校产教融合发展的具体政策举措、支持方式和实现途径。第二，地方政府要充分落实校企协同职责，统筹区域内产业、教育、科技资源，积极协调高校与行业企业利益关系，搭建产教对接平台，创建政策支持平台，筑建教师实训平台，构建产学研合作实践平台，以平台建设为载体，深化校企共建共治，切实推进产教深度融合、校企协同育人。第三，搭建政府、高校、行业协会、企业共同参与的产教融合信息服务平台，汇聚地方校企合作、项目研发、技术服务及高校教师挂职锻炼、兼职教师聘请等各类供求信息。第四，地方政府应对接纳教师培训锻炼的行业企业

---

① 徐金益、许小军：《产教融合背景下应用型本科高校教师的转型路径探析》，《江苏高教》2019年第12期。

给予更多的优惠政策，如减免税费、减少工业园区租金、给予企业补助、增加土地使用、增加拨款或贷款额度等，以此提升企业参与"双师双能型"教师培养的积极性、主动性。同时政府应通过鼓励应用型高校教师与行业企业优秀人才互相兼职、双向挂职等方式，建立"双师双能型"校企师资共同体，实现学校与行业企业互融，教师与业界优秀人才互通。

（三）扩大应用型高校教师管理自主权

扩大应用型高校教师管理自主权是推动其教师管理制度改革，提升教师专业实践能力的重要举措。地方政府应逐步转变对应用型高校的"外控式"管理，下移管理重心，进一步扩大应用型高校办学自主权，推行教师自聘、职称自聘、管理自主。教师招聘方面，地方政府要逐步把教师招聘权由人社部门下放给应用型高校，扩大其选人用人权，打破其现有进人模式中硬性学历、职称等方面的资格限制。同时，地方政府要进一步深化高校改革，在保留高校事业单位属性的基础上，逐步取消应用型高校事业编制，增加其选才用才的灵活性。职称评审方面，省级政府应全面下放应用型高校教师高级职称评审权，在省级层面构建指导性的"单列型"应用型高校教师职称评审体系，确立适应应用型高校教师工作特点的职称评审标准。各应用型高校可参照省级职称评审条件，根据自身发展实际，自主制定"校本化"的职称评审办法、操作方案，自主开展评审、颁发证书。

三 完善落实扶持政策体系，加大对应用型高校的财政投入

从国际办学经验来看，应用型高校的生均经费一般要高于普通本科教育。目前，我国应用型高校的经费短缺现象要严重于研究型高校。应用型高校的办学经费主要源于地方政府财政拨款，结合应用型高校发展需求，地方政府要进一步完善落实扶持政策体系，加大对应用型高校的资金投入，以此遏制其为获得办学资源而极力谋求办学层次提升的内在冲动。

首先，地方政府要增加对应用型高校的财政投入，特别是对应用型高校师资队伍建设的专项投入。除按编制拨款外，地方政府应加大对应用型高校建设的配套资助和专项扶持力度，设立专项经费支持应用型高校教师专业实践能力提升，供应用型高校聘请行业企业兼职教师；加大地方财政投入，提高应用型高校教师薪资中的基本工资水准，同时利用地方财政补贴等政策工具，提高应用型高校教师薪资水平，合理控制院校间教师的薪资差异；加大对"双师双能型"教师队伍建设的经费投入，使教师定期进企业接受培训和聘请企业兼职教师的经费落到实处，在经费支持上可设立专门的应用研究专项拨款，激励应用型高校加强应用研究；加大对实践教学环节的专项经费投入，扩大实训基地建设规模，增添实验、实训设备与设施，帮助应用型高校改善校内实验、实训条件，支持教师参加各种形式的校内外实践培训。

其次，转变对应用型高校的财政拨款方式。一是全面提高应用型高校生均拨款标准，使应用型高校生均财政拨款标准高于一般普通本科院校，并根据办学成本对不同专业设定不同拨款标准系数，支持特色优势学科专业的发展；二是在现有经费分配方式的基础上，地方政府应在应用型高校中探索引入竞争性经费分配方式，建立经费支出绩效评估制度，根据政府及第三部门对地方高校转型发展的评估结果，采用政府基本财政拨款与竞争性经费相结合的拨款模式，对应用型高校实行有差别的财政支持政策；三是在地方政府层面建立与高校应用型人才培养成本相适应的学费、公用经费标准动态调整机制，根据应用型高校的实际发展需求，相应地调整地方财政拨款。

最后，引导社会力量加大对应用型高校的投入。社会投入是高等教育投入的重要组成部分。应用型高校的市场属性较强，需要扩大与社会的合作，在办学经费、应用型师资、实训实习场所、技术研发平台等方面获得社会的大力支持。因此，地方政府要在保持财政教育投入强度的同时，通过校企资源整合及完善财政、税收、金融和土地等优惠政策，积极引导和扩大社会资源投向应用型高校，鼓励行业企业和社会团体充分融入和参与到应用型高校建设、应用型人才培养中来。此外，政府要不断健全和完善民办应用型高校的社会投入机制，在税收、合理回报等方面为各投入主体提供多种利益，激励他们投入民办应用型教育的积极性。

四 实行"双师双能型"教师职业资格制度

随着越来越多地方本科高校向应用型转型发展，现有的普适性高校教师资格制度已很难适应应用型高校教师队伍建设要求。为加强"双师双能型"教师队伍建设，凸显应用型高校教师的"双师双能"素质标准，省级教育行政部门应将专业实践能力纳入应用型高校教师职业资格标准，实行"双师双能型"教师职业资格制度。各省级政府在省级《教师资格条例》细则中，应明确"双师双能型"教师的评价标准，明确应用型高校教师资格的认定申请条件。在"双师双能型"教师资格认定方面，一方面在职前培训中考核其教育学、心理学等一般普通教师的基本教育教学素质；另一方面，还应当在应用型高校教师资格认定中增加实践教学环节的要求，如规定教师应具备一年以上与专业相关的实践工作经历或获得职业技能等级证书等。例如在德国要获得职教教师资格证，需经过两次国家考试，通过第一次国家考试后，再经过不少于18个月的实习才能参加第二次国家考试。

为进一步保障"双师双能型"教师资格制度的顺利实施，省级政府要健全相应的"双师双能型"教师培训认证体系。首先，政府部门可在省级层面制定《应用型高校教师资格设置基准》，建立翔实具体的"双师双能型"教师资格认证标准及实施细则，对教师专业实践能力进行细化，为"双师双能型"教师培训和资格认证提出指导性标准。其次，省教育厅及教师资格培训基地要明确对应用型高校"双师双能型"教师职业素质和专业技能实施培训及认证的职能，建立相应的对教师专业实践能力进行培训及认定的单位，指定有关劳动部门和有关高校进行相应专业技能的培训，为应用型高校教师专业实践能力的培养和认定提供相应保障。再次把普通高校教师职业资格认证与"双师双能型"教师资格认定统一起来，根据"双师双能型"教师队伍的标准，开展应用型高校师资队伍建设。

第四节 应用型高校教师专业实践能力提升的院校逻辑

国家与地方层面的制度改革逻辑为校本层面的教师管理制度改革创设了良好的外部制度环境。制度应在最接近于受影响人的层级制定，高校是教师行为最直接的影响主体，应用型高校在提升教师专业实践能力方面的制度改革能够直接、精准、有效地影响教师的行为模式、行为规范。高校层面的制度改革逻辑旨在从教师聘任、教师培训、教师考评等方面建立和完善与应用型高校师资队伍建设要求相一致的教师管理制度，通过制度改革校正科研激励的指挥棒，调节与规制教师行为。这一方面，国外应用型高校也给我们提供了很好的经验借鉴。

一 完善多渠道、多类型聘用的教师聘任制度

（一）优化应用型高校人才招聘政策，拓宽人才引进渠道

应用型高校的人才引进既要注重学术性条件，更要注重实践性标准。只有学术经历而没有实际工作经验，对行业企业环境不熟悉，这样的教师很难培养出高素质的应用型人才。因此，应用型高校要根据办学定位，围绕应用型人才培养目标，按照"破五唯"的要求，着力引进有行业背景和行业经验的教师。这一点可借鉴国外经验，如《德国高等教育总法》规定，应用科学大学教授聘任条件之一是要求应聘者具有至少5年的实践工作经验，其中3年在高校以外的领域工作。在教师招聘中，应用型高校要重视对应聘者相关专业领

域的工作经验与经历要求，侧重求职者的工作经验与专业技能，淡化学历标准，强化职业能力要求，破除唯学历、唯论文、唯帽子、唯职称等倾向，重视学术性经历、行业企业工作经历、高校工作经历，尤其是行业企业工作经历应成为应用型高校教师招聘的必备条件。对具有与本专业相关执业资格证书及三年以上大中型企业生产、建设、服务、管理等一线工作经历，能胜任本专业理论与实践教学的人才，应用型高校在招聘时可适当放宽对其的学历要求。

（二）加大兼职教师的聘用比例

在聘用专职教师的同时，应用型高校要进一步加大兼职教师聘请力度，形成专兼职教师共同发展的教师队伍发展态势。对于高层次、高技能行业优秀人才，学校可采用直接考察的方式公开招聘兼职教师。从世界应用型本科教育发展来看，应用型高校教师经历了一个从专任教师为主到专任教师与兼职教师并重的发展历程。现阶段，多数发达国家应用型高校兼职教师占比一般在50%以上，部分国家兼职教师占总数的比例甚至在70%左右。有鉴于此，我国应用型高校应制定兼职教师工作方案，设置兼职教学岗，采用灵活多样的方式，选聘在职或退休的有专长且实践经验丰富的行业企业优秀人才到学校兼职任教，以此充实和加强"双师双能型"教师队伍，为应用型高校发展提供强有力的应用型师资保障。应用型高校要注重对兼职教师进行教学技能培训，不断提升其教育教学技能，从而使他们更好地将专业技术、实践经验传授给学生。同时，学校还应加强对行业企业外聘教师的管理与服务，在课酬计算、课时安排、教学质量、制度遵守等方面强化对兼职教师的有效管理，制定相对独立的督导、薪酬等管理制度，保证兼职教师顺利地完成教学任务，自觉融入学校发展大局。

二 建立教师企业实践培训制度

教师赴企业实践培训、挂职锻炼是提升教师专业实践能力的关键举措，是强化产教融合、校企合作的重要手段，同时也是国外培养应用型师资的成熟经验，例如德国应用科学大学的教师"调研休假"制度等。应用型高校要结合自身发展实际，重新规划教师专业发展培训工作，让更多的教师走出校门，走进企业"练本领"，通过建立政、校、企、师"四位一体"的教师企业实践培训机制，有效提升教师专业实践能力。

（一）深化产教融合，形成命运共同体

目前，应用型高校的产教融合在不同程度上存在着"一头热"的现象，离"两头甜"还存在一定距离。因此，建立政、校、企、师"四位一体"的教师企业培训制度，首先要深化产教融合，打破利益格局形成的藩篱，构建产教利益共同体、责任共同体、价值共同体和文化共同体，形成"产教命运共同体"。在产教融合背景下，产教融合各主体应共同打造实践平台、共同构建多元师资、共同认定教师素质、共同评价教师业绩，合力推动应用型高校教师专业实践能力的提升。

依据"智猪博弈"理论，高校在产教融合中相当于大猪，大猪只有主动合作、贡献，才能获得一些利益。因此，应用型高校要主动寻求地方政府支持，主动与行业企业合作，开展"教学—科研—产业"三位一体的产教融合机制，强化科技成果转化，建设科技成果转化平台，提升应用型高校产教融合意识和融合程度，提升服务、支撑和引领地方产业发展的能力。这样应用型高校才能在产教融合中获益，才能为教师专业实践能力的提升提供更多的实践平台。应用型高校既要明确规定行业企业应承担的职责，也要充分考虑企业的相关权益，保证企业的基本利益不受损失，使企业在校企合作过程中产生的正外部性得到有效补偿。在主动寻求合作的过程中，应用型高校可给予企业一定的经济、技术补偿或适当"让渡部分劳动力支配给企业"，甚至在不影响正常教学工作的情况下，把学校的部分利益让渡给企业，使企业能够在彼此合作中获益，真正实现合作共赢。

（二）构建政、校、企、师"四位一体"的教师企业实践培训机制

提升应用型高校教师专业实践能力的关键在于让教师走进行业企业，打破传统的囿于"校—校"之间的封闭式教师培训制度。首先，应用型高校教师培训制度应围绕校企关系着力实现"三个转向"，即培训内容从基础性培训和学历补偿教育，逐步转向教师赴行业一线学习交流、兼职挂职、实践锻炼等实践性培训；培训场域从"校—校"之间逐步转向"校—企"之间；培训机制从主要依靠政府、高校、教师三者之间的行为互动，转向依靠政府、高校、行业企业、教师四者之间的有机结合。其次，构建以高校为主体，政、校、企、教"四位一体"的教师企业培训"责任共担"机制，即地方政府统筹协调，牵线搭桥；高校主动对接，搭建平台；企业积极参与、履行责任；教师转变观念，踊跃实践。应用型高校应按照"责任共担"原则，将教师企业实践培训转变成具体的制度安排，形成常态化、制度化的教师企业实践制度。再次，落实专任教师全员企业培训机制。对引进的青年博士进行企业实践锻炼，尤其是对缺乏行业企业工作经验的新进青年教师，入职后第1年可不独立授课，到行业企业顶岗工作、挂职锻炼3个月以上；应用型高校教师每年至少1—2个月在行业企业或实训基地实践培训；学校要落实教师每3至5年为一周期的企业轮训制度，分批派教师到行业企业顶岗实践、挂职锻炼、实践培训。

（三）建立教师企业实践培训的保障机制

一是建立教师企业实践锻炼的管理协调机制。教师到企业实践锻炼是一个系统的工程，包含诸多管理环节。从高校层面来看，教师企业实践涉及学校人事部门、教务部门、教师发展中心、二级学院等多个职能部门，这些部门在教师企业实践过程中承担不同的角色。为避免各部门之间出现相互推诿、扯皮等现象，应用型高校一方面要理清各职能部门的权责关系，从实践考评体系制定，人事管理、教学安排、教师企业实践计划制订，人员离职管理、监督考核

等方面切实做到各正其位、各司其职；另一方面，要建立起组织协调机制，在确保学校内部各部门沟通协作的同时，积极与企业沟通协调，保证教师企业实践高效、有序地展开。

二是保证教师到企业实践锻炼的时间。现阶段总体来看应用型高校教师缺口较大，大多数教师教学科研任务繁重，缺乏到企业实践培训的时间和精力，难以脱岗从事实践锻炼。因此，应用型高校要适当减少教师教学课时量，减轻教师教学负担，适当安排教师的教学任务，使应用型高校教师有时间参加企业实践，同时将教师赴企事业单位接受培训、挂职锻炼折算成教学学时，以弥补职称评定、考核评价等对教师课时量的硬性要求。学校要加强应用型师资储备工作，填补应用型高校教师缺口，降低学校师生比，使教师能够分批、轮换到行业一线实践锻炼。另外，考虑到应用型高校的师资缺口、学校正常的教学安排及企业对教师实践的整块化时间管理等问题，应用型高校教师到企业实践应采取以半脱产为主、半脱产与全脱产相结合的"工教交替"形式，少数教师也可结合其自身专业特点及个人实际情况申请全脱产到企业实践。这样既能满足教师企业实践锻炼的需求，以及企业对教师相对完整实践时间的要求，也能够适当兼顾学校的教学工作安排，一定程度上避免实践培训时间与教学冲突，同时还能够保证实践培训的效果。相关研究表面，专业教师企业实践应该以半脱产为主要形式。[①] 此外，应用型高校要加强教师企业实践的经费保障，保障教师企业实践期间的待遇不低于在校期间的待遇，解除教师企业实践的后顾之忧。

三是强化教师企业实践的监控机制。现阶段，由于教师企业实践的监控机制不完善，部分教师赴企业实践锻炼的动机不端正，存在应付学校职称评审、考核评价需求的现象，一些教师甚至借到企业培训的机会离校完成一些个人私事。为此，高校一方面要纠正部

[①] 张宏、方健华：《职业院校专业教师企业实践动机、行为与效果研究——以江苏省为例》，《职业技术教育》2016年第17期。

分教师企业实践的动机,对实践动机不端正的教师,要及时发现,正确引导;另一方面,要建立和完善教师企业实践监控机制,细化教师企业实践的流程,与教师实践单位签订具体协议,就教师实践期间考核评价、工作纪律、培训成效等与企业共同制定详细规则,双方可采用项目合作、成果认定等形式对教师实践过程与成效予以监控,形成校企联控整体。企业单位要定期向学校报告教师在企业的实践情况,学校要加强督导检查,不定期到企业走访调查,最终由实践单位与学校共同对教师实践效果给予考评,避免教师企业实践期间出现"放羊式"管理的现象。学校对教师企业实践培训也可采用目标管理的方式,将督导检查下放到二级学院进行,校院两级督导组不定期到教师实践单位督导检查。

四是细化教师企业实践考评过程。应用型高校和接受教师实践的行业企业是考评教师企业实践效果的两个主体,二者应充分发挥彼此的考评职能,从诊断性评价、形成性评价和终结性评价三方面细化教师企业实践考评过程。诊断性评价可放在教师企业实践培训之前,由学校管理层、学院共同组织实施,旨在查明教师企业实践薄弱点,明确教师企业实践的内容,为教师企业实践提供差别化的方案依据;形成性评价是在教师企业实践过程中以企业为评价主体的过程性评价,旨在监控教师企业培训的质量,检查教师企业实践培训的效果,发现教师企业实践培训存在的问题,确保教师企业实践培训目标的实现;终结性评价是在教师企业实践培训结束时由学校和企业共同组织实施的评价,企业和学校分别根据教师实践期间的综合表现、实际操作能力及实践成果价值等,按照一定的比例给出综合性的评价,而非仅仅让教师交一份实践报告。此外,在对教师实践考评的基础上,应用型高校要强化对考核结果的运用,将考评结果与教师的职称评审、绩效考核相关联,不断完善教师企业实践制度,提升教师专业实践能力。

五是加强教师实践培训的物质与精神激励,调动教师行业企业实践培训的积极性。一方面,应用型高校要创建教师专业实践能力培养的激励机制，保证参加实践锻炼教师的绩效工资水平、福利待遇不低于在岗教师，同时，进一步提高教师实践培训的经费支出，提供教师赴企业接受培训、挂职工作、实践锻炼的津贴补贴，充分发挥工资福利、校内津贴等方面的激励作用，以此激发教师参加实践培训的积极性、主动性，激励教师不断提升专业实践能力；另一方面，应用型高校在学校层面树立教师企业实践培训先进典型，对在企业实践中表现优异或在实践期间取得突出成果的教师，要积极地推出典型、宣传典型，激励和引导广大教师积极赴行业企业参加实践锻炼。

三　调整应用型高校教师职称评审的指标体系

高校的类型不同，其教师职称评审标准的侧重点也应有所差异。应用型高校的办学定位与师资队伍建设要求决定教师职称评审标准应区别于一般普通本科高校。目前应用型高校教师职称制度仍以教师发表论文、主持科研项目以及获得教学科研成果奖项来衡量，与研究型高校职称评审标准差异不大。应用型高校应在保证评聘程序不变的原则下，结合"双师双能型"教师队伍建设要求，创建有利于促进教师专业实践能力培养的激励机制。

一是完善职称评审标准。结合应用型高校教师队伍建设要求，应用型高校在完善教师职称评审标准时，应注重考察教师的专业性、技术性、实践性、创造性，突出对实践性成果的评价；应合理设置教师职称评审中的学术论文及其他科研成果条件，避免将论文、科研项目、论著等作为应用型高校教师职称评审的限制性条件，把横向研究、产学合作、技术服务等应用研究成果作为教师职称评审中科研要求的重要指标；对实践经验与经历丰富、社会服务贡献突出、在某一领域具有一定技术技能特长的专任教师，应淡化或不做论文要求；在职称评审中推行代表作制度，重点考察应用科研成果和创作作品的质量，淡化对学术论文或项目数量的要求；将教改论文、教改项目、教改成果奖及其他学术论文、科研项目、获奖情况作为教师职称评定的加分项而非基本条件。

二是增加实践性考核元素，引导教师在实践教学、实践成果等方面加大时间和精力投入。一则将社会服务和企业实践经历作为教师晋升专业技术职务的必要且竞争性条件，对晋升高级专业技术职务的教师，任现职以来应满足下列要求至少两项，如主持校企横向科研课题、获得授权发明专利、主持或参与校外实践教学基地建设或承担产学研基地工作任务、承担政府或企业的技术服务任务、具有半年及以上企事业单位实践锻炼经历、科研成果转化取得的经济社会效益以及在所从事相关专业技术领域取得工程师、技师等职称证书或职（执）业资格证书等。二则增设实践教学方面的考核内容，在职称晋升的教学必备条件中增设实践教学工作量及实绩方面的评审要求，增加该方面的考核权重。此外，鉴于应用型高校教师队伍中企业专业技术人员的比例，其教师职称评审条件对这部分人才的学历要求不宜过高、过严。

三是推进职称制度与职业资格制度的有效衔接。2016 年，中共中央办公厅、国务院办公厅印发的《关于深化职称制度改革的意见》，提出促进职称制度与职业资格制度有效衔接，在职称与职业资格密切相关的职业领域建立职称与职业资格对应关系，专业技术人才取得职业资格即可认定其具备相应系列和层级的职称。[①] 应用型高校可根据"双师双能型"教师队伍建设需要，打破传统的高校职称评审机制，通过建立多元的能力认证和考评机制，确保具有不同资质和能力特长的兼职教师得到合法的认可和发展。具体而言，应用型高校应创新现有教师职称评定标准与业界兼职人员行业企业资历、职业资格证书、技术技能资质等实践性内容的关联机制，创新准入类职业资格、水平评价类职业资格等专业技术类职业资格与高校职

---

① 中共中央办公厅、国务院办公厅：《中共中央办公厅　国务院办公厅印发〈关于深化职称制度改革的意见〉》，http://www.gov.cn/xinwen/201701/08/content_5157911.htm#1，2017 年 1 月 8 日。

称的对应关系，把兼职教师拥有的自身实践性内容、各类职业资格与学术科研、教学工作量进行合理转换，设计出超越传统职称晋升路径的更多元、更丰富、更有针对性的应用型高校教师校本层面职称评审体系。这样才能从根本上清除应用型高校教师与企业优秀人才身份转换、相互兼职的障碍。

四 健全完善教师考核评价制度

完善的应用型高校教师考评制度是调动教师提升专业实践能力积极性、主动性的可靠保证。应用型高校的教师考核评价制度应从以学术条件为主的考评向以技术和应用等实践条件为主的考评转变，充分引导教师从课堂走向生产，从学校走向社会，将专业知识转化为产业行为。应用型高校应结合自身办学定位和师资队伍建设要求，尽快把教师专业实践能力考评纳入教师业务整体考核中，充分发挥考核评价机制对教师专业实践能力提升的杠杆作用，这样才能在制度层面上建立有效机制，保障教师专业实践能力快速提升。

（一）调整教师考评指标体系与权重

应用型高校教师考评应重点围绕实践教学、应用研究与社会服务等实践性指标体系展开，并根据岗位职能与类型特征赋以科学合理的指标权重。在具体权重方面，应用型高校要调整科研与教学的权重比例，不断增加教学在教师考评中的权重；均衡一般理论教学与实践教学的计分比例关系，增加实践教学的计分项目，提高部分实践教学成果的计分分值；对教师的科研考评突出应用导向，优化科研计分项目和分值，增加应用科研及其成果的计分点与计分分值。同时，应用型高校应将教师赴企业实践纳入到企业和学校工作计划和任务中来，并将其作为考核教师的一项重要指标，以更好地激励广大教师积极赴行业企业实践锻炼。通过国外应用型高校教师考评指标体系也可以发现，国外应用型高校一般将教学、引导学生发展、教师对学校发展战略的贡献度等作为评价教师的重要指标，对学术论文、科研项目、论著等学术性指标并没有硬性要求。

（二）转变考评重点，把实践性成果作为教师考核评价的重要内容

目前高校对教师的考核评价主要以便于量化考核的学术科研成果为主，应用型高校应逐步转变以科研项目、发表学术论文等为主的考评机制，把教师的学术性与实践性有机结合起来，建立凸显"双师双能"素质的教师考评标准。一是重视对教师实践成果的考评。应用型高校在教师考评应做到"三个转变"，即"从注重科研向注重教学转变，从注重学术研究向注重应用研究转变，从注重学生知识的获取向注重学生的应用能力转变"[1]。同时将教师的工作业绩与学校转型发展的战略目标紧密相连，通过考核评价引导教师更好地服务学校的办学定位、发展战略，引导教师更好地培养经济社会发展需要的高素质应用型人才。二是在学术考评中实现从"四高"到"四专"的转向。应用型高校应从注重高级别刊物、高级别获奖、高水平论文、高层次项目，转向重视专利、专业咨询报告、专项技术集成、专项技术转让与服务[2]，将应用研发、专利申请、科研成果转化、社会服务贡献度等纳入考评指标体系，逐步建立起以实践成果为核心的教师考核评价体系。三是重点突出科研成果转化效果的评价考核。相比于研究型高校，应用型高校要解决的更多是理论、科学原理或是新技术如何在现实中应用并加以改进的问题，更加注重学术成果的快速、高效转化。因此，应用型高校对教师的评价要更加突出知识的转化应用效果，突出科研成果的转化效果，突出科研成果产出运用、转化应用的具体创新，以此不断提升教师专业实践能力。

（三）引入社会评价机制，完善教师分类考评体系

应用型高校教师专业实践能力包含多个维度，涉及企业实践、

---

[1] 杨琼：《应用型本科高校教师绩效评价研究——以英国博尔顿大学为例》，《教育发展研究》2017年第7期。

[2] 阙明坤、史秋衡：《应用型高校设置框架与制度保障》，《中国高等教育》2018年第6期。

课堂教学、实验实训实习指导、动手操作、应用研究等多方面，如果仅仅靠高校单方面对教师进行考核，往往很难真实地反映教师的能力和水平。因此，应用型高校教师的考评应从外界引入社会评价，考评主体由传统的学校一元评价转向学校、行业专家、企业骨干、同行、学生等共同参与的多元评价，这样才能将教师专业实践能力等实践方面的内容客观真实地反映出来。同时，应用型高校教师分类考评要注重考评的实践导向，坚持共性考评与个性考评相结合、定量考核与定性评价相结合、年度考核与聘期考核相结合的原则，在此基础上确立不同类型教师的考评标准与要求，分层分类设置各类教师评价指标体系、考评方式。

结 束 语

引导地方普通本科高校向应用型转变,建设应用型高校,培养高素质应用型人才,是我国推进高等教育结构改革、适应经济结构调整、满足产业转型升级要求的一场重大教育变革实践。转型变革实践要求地方高校确立应用型的办学定位,开展实践教学、应用研究,服务地方经济社会发展;要求应用型高校教师确立"双师双能型"教师的角色定位,兼具"双师"资格与"双能"素质,着力提升自身专业实践能力。然而,现阶段,应用型高校教师绝大多数来源于从高校直接毕业的硕士、博士研究生,他们多以理论见长,重理论轻实践,严重缺乏社会实践锻炼,专业实践能力普遍不高,在思想观念和专业技能上均难以适应应用型高校建设要求,这已成为制约地方本科院校向应用型高校转变的瓶颈。

研究发现,应用型高校教师专业实践能力呈现多重结构,具体包括实践动机、实践经验、实践教学能力、应用研究能力四个维度。现阶段,应用型高校教师专业实践能力水平一般;教师专业实践能力在各维度上相对均衡,实践教学能力得分不高,实践动机评分略低于实践教学能力,实践经验得分接近总体均值,应用研究能力评分较低。在对问卷调查与访谈所得资料进行质性分析后发现,制度性因素尤其是教师管理制度,是影响教师专业实践能力的最主要因素。制度作为一种游戏规则和激励机制,在很大程度上决定着行为选择和行为结果之间的关系。从经济学的视角来看,人性是很难改变的，但我们可以通过改变制度来改变人的行为。[①] 有些看上去是人性的问题，其实归根到底是制度，应用型高校教师专业实践能力的提升最终还需通过制度的改革予以解决。

教师管理制度在教师专业发展过程中发挥着选拔性、导向性、支持性、激励性、评价性等功能，是影响应用型高校教师专业素质能力的核心制度安排。目前，总体而言，应用型高校教师管理制度学术导向、学术考量倾向鲜明，其供给与"双师双能型"教师队伍建设的制度需求不一致、不匹配，总体处于非均衡状态。这种制度非均衡现象使应用型高校教师在专业发展方向和行为选择上偏离"双师双能导向"而向"学术导向"倾斜，最终制约教师专业实践能力的提升。因此，改革现行应用型高校教师管理制度，增加制度的有效供给，成为提升教师专业实践能力的关键。当然，强调教师管理制度在提升教师专业实践能力的同时，也应理性认识制度之不能，充分认识制度主体的努力，避免教师专业实践能力提升中的"泛制度化"现象。

研究发现，办学经费的短缺、各利益相关者的自身利益诉求、内外部制度环境的影响以及应用型高校建设活动交易成本的增加，是造成应用型高校教师管理制度处于非均衡状态的主要原因。应用型高校教师专业实践能力提升既要关注校内层面，也要关注校外因素，从国家、政府、院校等多重制度改革逻辑出发，自上而下建立起系统完备、衔接有效的制度体系。教师专业实践能力的提升并非是一个教师自发性的过程，需要通过制度的跟进、引导和激励，需要政府、行业企业、应用型高校等组织多元推进，需要从国家、地方政府到应用型高校层层落实，以一定的权利制衡与责任约束调和高校、行业企业与教师的利益诉求，在"外推"与"内生"之间找到一个平衡点。

[①] 张维迎：《决定你生活品质的 10 个经济学思维》，https：//www. mbachina. com/html/cjxw/201705/108363. html，2017 - 05 - 28.

教师专业实践能力提升的制度改革是一个渐进的过程，是一项长期性和艰巨性的任务，需要经历一个不断探索和实践的过程，但并不存在完美的制度。制度改革的主要任务是让一项制度变得不断完善，而非完美，再"好"的制度都不可能是绝对完美、包治百病的。制度是多个博弈方相互妥协或斗争的结果，不存在一项可以增加所有人的利益或者让任何人在任何情景下都对之满意的完美制度，站在"上帝"的视角，地方本科院校转型发展、应用型高校教师专业实践能力提升乃至很多教育变革，只是一项微乎其微的社会变革，不能仅仅从应用型高校教师专业实践能力提升这一点来构建或改革整个高等教育制度。应用型高校教师专业实践能力提升的制度改革，从改革伊始就要把握好制度的质量，使其适应应用型高校建设、应用型人才培养、"双师双能型"教师队伍建设的需要，这是非常必要的，可防止今后陷入"制度陷阱"。

从整个职业教育来看，教师专业实践能力不强是职业院校、应用型高校普遍存在的一个现象。因此，教师专业实践能力提升的制度不能仅限于应用型高校层面，还要在职业教育领域形成教师专业实践能力提升的制度联动效应，在顶层设计、经费投入、保障机制、利益协调、环境创设等环节上形成制度改革的合力，建立有效的制度连接与运行体系，这样才能从大环境上更好地推动应用型高校教师专业实践能力的提升。

本书所涉及的教师专业实践能力提升主要针对教师职后培养，并不涉及硕士、博士研究生培养阶段如何提升教师专业实践能力，因此，对这部分内容关注较少。其实，教师专业实践能力提升的制度改革不仅要重视教师职后培养阶段，也要关注职前培养，不断完善以职业需求为导向、以产学研用结合为途径的研究生培养模式。为了提高应用型高校教育质量，促进应用型高校的可持续发展，国家在高等教育分类改革的基础上，应进一步加强研究生培养改革，深化研究生分类培养，调整博士研究生培养结构，增加专业博士学位种类，增强专业学位研究生的培养功能，以此满足应用型高校建设对大批高端应用型师资的需求。从长远来看，应用型高校教师专业实践能力的提升应首先从研究生培养阶段抓起，建立职前职后一体化的"双师双能型"教师培养制度。为此，一方面，在研究生培养阶段，特别是博士研究生培养阶段，高校要增加一定的实践性培养环节，不断增强在校研究生的实践理念、实践意识；另一方面，国家应尝试在综合性大学、以培养职业教育师资为主要任务的高等师范院校设立应用型高校教师培训基地，着力培养应用型师资。

由于我国应用型高校地域分布广泛、办学体制多样、构成形态多元，且不同地区应用型高校之间的发展差异较大，鉴于此，本书所涉及的应用型高校不含独立学院，对这类应用型高校关注相对不足。本书在应用型高校教师专业实践能力制度供给分析中并未涉及教师薪酬制度。通过质性研究分析发现，薪酬制度并非影响教师专业实践能力的主要影响因素，因此，本书并没有将其作为单列的制度安排进行分析，而是将相关分析融入制度非均衡解释中。此外，本书关于应用型高校教师管理制度相关资料的收集尚待进一步充实。针对上述存在的不足，在后续研究中，本书将在现有成果的基础上进一步拓展、深化，为应用型高校教师专业实践能力提升及"双师双能型"教师队伍建设提供更为系统的理论与实践层面的支撑。

展望未来，应用型高校要掌握时代发展方位，把握高等教育发展的新特征，顺应高等职业教育改革的新趋势，坚定不移地走应用型发展的新道路，积极承担起培养大量下得去、用得上、扎得稳、干得好的高素质应用型人才的新使命，不断拓展自己新的生存空间。作为中华优秀传统文化的重要内核，匠心文化能够为新时代应用型高校教师专业实践能力提升提供精神动力。在稳步推进教师专业实践能力提升的制度化进程中，应用型高校还应积极构建中国匠心文化与应用型人才培养、教师专业实践能力提升的融通机制，在教师队伍建设中厚植中国匠心文化，为打造富有工匠精神的"双师型"教师队伍履职担责。

参考文献

一 中文类

(一) 著作类

曹淑江：《教育制度和教育组织的经济学分析》，北京师范大学出版社2004年版。

陈星：《应用型高校产教融合动力研究》，中国社会科学出版社2020年版。

陈祝林、徐朔、王建初：《职教师资培养的国际比较》，同济大学出版社2004年版。

邓泽民、董慧超：《德国应用科学大学研究》，科学出版社2017年版。

董克用：《中国教师聘任制》，中国人事出版社2008年版。

高林等：《应用性本科教育导论》，科学出版社2006年版。

宫留记：《布迪厄的社会实践理论》，河南大学出版社2009年版。

管培俊：《高校人事制度改革与教师队伍建设》，北京师范大学出版社2015年版。

郭丽君：《大学教师聘任制——基于学术职业视角的研究》，经济管理出版社2007年版。

贺国庆、朱文富等：《外国职业教育通史》（下卷），人民教育出版社2014年版。

胡赤弟：《教育产权与现代大学制度构建》，广东高等教育出版社 2008 年版。

黄少安：《产权经济学导论》，山东人民出版社 1995 年版。

黄藤：《国外高层次应用技术人才培养的模式研究》，华东师范大学出版社 2015 年版。

蒋玉珉：《合作社制度创新研究》，安徽人民出版社 2008 年版。

金娣、王刚：《教育评价与测量》，教育科学出版社 2007 年版。

李梦卿：《双师型职教师资培养制度研究》，华中科技大学出版社 2012 年版。

刘兵：《面对可能的世界：科学的多元文化》，科学出版社 2007 年版。

刘天佐：《高校经费筹措与管理新论》，湖南人民出版社 2007 年版。

刘一凡：《中国当代高等教育史略》，华中理工大学出版社 1991 年版。

卢现祥：《西方新制度经济学》（修订版），中国发展出版社 2003 年版。

卢现祥主编：《新制度经济学》（第二版），武汉大学出版社 2011 年版。

卢现祥、朱巧玲主编：《新制度经济学》，北京大学出版社 2012 年版。

吕中楼：《新制度经济学研究》，中国经济出版社 2005 年版。

罗兰：《大学年轻教师选聘优化论》，湖南师范大学出版社 2012 年版。

马健生：《教育改革论》，安徽教育出版社 2007 年版。

马利民：《新编教育社会学》，华东师范大学出版社 2002 年版。

孟倩：《大学内部治理的分权与制衡——博弈论的视角》，中央编译出版社 2016 年版。

潘懋元：《应用型人才培养的理论与实践》，厦门大学出版社

2011 年版。

庞岚、左峥嵘:《基于教师行为选择的大学教学与科研关系研究》,中国地质大学出版社 2014 年版。

朴雪涛:《现代性与大学——社会转型期中国大学制度的变迁》,人民出版社 2012 年版。

盛洪:《为什么制度重要》,郑州大学出版社 2004 年版。

唐世平:《制度变迁的广义理论》,北京大学出版社 2016 年版。

王炳书:《实践理性论》,武汉大学出版社 2002 年版。

王力、周秀菊、王宪锋:《制度与人的发展关系研究》,河北人民出版社 2008 年版。

王连森:《大学发展的经济分析——以资源和产权为中心》,高等教育出版社 2013 年版。

王向东:《大学教师角色行为失范与评聘制度创新——基于新制度主义的理论视角》,浙江大学出版社 2015 年版。

韦洪涛、艾振刚主编:《学习心理学》,江苏人民出版社 2004 年版。

吴鹏:《学术职业与教师聘任》,中国海洋大学出版社 2006 年版。

吴文俊:《高等教育制度经济学分析》,安徽师范大学出版社 2011 年版。

吴艳茹:《寻路——制度规约下的大学教师职业生涯研究》,中国社会科学出版社 2013 年版。

吴增基、吴鹏森、苏振芳主编:《现代社会学》(第五版),上海人民出版社 2014 年版。

吴志华:《学生实践能力发展研究》,辽宁师范大学出版社 2010 年版。

武建奇:《马克思的产权思想》,中国社会科学出版社 2008 年版。

熊德明:《冲突与调适:社会转型中大学教师的角色研究》,华中师范大学出版社 2013 年版。

荀渊、唐玉光：《教师管理制度》，教育科学出版社 2011 年版。

叶芬梅：《当代中国高校教师职称制度改革研究》，中国社会科学出版社 2009 年版。

叶茂林、肖念：《中国高等教育热点问题述评》，科学出版社 2007 年版。

易红郡：《战后英国高等教育政策研究》，湖南师范大学出版社 2012 年版。

尹晓敏：《利益相关者参与逻辑下的大学治理研究》，浙江大学出版社 2010 年版。

于海：《西方社会思想史》，复旦大学出版社 1993 年版。

于显洋：《组织社会学》，中国人民大学出版社 2001 年版。

袁庆明：《新制度经济学》，复旦大学出版社 2012 年版。

曾晓娟：《大学教师工作压力研究》，光明日报出版社 2013 年版。

张建新：《高等教育体制变迁研究——英国高等教育从二元制向一元制转变探析》，教育科学出版社 2006 年版。

张学敏：《高校少数民族应用型人才培养模式综合改革研究》，经济科学出版社 2020 年版。

张学敏、叶忠：《教育经济学》（第 2 版），高等教育出版社 2014 年版。

赵军：《民办高等教育制度变迁中的政府行为研究》，中国海洋大学出版社 2014 年版。

钟春洋：《经济发展方式转变的利益关系研究》，浙江大学出版社 2015 年版。

周雪光：《组织社会学十讲》，社会科学文献出版社 2003 年版。

朱国华：《权力的文化逻辑》，上海三联书店 2004 年版。

庄严：《地方应用型大学发展研究》，黑龙江大学出版社 2010 年版。

［美］阿兰·斯密德：《制度与行为经济学》，刘璨、吴水荣译，中国人民大学出版社2004年版。

［美］埃里克·弗鲁博顿、［德］鲁道夫·芮切特：《新制度经济学：一个交易费用分析范式》，姜建强、罗长远译，上海三联书店2006年版。

［法］埃哈尔·费埃德伯格：《权力与规则：组织行动的动力》，张月等译，上海人民出版社2017年版。

［英］安东尼·吉登斯：《社会理论的核心问题：社会分析中的行动、结构与矛盾》，郭忠华、徐法寅译，上海译文出版社2015年版。

［美］奥兹门、克莱威尔：《教育的哲学基础》，石中英、邓敏娜等译，中国轻工业出版社2006年版。

［美］保罗·J. 迪马奇奥、沃尔特·W. 鲍威尔：《组织分析的新制度主义》，姚伟译，上海人民出版社2008年版。

［美］彼得·M. 布劳：《社会生活中的交换与权利》，李国武译，商务印书馆2008年版。

［法］皮埃尔·布迪厄、［美］华康德：《实践与反思——反思社会学导引》，李猛、李康译，中央编译出版社2004年版。

［法］皮埃尔·布尔迪厄：《区分：判断力的社会批判》，刘晖译，商务印书馆2015年版。

［美］约翰·S. 布鲁贝克：《高等教育哲学》，王承绪、郑继伟等译，浙江教育出版社1987年版。

［美］丹尼尔·W. 布罗姆利：《经济利益与经济制度——公共政策的理论基础》，陈郁、郭宇峰、汪春译，格致出版社2012年版。

［美］道格拉斯·C. 诺斯：《经济史中的结构与变迁》，陈郁、罗华平等译，上海三联书店1994年版。

［美］道格拉斯·C. 诺斯：《制度、制度变迁与经济绩效》，杭行译，格致出版社2008年版。

［美］邓穗欣：《制度分析与公共治理》，张铁钦、张印琦译，

复旦大学出版社 2019 年版。

［波兰］弗·兹纳涅茨基：《知识人的社会角色》，郑斌祥译，译林出版社 2000 年版。

［韩］河连燮：《制度分析：理论与争议》（第二版），李秀峰、柴宝勇译，中国人民大学出版社 2014 年版。

［美］杰克·奈特：《制度与社会冲突》，周伟林译，上海人民出版社 2009 年版。

［美］杰克·奈特：《制度与社会冲突》，周伟林译，上海人民出版社 2017 年版。

［德］柯武刚、史漫飞：《制度经济学：社会秩序与公共政策》，韩朝华译，商务印书馆 2000 年版。

［美］科斯、诺思、威廉姆森等：《制度、契约与组织——从新制度经济学角度的透视》，刘刚、冯健等译，经济科学出版社 2003 年版。

［美］克拉克·克尔：《大学的功用》，陈学飞等译，江西教育出版社 1993 年版。

［美］克莱因等：《教师能力标准：面对面、在线及混合情境》，顾小清译，华东师范大学出版社 2007 年版。

［美］罗纳德·H. 科斯等：《财产权利与制度变迁：产权学派与新制度学派译文集》，刘守英等译，上海人民出版社 2014 年版。

［德］马克斯·韦伯：《经济与社会》（上卷），林荣远译，商务印书馆 1997 年版。

［美］迈克尔·迪屈奇：《交易成本经济学——关于公司的新的经济意义》，王铁生等译，经济科学出版社 1999 年版。

［美］诺斯：《新制度经济学及其发展：转轨、规则与制度选择》，孙宽平译，社会科学文献出版社 2004 年版。

［美］W. 理查德·斯格特：《组织理论：理性、自然和开放系统》，黄洋、李霞等译，华夏出版社 2002 年版。

［美］W. 理查德·斯科特：《制度与组织——思想观念与物质

利益》(第 3 版),姚伟、王黎芳译,中国人民大学出版社 2010 年版。

［美］Y. 巴泽尔：《产权的经济分析》,费方域、段毅才译,上海人民出版社 1997 年版。

［美］约翰·E. 丘伯、泰力·M. 默：《政治、市场和学校》,蒋衡等译,教育科学出版社 2003 年版。

［美］詹姆斯·G. 马奇、［挪］约翰·P. 奥尔森：《重新发现制度：政治的组织基础》,张伟译,生活·读书·新知三联书店 2011 年版。

［美］詹姆斯·M. 布坎南：《公共物品的需求与供给》,马珺译,上海人民出版社 2009 年版。

(二) 期刊类

蔡敬民、余国江：《关于应用型本科院校师资队伍建设的思考》,《合肥工业大学学报》(社会科学版) 2008 年第 5 期。

蔡袁强、戴海东、翁之秋：《地方本科院校办学面临的困惑与对策——以温州大学为研究对象》,《高等工程教育研究》2010 年第 1 期。

曹如军：《制度创新与制度逻辑——新制度主义视野中地方高校的制度变革》,《高教探索》2007 年第 5 期。

陈斌：《建设应用技术大学的逻辑与困境》,《中国高教研究》2014 年第 8 期。

陈锋：《关于部分普通本科高校转型发展的若干问题思考》,《中国高等教育》2014 年第 12 期。

陈解放：《论地方本科院校转型发展——大学内在逻辑与观念文化视角》,《中国高教研究》2014 年第 11 期。

陈新民：《地方本科高校转型：分歧与共识》,《教育发展研究》2015 年第 7 期。

褚照锋：《地方政府推进一流大学与一流学科建设的策略与反思——基于 24 个地区"双一流"政策文本的分析》,《中国高教研究》2017 年第 8 期。

崔海丽：《"双一流"建设中的地方政府竞争行为分析》，《江苏高教》2018 年第 6 期。

董立平：《地方高校转型发展与建设应用技术大学》，《教育研究》2014 年第 8 期。

董泽芳、聂永成：《关于新建本科院校转型分流现状的调查与分析》，《高等教育研究》2016 年第 4 期。

范国睿：《教育变革的制度逻辑》，《探索与争鸣》2018 年第 8 期。

冯旭芳、张桂春：《"转型"试点高校"双师双能型"教师队伍建设探究》，《高等工程教育研究》2017 年第 1 期。

高迎爽：《法国大学技术学院办学实践及其启示》，《中国高教研究》2018 年第 10 期。

洪艺敏：《转型发展背景下的应用型本科高校的建设》，《中国高等教育》2020 年第 5 期。

侯佛钢、张学敏：《应用型高校教师专业实践能力提升的制度困境及其变革逻辑》，《教师教育研究》2019 年第 4 期。

胡玲琳：《学术型人才与应用型人才培养类型并存的驱动因素探析》，《学位与研究生教育》2011 年第 6 期。

华小洋、蒋胜永：《应用型人才培养相关问题研究》，《高等工程教育研究》2012 年第 1 期。

黄福涛：《能力本位教育的历史与比较研究——理念、制度与课程》，《中国高教研究》2012 年第 1 期。

黄泰岩、程斯辉：《关于我国高校教师考核评价的几个基本问题》，《武汉大学学报》（哲学社会科学版）2008 年第 1 期。

惠晓丽、吉莉、徐鹏：《高等工科院校青年教师工程实践能力培养问题研究》，《教育科学》2010 年第 6 期。

姜超：《大学教师发展制度创新的主体关系与路径突破》，《全球教育展望》2018 年第 11 期。

解德渤：《科研观转变：应用型大学发展的关键》，《高校教育管理》2014 年第 6 期。

蓝汉林：《地方高校转型发展的多重制度逻辑分析——基于浙江 G 大学的分析》，《高教探索》2017 年第 1 期。

李春燕：《教师专业发展视域下高校教师专业实践能力发展研究》，《中国大学教学》2014 年第 5 期。

李凤：《地方应用型本科高校产教融合：困境、机理、方向》，《中国高等教育》2020 年第 9 期。

李国仓：《地方本科高校转型发展热潮下的冷思考》，《高校教育管理》2016 年第 6 期。

李辉、贾晓薇：《高校教师考核评价制度存在的问题及完善措施》，《辽宁师范大学学报》（社会科学版）2015 年第 5 期。

李金奇：《大学组织再学术化与地方本科高校转型发展——兼论地方高校教师学术职业分化》，《高等教育研究》2016 年第 11 期。

李均、何伟光：《应用型本科大学 40 年：历史、特征与变革》，《南京师大学报》（社会科学版）2018 年第 5 期。

李均、赵鹭：《发达国家本科层次高等职业教育研究——以美、德、日三国为例》，《高等教育研究》2009 年第 7 期。

李松丽：《应用型大学实践教学教师队伍建设的策略》，《学术探索》2016 年第 2 期。

刘贝妮：《高校教师工作时间研究》，《开放教育研究》2015 年第 2 期。

刘刚：《部分普通本科院校向职业院校转型之思》，《高等教育研究》2015 年第 4 期。

刘国瑞、高树仁：《高等教育转型的结构——制度整合模式》，《教育研究》2017 年第 5 期。

刘国艳、曹如军：《应用型本科教师发展：现实困境与求解之道》，《国家教育行政学院学报》2009 年第 10 期。

刘海峰、白玉、刘彦军：《我国应用技术大学建设与科研工作的转型》,《中国高教研究》2015 年第 7 期。

刘磊、傅维利:《实践能力:含义、结构及培养对策》,《教育科学》2005 年第 2 期。

刘献君:《应用型人才培养的观念与路径》,《中国高教研究》2018 年第 10 期。

刘在洲:《地方本科院校转型发展的背景与思路》,《中国高等教育》2014 年第 20 期。

刘振、崔连广、杨俊等:《制度逻辑:合法性机制与社会企业成长》,《管理学报》2015 年第 4 期。

卢现祥:《共享经济:交易成本最小化、制度变革与制度供给》,《社会科学战线》2016 年第 9 期。

鲁武霞:《高职专科与应用型本科衔接的观念桎梏及其突破》,《高等教育研究》2012 年第 8 期。

马陆亭:《应用技术大学建设的若干思考》,《中国高等教育》2014 年第 10 期。

毛益民:《制度逻辑冲突:场域约束与管理实践》,《广东社会科学》2014 年第 6 期。

孟秀丽、杨连生、王松婵:《日本长冈技术科学大学工程硕士培养探析》,《研究生教育研究》2014 年第 6 期。

［荷兰］尼克·温鲁普、简·范德瑞尔、鲍琳·梅尔:《教师知识和教学的知识基础》,《北京大学教育评论》2008 年第 1 期。

聂永成、董泽芳:《新建本科院校办学定位趋同的理性分析——基于对 91 所新建本科院校转型现状的实证调查》,《湖北社会科学》2016 年第 12 期。

牛风蕊、张紫薇:《地方高校教师聘任制改革 30 年:回顾、反思与展望》,《中国石油大学学报》(社会科学版) 2017 年第 4 期。

潘懋元、车如山:《略论应用型本科院校的定位》,《高等教育研究》2009 年第 5 期。

潘懋元、董立平:《关于高等学校分类、定位、特色发展的探讨》，《教育研究》2009 年第 2 期。

彭湃：《德国应用科学大学的 50 年：起源、发展与隐忧》，《清华大学教育研究》2020 年第 3 期。

戚万学、王夫艳：《教师专业实践能力：内涵与特征》，《教育研究》2012 年第 2 期。

曲殿彬、赵玉石：《地方本科高校转型发展的问题与应对》，《中国高等教育》2014 年第 12 期。

屈潇潇：《地方本科高校应用转型发展的路径特征分析——基于 173 名校级领导的问卷调查》，《国家教育行政学院学报》2019 年第 10 期。

阙明坤、史秋衡：《应用型高校设置框架与制度保障》，《中国高等教育》2018 年第 6 期。

任辉、傅晨：《市民化背景下农民工养老保险制度非均衡分析》，《新疆大学学报》（哲学·人文社会科学版）2015 年第 2 期。

邵建东：《我国应用技术大学建设：挑战与推进策略》，《教育研究》2018 年第 2 期。

沈国琴：《德国高等教育的新发展》，《高等教育研究》2015 年第 8 期。

史秋衡、康敏：《精准寻位与创新推进：应用型高校的中坚之路》，《高等工程教育研究》2018 年第 5 期。

司俊峰、唐玉光：《高等教育"学术漂移"现象的动因探析——基于社会学制度主义的视角》，《高等教育研究》2016 年第 9 期。

宋永华：《"双一流"建设背景下师资队伍建设的特征与举措》，《教育发展研究》2017 年第 19 期。

孙伟平、崔唯航：《利益：社会历史活动的基础和动因——读王伟光〈利益论〉》，《哲学研究》2010 年第 11 期。

田贤鹏：《取消高校教师事业编制管理的理性之思》，《教师教育研究》2017 年第 1 期。

万卫：《教师实践能力与高职院校的教学改革》，《学术论坛》2015年第7期。

王成福、邵建东、陈海荣、陈健德：《高职教师专业实践能力的内涵及培养对策》，《高等工程教育研究》2015年第3期。

王丹中：《基于战略视角的应用技术大学发展路径——兼论当前应用技术大学发展中亟需关注的若干问题》，《教育发展研究》2014年第17期。

王夫艳：《教师专业实践能力的三维构成》，《高等教育研究》2012年第4期。

王红：《我国新建本科高校应用型发展问题与对策——基于"十二五"168所新建本科高校合格评估数据的分析》，《西南大学学报》（社会科学版）2017年第6期。

王为民：《走出"制度陷阱"：高职教师管理制度的供给困境反思》，《河南大学学报》（社会科学版）2017年第6期。

王鑫、温恒福：《新建本科院校向"应用技术大学"转型发展的模式及要素分析》，《教育科学》2014年第6期。

王者鹤：《新建地方本科院校转型发展的困境与对策研究——基于高等教育治理现代化的视角》，《中国高教研究》2015年第4期。

韦文联：《应用型本科院校教师实践能力建设研究》，《全球教育展望》2014年第5期。

魏晓艳：《应用型大学教师发展：目标、困境与突破》，《大学教育科学》2015年第4期。

吴长法、邬旭东：《新建本科院校转型发展与青年教师发展研究》，《中国青年研究》2015年第6期。

吴康宁：《中国教育改革为什么会这么难》，《华东师范大学学报》（教育科学版）2010年第4期。

吴仁华：《围绕应用型人才培养　加快新建本科院校改革和发展》，《中国高等教育》2010年第22期。

吴仁华：《应用型高校中层干部办学定位认知分析与启示——基

于对某高校本科教学审核评估整改回访的研究》,《国家教育行政学院学报》2018 年第 6 期。

吴重涵：《向应用型本科高校转型：知识劳动的性质与内涵建设》,《社会科学战线》2015 年第 10 期。

徐金益、许小军：《产教融合背景下应用型本科高校教师的转型路径探析》,《江苏高教》2019 年第 12 期。

徐立清、钱国英、马建荣：《地方本科院校转型发展中的专业综合改革探索与实践》,《中国高教研究》2014 年第 12 期。

宣勇、鲍健强：《现代大学的分层与管理模式的选择》,《高等教育研究》2005 年第 2 期。

杨宝山：《实践能力评价的现状、问题与方法》,《教育研究》2012 年第 10 期。

杨琼：《应用型本科高校教师绩效评价研究——以英国博尔顿大学为例》,《教育发展研究》2017 年第 7 期。

杨燕燕：《培养实践智慧的教师职前实践教学——以加拿大卡尔加里大学为例》,《全球教育展望》2012 年第 4 期。

姚吉祥：《应用型本科院校教师实践教学能力缺失及对策研究》,《合肥工业大学学报》(社会科学版) 2010 年第 3 期。

姚荣：《行政管控与自主变革：我国本科高校转型的制度逻辑》,《中国高教研究》2014 年第 11 期。

姚荣：《应用逻辑的制度化：国家工业化与高等教育结构调整》,《清华大学教育研究》2015 年第 5 期。

叶飞帆：《新建本科高校向应用型转变的方向与路径》,《教育研究》2017 年第 8 期。

叶澜：《新世纪教师专业素养初探》,《教育研究与实验》1998 年第 1 期。

应卫平、李泽泉、刘志敏：《优化高等教育投入　全面推进新时代应用型大学建设》,《中国高等教育》2018 年第 11 期。

余斌：《应用型大学教师专业发展问题及对策》,《教育发展研究》2008 年第 11 期。

余国江：《课程模块化：地方本科院校课程转型的路径探索》，《中国高教研究》2014 年第 11 期。

袁礼：《地方本科院校转型中的几大问题及其危险》，《西南交通大学学报》（社会科学版）2014 年第 5 期。

张大良：《把握"学校主体、地方主责"工作定位　积极引导部分地方本科高校转型发展》，《中国高等教育》2015 年第 10 期。

张兄武、许庆豫：《关于地方本科院校转型发展的思考》，《中国高教研究》2014 年第 10 期。

张学敏、陈星：《教育逻辑和管理逻辑的背离与契合——兼论教育饱受诟病的缘由》，《东北师范大学学报》（哲学社会科学版）2018 年第 1 期。

张学敏、陈星：《资源与目标：现代大学制度建设的矛盾及其化解》，《高等教育研究》2015 年第 9 期。

张学敏、侯佛钢：《从"适应"迈向"引领"：高校应用型人才培养的发展路径》，《江苏高教》2018 年第 8 期。

张应强：《从政府与大学的关系看地方本科高校转型发展》，《江苏高教》2014 年第 6 期。

张应强：《地方本科高校转型发展：可能效应与主要问题》，《大学教育科学》2014 年第 6 期。

张应强、蒋华林：《关于地方本科高校转型发展若干问题的思考》，《现代大学教育》2014 年第 6 期。

张应强、彭红玉：《高等教育大众化时期地方政府竞争与高等教育发展》，《高等教育研究》2009 年第 12 期。

张应强、张浩正：《从类市场化治理到准市场化治理：我国高等教育治理变革的方向》，《高等教育研究》2018 年第 6 期。

赵静、陈玲、薛澜：《地方政府的角色原型、利益选择和行为差异——一项基于政策过程研究的地方政府理论》，《管理世界》2013 年第 2 期。

赵哲、董新伟、李漫红：《地方本科高校转型发展的三种倾向及其规避》，《教育发展研究》2015年第7期。

钟秉林、王新凤：《我国地方普通本科院校转型发展实践路径探索》，《高等教育研究》2016年第10期。

周卫东：《新建地方本科院校教师转型发展研究》，《江苏高教》2018年第4期。

周雪光、艾云：《多重逻辑下的制度变迁：一个分析框架》，《中国社会科学》2010年第4期。

朱建新：《地方高校向应用型大学转型的制度性困境、成因与机制建构》，《高等工程教育研究》2018年第5期。

朱旭东：《国外教师教育的专业化和认可制度》，《比较教育研究》2001年第3期。

邹奇、孙鹤娟：《困惑与超越：地方本科高校向应用型转型发展的路径选择》，《东北师大学报》（哲学社会科学版）2017年第3期。

（三）其他

教育部办公厅：《教育部办公厅关于进一步加强和规范高校人才引进工作的若干意见》，http：//www.moe.gov.cn/srcsite/A04/s8132/201312/t20131224_169941.html，2013年12月24日。

教育部办公厅：《教育部办公厅关于开展清理"唯论文、唯帽子、唯职称、唯学历、唯奖项"专项行动的通知》，http：//www.moe.gov.cn/srcsite/A16/s7062/201811/t20181113_354444.html，2018年11月8日。

教育部等：《教育部等四部门关于印发〈深化新时代职业教育"双师型"教师队伍建设改革实施方案〉的通知》，http：//www.moe.gov.cn/srcsite/A10/s7034/201910/t20191016_403867.html，2019年8月30日。

教育部等：《教育部等六部门关于印发〈现代职业教育体系建设规划（2014—2020年）〉的通知》，http：//www.moe.gov.cn/src-site/A03/moe_1892/moe_630/201406/t20140623_170737.html，2014

年6月16日。

教育部等五部门：《教育部等五部门关于深化高等教育领域简政放权放管结合优化服务改革的若干意见》，http：//www. moe. gov. cn/srcsite/A02/s7049/201704/t20170405_301912. html，2017年3月31日。

教育部规建中心：《对标！高校转型发展的这些短板，你们有哪项待突破？》，https：//www. sohu. com/a/249496905_77471，2018年8月22日。

国家教委办公厅：《高等学校教师岗前培训暂行细则》，http：//www. chinalawedu. com/falvfagui/fg22598/36635. shtml，1997年1月31日。

国务院：《国务院关于加快发展现代职业教育的决定》，http：//www. gov. cn/zhengce/content/2014－06/22/content_8901. htm，2014年6月22日。

国务院：《国务院关于印发国家职业教育改革实施方案的通知》，http：//www. gov. cn/zhengce/content/2019－02/13/content_5365341. htm，2019年2月13日。

国务院办公厅：《国务院办公厅转发人事部关于在事业单位试行人员聘用制度意见的通知》，http：//www. gov. cn/gongbao/content/2002/content_61651. htm，2002年7月6日。

国务院办公厅：《国务院办公厅关于深化产教融合的若干意见》，http：//www. gov. cn/zhengce/content/2017－12/19/content_5248564. htm，2017年12月19日。

中华人民共和国教育部：《关于高等学校教师职责及考核的暂行规定》，https：//www. gdjyw. com/jyfg/13/law_13_1036. htm，1979年11月27日。

中华人民共和国教育部：《教育部关于"十三五"时期高等学校设置工作的意见》，http：//www. moe. cn/srcsite/A03/s181/201702/t20170217_296529. html，2017年2月4日。

中华人民共和国教育部：《教育部关于当前深化高等学校人事分配制度改革的若干意见》，http：//www.moe.gov.cn/s78/A08/moe_734/201001/t20100129_1263.html，1999年9月15日。

中共中央：《中共中央关于教育体制改革的决定》，http：//www.huaue.com/fg/fg14.htm，1985年5月27日。

中华人民共和国教育部：《教育部关于深入推进教育管办评分离促进政府职能转变的若干意见》，http：//old.moe.gov.cn/publicfiles/business/htmlfiles/moe/s7049/201505/186927.html，2015年5月6日。

中华人民共和国教育部、人力资源社会保障部：《教育部 人力资源社会保障部关于印发〈高校教师职称评审监管暂行办法〉的通知》，http：//www.moe.gov.cn/srcsite/A10/s7030/201711/t20171109_318752.html，2017年10月20日。

中华人民共和国教育部：《教育部关于深化高等学校科技评价改革的意见》，http：//www.moe.gov.cn/srcsite/A16/moe_784/201312/t20131203_160920.html，2013年12月3日。

中华人民共和国教育部：《教育部关于深化高校教师考核评价制度改革的指导意见》，http：//www.moe.gov.cn/srcsite/A10/s7151/201609/t20160920_281586.html，2016年8月29日。

中华人民共和国教育部：《教育部关于加快建设高水平本科教育全面提高人才培养能力的意见》，http：//www.moe.gov.cn/srcsite/A08/s7056/201810/t20181017_351887.html，2018年10月8日。

中华人民共和国教育部：《高等学校教师培训工作规程》，http：//www.moe.edu.cn/s78/A02/zfs_left/s5911/moe_621/tnull_2724.html，1996年4月8日。

中共中央办公厅、国务院办公厅：《中共中央办公厅 国务院办公厅印发〈关于深化职称制度改革的意见〉》，http：//www.gov.cn/xinwen/201701/08/content_5157911.htm#1，2017年1月8日。

中共中央办公厅、国务院办公厅：《中共中央办公厅 国务院办公厅印发〈关于深化项目评审、人才评价、机构评估改革的意见〉》，http：//www. gov. cn/zhengce/201807/03/content_5303251. htm，2018 年 7 月 3 日。

中共中央、国务院：《中共中央 国务院印发〈深化新时代教育评价改革总体方案〉》，http：//www. gov. cn/zhengce/2020 - 10/13/content_5551032. htm，2021 年 3 月 10 日。

中国民主促进会中央委员会：《关于加强中央财政支持地方普通本科高校转型发展的提案》，http：//www. mj. org. cn/mjzt/content/2018 - 02/27/content_282571. htm，2018 年 2 月 27 日。

中央职称改革工作领导小组：《关于高〈等学校教师职务试行条例〉的实施意见》，http：//old. moe. gov. cn//publicfiles/business/htmlfiles/moe/s7077/201412/180697. html，1986 年 3 月 3 日。

中组部、人事部、教育部：《关于印发〈关于深化高等学校人事制度改革的实施意见〉的通知》，http：//www. gov. cn/gongbao/content/2001/content_61330. htm，2000 年 6 月 2 日。

陈鹏：《高校教师考评制度大变脸》，《光明日报》2016 年 9 月 22 日第 8 版。

谌晓芹、彭希林：《地方本科院校如何转型》，《中国教育报》2018 年 1 月 11 日第 6 版。

顾永安：《教师要扎根实践促转型》，《人民政协报》2015 年 10 月 14 日第 10 版。

李立国：《高校人事制度改革的走向》，《光明日报》2014 年 6 月 3 日第 13 版。

潘裕民：《教师专业发展有赖于制度化》，《中国教育报》2013 年 3 月 4 日第 11 版。

王为民：《高职教师供给如何走出"制度陷阱"》，《中国教育报》2017 年 1 月 10 日第 9 版。

张应强：《实现地方本科高校转型发展》，《人民日报》2016 年 10 月 21 日第 7 版。

周晓东:《应用型大学转型破解之道》,《江淮时报》2016 年 1 月 5 日第 3 版。

二 外文类

Aapo Länsiluoto and Marko Järvenpää and Kip Krumwiede, "Conflicting interests but filtered key targets: Stakeholder and resource-dependency analyses at a University of Applied Sciences", *Management Accounting Research*, Vol. 24, No. 3, 2013.

Aija Töytäri and Arja Piirainen and Päivi Tynjälä, "Higher education teachers' descriptions of their own learning: a large-scale study of Finnish Universities of Applied Sciences", *Higher Education Research & developmen*, Vol. 35, No. 6, 2016.

Anderson N andLievens F and Van Dam K and Ryan A M, "Future perspectives on employees selection: Key directions for future research and practice", *Applied Psychology*, Vol. 53, No. 4, 2004.

Arto O Salonen and Carina Savander-Ranne, "teachers' Shared Expertise at a Multidisciplinary University of Applied Sciences", *SAGE Open*, Vol. 5, No. 3, 2015.

BenedettoLepori, "Research in non-university higher education institutions: The case of the Swiss Universities of Applied Sciences", *Higher Education*, Vol. 56, No. 1, 2008.

BenedettoLepori and Svein Kyvik, "The Research Mission of Universities of Applied Sciences and the Future Configuration of Higher Education Systems in Europe", *Higher education policy*, Vol. 23, No. 3, 2010.

Cartwright Martin J, "Some Reflections on Theories of Leadership and Change and Their Relevance to a Post-1992 University", *Research in Post-Compulsory Education*, Vol. 10, No. 2, 2005.

Jurgen Enders and Frans van Vugnt, *Towards a Cartography of Higher Educotion Policy Change: A Festschrift in honour of Guy Neare*, Enschede:

Center for Higher Education Policy Studies, 2007.

David B. Monagha and Paul Attewell, "The Community College Route to the Bachelor's Degree", *Educational Evaluation and Policy Analysis*, Vol. 37, No. 1, 2015.

E Bruijn, "Teaching in innovative vocational education in the Netherlands", *Teachers and teaching*, Vol. 18, No. 6, 2012.

Erin Sanders-McDonagh and Carole Davis. "Resisting Neoliberal Policies in UK Higher Education: Exploring the Impact of Critical Pedagogies on Non-Traditional Students in a Post-1992University", *Education, Citizenship and Social Justice*, Vol. 13, No. 3, 2018.

Gale Larrie E and Pol Gaston, "Competence: A Definition and Conceptual Scheme", *Educational Technology*, Vol. 15, No. 6, 1975.

Greif Avner, *Institutions and the Path to the Modern Economy: Lessons from Medieval Trade*, Cambridge: Cambridge University Press, 2006.

Jiang Nan and Carpenter Victoria, "Faculty - specific factors of degree of HE internationalization: An evaluation of four faculties of a post – 1992 university in the United Kingdom", *International Journal of Educational Management*, Vol. 27, No. 3, 2005.

JohannaVuori, "Enactingthe common script: Management ideas at Finnish universities of applied sciences", *Educational Management Administration&leadershop*, Vol. 43, No. 4, 2014.

JohannaVuori, "Towards Strategic Actorhood? The Execution of Institutional Positioning Strategies at Finnish Universities of Applied Sciences", *Higher Education Quarterly*, Vol. 70, No. 4, 2016.

Jouni Antero Jurvelin and Matti Kajaste and Heikki Malinen, "Impact Evaluation of EUR-ACE Programme Accreditation at Jyväskylä University of AppliedSciences (Finland)", *European Journal of Higher Education*, Vol. 8, No. 3, 2018.

Karen E Andreasen, "Reforming Vocational Didactics by Implementing a New VET Teacher Education in Denmark: Tensions and Challenges Reflected in Interviews with Vocational College Teachers", *International Journal for Research in Vocational Education and Training*, Vol. 2, No. 3, 2015.

Lieveke Hellemans and Stefan Haesen, "Benefits of a Small Research Study for the Teacher Education at a University of Applied Sciences: a case study", *Studia paedagogica*, Vol. 22, No. 4, 2017.

Martin Tess, "Policy to Practice: TAFE Teachers' Unofficial Code of Professional Conduct—Insights from Western Australia", *International Journal of Training Research*, Vol. 10, No. 2, 2012.

Meyer J. W. and Rowan B., "Institutitionalized Organizations: Formal Structure as Myth and Ceremony", *Amerrican Journal of Sociology*, Vol. 83, No. 2, 1977.

Miller G. E, "The Assessment of Clinical Skills/Competence/Performance", *Academic Medicine*, Vol. 65, No. 09, 1990.

Norman Lucas, "The 'FENTOFandango': National Standards, Compulsory Teaching Qualifications and the Growing Regulation of FE College Teachers", *Lournal of Further and Higher Education*, Vol. 28, No. 1, 2006.

Outi Kallioinen, "Transformative Teaching and Learning by Developing", *Journal of Career and Technical*, Vol. 26, No. 2, 2011.

Paul J. Dimaggio and Walter W. Powell, "The Iron Cage Revisited: Isomorphism and Collective Rationality in Organizational", *American Sociologcal Review*, Vol. 48, No. 2, 1983.

P H Thornton and William C Ocasio, *Institutional Logics*, London: Sage, 2008.

Pierre Bourdieu and Loïc J. D. Wacquant, *An Invitation to Reflexive Sociology*, Chicago: Chicago University Press, 1992.

Pratt John, *The Polytechnic Experiment: 1965 – 1992*, UK: Open

University Press, 1997.

Ringel M and Kesselring S and Roth M, "Potentials and Perspectives for Sustainability Research at Universities of Applied Sciences in Germany", *Gaia (Heidelberg, Germany)*, Vol. 27, No. 4, 2018.

Rita C. Richey and Dennis C. Fields and MargueriteFoxon, *Instructional Design Competencies: The Standards. Third Edition*, New York: Clearing house on Information and Technology, 2001.

Ros BrennanKemmis and Annette Green, "Vocational Education and Training Teachers' Conceptions of Their Pedagogy", *International Journal of Training Research*, Vol. 11, No. 2, 2013.

Shahadat Hossain Khan, "Emerging Conceptions of ICT-Enhanced Teaching: Australian TAFE Context", *Instructional Science*, Vol. 43, No. 6, 2015.

Ute Vanini, "Controlling-Lehre an deutschen Fachhochschulen", *Controlling&Management Review*, Vol. 57, No. 7, 2013.

Vuokko Kohtamäki, "Does Structural Development Matter? The Third Mission through Teaching and R&D at Finnish Universities of Applied Sciences", *European Journal of Higher Education*, Vol. 5, No. 3, 2015.

Yanjuan Hu and Roeland van der Rijst and Klaas van Veen and Nico Verloop, "The Role of Research in Teaching: A Comparison of Teachers from Research Universities and those from Universities of Applied Sciences", *Higher Education Policy*, Vol. 28, No. 4, 2014.

附　　录

附录1　调查问卷

应用型高校教师专业实践能力调查问卷（教师问卷）

尊敬的各位老师：

您好！感谢您在百忙之中参与我们的问卷调查。

为了解应用型高校教师专业实践能力情况，特邀请您参加此次调查。此调查仅用于学术研究，只做群体分析，不需填写姓名；答案无对错之分，请您不要有顾虑，安心回答。问卷含有三部分，每部分的回答有所不同，请您在填写时，细心阅读各项指导语，按自己的真实情况回答。您的认真参与是我们研究成功的关键，也是相应政策制定的重要依据。

再次感谢您的帮助，谨此致谢！

第一部分　您的基本信息
（请您在每行相应的选项处打"√"）

1. 您的性别：A. 男　　　B. 女
2. 您的学历：A. 本科　　B. 硕士　　C. 博士
3. 您的年龄：A. ≤35岁　　B. 36—45岁　　C. 46—55岁
　　　　　　D. ≥56岁

4. 您的教龄：A. ≤3 年　　　　B. 4—8 年　　　　C. 9—14 年
   D. 15—20 年　　E. >20 年

5. 入职前您在行业企业工作时间：
   A. 没有工作过　　　　　　B. 0—1 年（含 1 年）
   C. 1—2 年（含 2 年）　　　D. 2—3 年（含 3 年）
   E. 3—5 年（含 5 年）　　　F. >5 年

6. 您现在的职称：
   A. 助教　　B. 讲师　　C. 副教授　　D. 教授

7. 您所属的教师类型：
   A. 教学为主型　　B. 科研为主型　　C. 教学科研并重型
   D. 管理为主型

8. 您所属的学科类别：A. 文科　　　B. 理科　　　C. 工科

9. 您的月工资收入（税前）：A. ≤4000　　　B. 4001—5000
   　　　　　　　　　　　　C. 5001—6000　　D. ≥6000

10. 您是专职教师还是双肩挑教师：
    A. 专职教师　　　　B. 双肩挑教师

第二部分　教师专业实践能力调查问卷

请您仔细阅读每个条目并进行评价，在每一项目的 5 个选择中，只能选择 1 个打√，1 代表"完全不符合"，5 代表"完全符合"，1 与 5 之间代表不同程度的重要性，以下所有题目反映的是您个人的情况。（请您在每行相应的"数字"处打"√"）

测量题目	完全不符合	比较不符合	一般符合	比较符合	完全符合
1. 愿意主动到企事业单位接受培训、挂职或实践锻炼	1	2	3	4	5
2. 能够积极申报学校组织的教师赴企事业单位实践项目	1	2	3	4	5
3. 能够利用私人关系签订实践单位，进行实践锻炼	1	2	3	4	5
4. 赴企事业单位实践锻炼主要是基于满足学校相关要求的考虑	1	2	3	4	5

续表

测量题目	完全不符合	比较不符合	一般符合	比较符合	完全符合
5. 入职前企事业单位实践经历丰富	1	2	3	4	5
6. 入职后曾多次到企事业单位接受培训、挂职工作或实践锻炼	1	2	3	4	5
7. 熟悉相关职业领域内的生产一线、工作现场及工作流程	1	2	3	4	5
8. 了解相关职业领域内的新知识、新技术、新工艺、新方法	1	2	3	4	5
9. 了解相关职业领域内的成熟技术和管理规范	1	2	3	4	5
10. 熟悉相关职业领域内的岗位职责、技能要求、用人标准	1	2	3	4	5
11. 熟悉相应仪器设备的操作标准与动作流程	1	2	3	4	5
12. 掌握所教专业涉及的职业资格及职业技能标准	1	2	3	4	5
13. 具备相应仪器设备的操作与演示技能，实践动作标准流畅	1	2	3	4	5
14. 能够通过现场操作或演示等手段使学生获得相应的操作能力	1	2	3	4	5
15. 曾多次参加实践技能竞赛并获奖	1	2	3	4	5
16. 曾多次指导学生参加实践技能竞赛并获奖	1	2	3	4	5
17. 能够根据职业岗位需求设计教学目标，设置教学情境	1	2	3	4	5
18. 能够将教学过程与行业需求对接、与职业标准衔接	1	2	3	4	5
19. 在教学过程中能够实现理论知识和实践技能的综合运用	1	2	3	4	5
20. 能够运用讲练结合、工学结合等多种理论与实践相结合的教学方式	1	2	3	4	5
21. 教学方法以讲授法为主，较少使用案例教学、情境教学等教学方法	1	2	3	4	5
22. 能够不断更新教学内容、方法并及时将行业最新知识引入教学之中	1	2	3	4	5
23. 能够承担学生的实验、实训等实践教学任务	1	2	3	4	5

续表

测量题目	完全不符合	比较不符合	一般符合	比较符合	完全符合
24. 能够参与到整个实训、实习过程中，指导学生技术技能训练	1	2	3	4	5
25. 熟悉所在区域相关行业企业背景、现状与趋势	1	2	3	4	5
26. 能够主动与企事业单位协作交流，并保持良好合作关系	1	2	3	4	5
27. 能够承接行业企业项目或参与行业企业技术开发、技术服务等工作	1	2	3	4	5
28. 能够围绕行业企业生产实践中遇到的现实问题展开研究	1	2	3	4	5
29. 曾主持或参与完成横向课题研究，成果通过鉴定，效益显著	1	2	3	4	5
30. 专利发明或专业咨询报告等多次被有关部门采纳	1	2	3	4	5
31. 在科技成果推广、成果转让、技术服务中取得显著经济效益	1	2	3	4	5

第三部分　主观题

您认为入职后影响教师专业实践能力的因素有哪些？为什么？

应用型高校教师专业实践能力调查问卷（管理者问卷）

尊敬的高校管理人员：

您好！感谢您在百忙之中参与我们的问卷调查。

为了解应用型高校教师专业实践能力情况，特邀请您参加此次调查。此调查仅用于学术研究，只做群体分析，不需填写姓名；答案无对错之分，请您不要有顾虑，安心回答。问卷含有三部分，每部分的回答有所不同，请您在填写时，细心阅读各项指导语，按自己的真实情况回答。您的认真参与是我们研究成功的关键，也是相应政策制定的重要依据。

再次感谢您的帮助，谨此致谢！

第一部分　您的基本信息

（请您在每行相应的选项处打"√"）

1. 您的性别：A. 男　　　　B. 女
2. 您的学历：A. 本科　　　B. 硕士　　C. 博士
3. 您的年龄：A. ≤35 岁　B. 36—45 岁　C. 46—55 岁
　　　　　　D. ≥56 岁
4. 您的入职工作时间：A. ≤3 年　B. 4—8 年　C. 9—14 年
　　　　　　　　　　D. 15—20 年　E. >20 年
5. 入职前您在企事业单位工作的时间：
　　A. 没有工作过　　　　　　B. 0—1 年（含 1 年）
　　C. 1—2 年（含 2 年）　　 D. 2—3 年（含 3 年）
　　E. 3—5 年（含 5 年）　　 F. >5 年
6. 您所属的学科类别：A. 文科　　B. 理科　　C. 工科
7. 您是专职管理人员还是双肩挑：A. 专职　B. 双肩挑

第二部分　教师专业实践能力调查问卷

请您仔细阅读每个条目并进行评价，在每一项目的 5 个选择中，只能选择 1 个打√，1 代表"完全不符合"，5 代表"完全符合"，1 与 5 之间代表不同程度的重要性，以下所有题目反映的是对本校专任教师的专业实践能力看法。（请您在每行相应的"数字"处打"√"）

测量题目	完全不符合	比较不符合	一般符合	比较符合	完全符合
1. 愿意主动到企事业单位接受培训、挂职或实践锻炼	1	2	3	4	5
2. 能够积极申报学校组织的教师赴企事业单位实践项目	1	2	3	4	5
3. 能够利用私人关系签订实践单位，进行实践锻炼	1	2	3	4	5
4. 赴企事业单位实践锻炼主要是基于满足学校相关要求的考虑	1	2	3	4	5

续表

测量题目	完全不符合	比较不符合	一般符合	比较符合	完全符合
5. 入职前企事业单位实践经历丰富	1	2	3	4	5
6. 入职后曾多次到企事业单位接受培训、挂职工作或实践锻炼	1	2	3	4	5
7. 熟悉相关职业领域内的生产一线、工作现场及工作流程	1	2	3	4	5
8. 了解相关职业领域内的新知识、新技术、新工艺、新方法	1	2	3	4	5
9. 了解相关职业领域内的成熟技术和管理规范	1	2	3	4	5
10. 熟悉相关职业领域内的岗位职责、技能要求、用人标准	1	2	3	4	5
11. 熟悉相应仪器设备的操作标准与动作流程	1	2	3	4	5
12. 掌握所教专业涉及的职业资格及职业技能标准	1	2	3	4	5
13. 具备相应仪器设备的操作与演示技能，实践动作标准流畅	1	2	3	4	5
14. 能够通过现场操作或演示等手段使学生获得相应的操作能力	1	2	3	4	5
15. 曾多次参加实践技能竞赛并获奖	1	2	3	4	5
16. 曾多次指导学生参加实践技能竞赛并获奖	1	2	3	4	5
17. 能够根据职业岗位需求设计教学目标，设置教学情境	1	2	3	4	5
18. 能够将教学过程与行业需求对接、与职业标准衔接	1	2	3	4	5
19. 在教学过程中能够实现理论知识和实践技能的综合运用	1	2	3	4	5
20. 能够运用讲练结合、工学结合等多种理论与实践相结合的教学方式	1	2	3	4	5
21. 教学方法以讲授法为主，较少使用案例教学、情境教学等教学方法	1	2	3	4	5
22. 能够不断更新教学内容、方法并及时将行业最新知识引入教学之中	1	2	3	4	5
23. 能够承担学生的实验、实训等实践教学任务	1	2	3	4	5

续表

测量题目	完全不符合	比较不符合	一般符合	比较符合	完全符合
24. 能够参与到整个实训、实习过程中，指导学生技术技能训练	1	2	3	4	5
25. 熟悉所在区域相关行业企业背景、现状与趋势	1	2	3	4	5
26. 能够主动与企事业单位协作交流，并保持良好合作关系	1	2	3	4	5
27. 能够承接行业企业项目或参与行业企业技术开发、技术服务等工作	1	2	3	4	5
28. 能够围绕行业企业生产实践中遇到的现实问题展开研究	1	2	3	4	5
29. 曾主持或参与完成横向课题研究，成果通过鉴定，效益显著	1	2	3	4	5
30. 专利发明或专业咨询报告等多次被有关部门采纳	1	2	3	4	5
31. 在科技成果推广、成果转让、技术服务中取得显著经济效益	1	2	3	4	5

第三部分　主观题

您认为入职后影响教师的专业实践能力的因素有哪些？为什么？

附录2　访谈提纲

一　教师访谈提纲

1. 在转型发展过程中，教师队伍建设存在的主要问题是什么？
2. 您认为本校教师专业实践能力整体水平怎样？
3. 您认为入职后影响教师的专业实践能力的因素有哪些？为什么？
4. 目前，您觉得教师聘任方面存在哪些问题，对教师专业实践能力有什么影响，如何解决？

5. 聘请行业企业人才到学校任职存在哪些困难，如何解决？

6. 目前，您觉得教师培训方面存在哪些问题，对教师专业实践能力有什么影响，如何解决？

7. 目前，您觉得在教师职称评审方面存在哪些问题，对教师专业实践能力有什么影响，如何解决？

8. 目前，您觉得教师考核评价方面存在哪些问题，对教师专业实践能力有什么影响，如何解决？

9. 您觉得如何提升应用型高校教师专业实践能力？

二 学校管理者访谈提纲

1. 在转型发展过程中，教师队伍建设存在的主要问题是什么？

2. 您认为本校教师的专业实践能力整体水平怎样？

3. 您认为入职后影响教师的专业实践能力的因素有哪些？为什么？

4. 目前，您觉得教师聘任方面存在哪些问题，对教师专业实践能力有什么影响，如何解决？

5. 聘请行业企业人才到学校任职存在哪些困难，如何解决？

6. 目前，您觉得教师培训方面存在哪些问题，对教师专业实践能力有什么影响，如何解决？

7. 目前，您觉得在教师职称评审方面存在哪些问题，对教师专业实践能力有什么影响，如何解决？

8. 目前，您觉得教师考核评价方面存在哪些问题，对教师专业实践能力有什么影响，如何解决？

9. 目前学校的办学经费是否充足，对教师专业实践能力有什么影响，如何解决？

10. 您觉得如何提升应用型高校教师专业实践能力？

索　　引

"双师双能型"教师　1，5，7，
　33，34，37，43，44，46，
　52，61，65，69—71，74，
　76，77，125，147，148，
　157，166，168，181，186，
　189—191，193，195，203，
　205，210，217，218，220，
　224，225，228，238，241，
　243，264，272，276—279，
　282—286，291，292，296—299
"双一流"建设　12，200—
　203，218，232，233，236，
　240—245，278
《关于引导部分地方普通本科高
　校向应用型转变的指导意见》
　3，5，22，33，53，128，187
鲍威尔　214，275
伯吉斯　213
布迪厄　64，67—69
布鲁贝克　53，54
产教融合　3，5，9，13，16，
　26，32，34，37，50，51，
　53，55，57，58，147，149，
　150，155，166，176，186—
　188，199，201，209，222，
　223，227，228，236，271，
　275，277，281，286，287
迪马奇奥　214
地方本科高校转型发展　4，8，
　22—29，35，49，51—53，
　64，69—71，74，77，147，
　166，199，200，206，208，
　218，232，233，236，238，
　240，242，275—280
多科技术学院　247，254—
　257，265
弗·兹纳涅茨基　66，67
哈维茨　272
技术科学大学　258—263
交易成本　44，47，75，196，
　206—210，217，224，225，
　241，297

索　引

教师管理制度　6，20—22，44，46—50，52，74，77，121，123，125，126，128—133，136，137，139，144—147，152—155，161，165，176，181，186，187，190—192，195，196，201，203—206，209—213，216—221，224，226，235，236，239，241，267，269，270，272—275，277，281，282，285，296，297，299

教师培训制度　20—22，121，126，128，129，133，134，137，141，145，148，159，170，180，188，193，288

教师聘任制度　20—22，126—129，132，133，140，144，145，147，157，168，178，192，285

教师专业实践能力　1，5，7，8，13—18，29，38，43—48，50，52，64，65，71—74，77，79—81，91，93—103，106，108—112，114，116—131，162，164，170，179，182，185，186，189，192，194—196，204，205，211，212，216，218，224—229，236，241，247，248，251，254，258，264—266，268，270—277，281—287，290，291，293—299

教师资格制度　21，22，126—128，131，132，137，139，140，144，147，152，156，166，177，187，192，278，284

凯维克　213

考核评价制度　6，20—22，126，128，129，135，136，138，143，146，148，150，151，161，174，184，189，194，221，293

科斯　206，241

克拉克·克尔　197

诺斯　18，230，231，241

潘懋元　22，24，29，58，59

实践动机　15，17，82，91，93—96，99，101—103，105，106，109，111—114，116—118，126，127，289，290，296

实践教学能力　7，16，17，36，63，71，82，91，93—96，99，101—105，109，111—115，117—119，126，127，168，178，181，252，276，296

实践经验　4，5，7，16，17，58，63，72，82，91，93—96，99，101—103，106，107，109，111—118，126，127，147，160，169，172，187，193，194，229，251，252，255，256，260，261，265，276，286，291，296

威廉姆森　206，241

校企合作　30，43，53，55，57，58，122，123，125，186，198，199，204，205，209，224，228，229，234，266，277，281，286，287

薪酬制度　122，226，227，299

应用科学大学　9，38，39，41，42，59，247—249，251—253，264，285，287

应用型人才　1，3—9，13，18，22，29，31，33，36，43—45，50，54—62，65，66，69，70，73，94，181，186，189，192，195，198，199，203，209，210，216，220，248，249，252—254，259，262，265，275，280，283—285，294，296，298，299

应用研究能力　7，16，63，82，91，93—96，101—103，107—109，111，112，114—118，127，172，188，189，194，226，230，255，257，276，296

职称评审制度　22，126，134，135，138，142，149，159，171，181，189，193，194

制度成本　206—209，211

制度非均衡　130，189—191，196，297，299

制度改革　1，5，6，44，45，47，77，128，131，134，141，144，146，149，150，152，154，187，189，196，197，203—205，209，210，212，219，235，268—271，273，275，279，285，292，297，298

制度环境　28，44，47，136，153，196，210，214，219，236—239，268，270，271，274，285，297

治理结构　8，30，147

后　　记

　　本书由我的博士学位论文修改而成。2020年度国家社会科学基金后期资助暨优秀博士论文出版项目申报公告发布后，导师张学敏教授第一时间电话联系我，建议我积极申报国家社科基金优博论文出版项目，以博士论文申请资助并争取出版。在导师的鼓励下，我提交了申报材料。9月29日，全国哲学社会科学规划办公室官方网站对2020年国家社科基金后期资助项目进行公示，我有幸立项。根据评审专家修改建议，在已有博士论文的基础上，我对其进行了修改完善。经过4个多月的修改，勉强定稿，完成了学术生涯的首部著作。

　　对照评审专家修改建议，结合国家近期出台的相关政策和本人近两年的相关研究成果，我对博士论文做了如下修改：一是聚焦应用型高校教师专业实践能力不强这一研究问题，按照"现状分析—制度识别—制度供需—制度非均衡解释—经验借鉴—制度改革"这一分析框架，进一步整合了各部分内容、完善了论文结构、理顺了论文的逻辑关系。二是进一步提升了问卷编制的科学性水平，进一步完善了本书导论的研究设计，在方法论部分补充了案例选择的说明，增强了调查问卷和案例选取在整体研究设计中的科学性。三是针对"经验借鉴"部分涉及国别多、分析不够深入的问题，结合研究目标，在修改过程中，删除了"美国社区学院教师专业实践能力建设的经验借鉴"这一部分，并进一步查阅资料，充实德国、英国、日本应用型高校在师资队伍建设方面的制度性经验做法内容。四是将本人近两年的研究成果，如应用型高校教师专业发展、教师专业实践能力内涵等，融入原有体系之中，同时将国家近期出台的关于应用型高校改革、教师队伍建设、产教融合、教育评价改革等相关政策纳入研究范畴并融入论文体系中。这些问题在学位论文中均有所涉及，但并未展开深入分析。五是结合最新研究成果，进一步更新参考文献，凝练文献综述，并在不影响总体论述的情况下，对文献综述、参考文献进行了精简；进一步凝练论文写作语言和表述，提升了语言表达的规范性和简练性。

近年来，国家持续推动地方本科高校转型发展，推进应用型高校改革及其教师队伍建设，2019年以来先后出台了《国家职业教育改革实施方案》《中国教育现代化2035》《深化新时代职业教育"双师型"教师队伍建设改革实施方案》《国家产教融合建设试点实施方案》《深化新时代教育评价改革总体方案》等系列文件，提出了推进高校分类评价、探索建立应用型本科评价标准、建设分层分类的教师专业标准体系、推进以双师素质为导向的新教师准入制度改革、深化突出"双师型"导向的教师考核评价改革等改革举措。在国家相关政策的推动下，一些应用型高校积极探索并加强"双师双能型"教师队伍建设，部分应用型高校教师专业实践能力有所提升。因此，书中部分调研材料可能存在不合时宜的现象，一些改革建议可能已经在应用型高校付诸实施。由于能力有限及各方面条件的制约，本书难免存在不妥之处，对于书中的不足之处恳请各位前辈、同仁批评指正！

本书的出版首先要感谢我的导师张学敏教授，张老师性情率真、治学严谨、视野开阔、学识渊博，从论文选题到资料收集，从整体框架构思到具体写作修改，张老师倾注了太多的心血和希望，给了我最多的帮助和指导。从博士论文开题、预答辩到论文答辩，华中师范大学范先佐教授、广西师范大学孙杰远教授、云南师范大学王鉴教授、西北师范大学杨改学教授及西南大学朱德全教授、赵伶俐教授、陈恩伦教授、么加利教授、徐学福教授、吴晓蓉教授等从不同角度对论文写作提出了建设性意见,在此深表感谢!论文调研及书稿修改过程中,多位应用型高校教师和管理者以及致力于提升应用型高校教师专业实践能力的志同道合者,提供了不少帮助,对论文写作贡献很大,在此一并致谢!最后,感谢国家社科基金资助和评审专家的宝贵意见,感谢中国社会科学出版社和张林编辑的支持斧正!

2021 年 3 月 1 日